本书编委会

主　　编　王瑞贺（全国人大常委会法工委经济法室主任）
　　　　　魏莉华（自然资源部法规司司长）

参编人员　杨合庆　施春风　杨永明　尤小龙　喻晓川
　　　　　李克锋　宋生辉

　　　　　李维兵　李文谦　马骁骏　郑　颖　宋　歌
　　　　　蓝天宇　马　琳

中华人民共和国法律释义丛书

中华人民共和国土地管理法
释 义

主 编 ◎ 王瑞贺　魏莉华

中国民主法制出版社

图书在版编目（CIP）数据

《中华人民共和国土地管理法》释义 / 王瑞贺等主编 .
—北京：中国民主法制出版社，2020. 4

ISBN 978-7-5162-2076-4

Ⅰ . ①中⋯ Ⅱ . ①王⋯ Ⅲ . ①土地管理法 – 法律解释

– 中国　Ⅳ . ①D922. 305

中国版本图书馆 CIP 数据核字（2019）第 204238 号

图书出品人：刘海涛
出 版 统 筹：乔先彪
责 任 编 辑：陈　曦
图 书 策 划：刘　卫

书　　名 /《中华人民共和国土地管理法》释义
作　　者 / 王瑞贺　魏莉华　主编

出 版·发 行 / 中国民主法制出版社
地　　址 / 北京市丰台区玉林里 7 号（100069）
电　　话 /（010）63055259（总编室）　63057714（发行部）
传　　真 /（010）63056975　63056983
http：// www. npcpub. com
E-mail：mzfz@ npcpub. com
经　　销 / 新华书店
开　　本 / 16 开　710 毫米 × 1000 毫米
印　　张 / 19. 75　　**字数** / 304 千字
版　　本 / 2020 年 4 月第 1 版　2024 年 11 月第 4 次印刷
印　　刷 / 北京飞帆印刷有限公司

书　　号 / ISBN 978-7-5162-2076-4
定　　价 / 58. 00 元
出版声明 / 版权所有，侵权必究。

出 版 说 明

　　《中华人民共和国法律释义丛书》由国家立法机关和有关部门中参与相关法律案起草、修改工作的专家组织编写。

　　该丛书力求准确阐释立法宗旨、立法原意及法律内涵，并结合实践，坚持问题导向，努力做到权威准确，通俗实用。

　　我们希望该丛书的陆续出版，能为深入贯彻落实全面依法治国、推进国家治理体系和治理能力现代化做出积极贡献。

前　言

　　2019 年 8 月 26 日，十三届全国人大常委会第十二次会议审议通过了关于修改土地管理法和城市房地产管理法的决定，自 2020 年 1 月 1 日起施行。新修改的土地管理法坚持土地公有制不动摇，坚持农民利益不受损，坚持最严格的耕地保护制度和最严格的节约集约用地制度，在充分总结农村土地制度改革试点成功经验的基础上，在土地征收制度、集体经营性建设用地入市、宅基地管理等方面做出多项重大突破，并将多年来土地制度改革成果上升为法律规定。

　　为了配合修改后的土地管理法的学习、宣传和实施，帮助读者及时、准确理解此次土地管理法修改的有关内容，全国人大常委会法工委经济法室、自然资源部法规司的有关同志联合编写了本书，供读者学习参考。本书力求准确阐述土地管理法的内容，因时间和水平有限，如有疏漏之处，敬请读者批评指正。

编者

2020 年 3 月

目　录

第三部分　附　录

中华人民共和国主席令

第三十二号

　　《全国人民代表大会常务委员会关于修改〈中华人民共和国土地管理法〉、〈中华人民共和国城市房地产管理法〉的决定》已由中华人民共和国第十三届全国人民代表大会常务委员会第十二次会议于 2019 年 8 月 26 日通过，现予公布，自 2020 年 1 月 1 日起施行。

中华人民共和国主席　习近平

2019 年 8 月 26 日

中华人民共和国土地管理法

（1986 年 6 月 25 日第六届全国人民代表大会常务委员会第十六次会议通过　根据 1988 年 12 月 29 日第七届全国人民代表大会常务委员会第五次会议《关于修改〈中华人民共和国土地管理法〉的决定》第一次修正　1998 年 8 月 29 日第九届全国人民代表大会常务委员会第四次会议修订　根据 2004 年 8 月 28 日第十届全国人民代表大会常务委员会第十一次会议《关于修改〈中华人民共和国土地管理法〉的决定》第二次修正　根据 2019 年 8 月 26 日第十三届全国人民代表大会常务委员会第十二次会议《关于修改〈中华人民共和国土地管理法〉、〈中华人民共和国城市房地产管理法〉的决定》第三次修正）

目　　录

第一章　总　　则

第一条　为了加强土地管理，维护土地的社会主义公有制，保护、开发土地资源，合理利用土地，切实保护耕地，促进社会经济的可持续发展，根据宪法，制定本法。

第二条　中华人民共和国实行土地的社会主义公有制，即全民所有制和劳动群众集体所有制。

全民所有，即国家所有土地的所有权由国务院代表国家行使。

任何单位和个人不得侵占、买卖或者以其他形式非法转让土地。土地使用权可以依法转让。

国家为了公共利益的需要，可以依法对土地实行征收或者征用并给予补偿。

国家依法实行国有土地有偿使用制度。但是，国家在法律规定的范围内划拨国有土地使用权的除外。

第三条　十分珍惜、合理利用土地和切实保护耕地是我国的基本国策。各级人民政府应当采取措施，全面规划，严格管理，保护、开发土地资源，制止非法占用土地的行为。

第四条　国家实行土地用途管制制度。

国家编制土地利用总体规划，规定土地用途，将土地分为农用地、建设用地和未利用地。严格限制农用地转为建设用地，控制建设用地总量，对耕地实行特殊保护。

前款所称农用地是指直接用于农业生产的土地，包括耕地、林地、草地、农田水利用地、养殖水面等；建设用地是指建造建筑物、构筑物的土地，包括城乡住宅和公共设施用地、工矿用地、交通水利设施用地、旅游用地、军事设施用地等；未利用地是指农用地和建设用地以外的土地。

使用土地的单位和个人必须严格按照土地利用总体规划确定的用途使用土地。

第五条　国务院自然资源主管部门统一负责全国土地的管理和监督工作。

县级以上地方人民政府自然资源主管部门的设置及其职责，由省、自治区、直辖市人民政府根据国务院有关规定确定。

第六条　国务院授权的机构对省、自治区、直辖市人民政府以及国务院确定的城市人民政府土地利用和土地管理情况进行督察。

第七条　任何单位和个人都有遵守土地管理法律、法规的义务，并有权对违反土地管理法律、法规的行为提出检举和控告。

第八条　在保护和开发土地资源、合理利用土地以及进行有关的科学研究等方面成绩显著的单位和个人，由人民政府给予奖励。

第二章　土地的所有权和使用权

第九条　城市市区的土地属于国家所有。

农村和城市郊区的土地，除由法律规定属于国家所有的以外，属于农民集体所有；宅基地和自留地、自留山，属于农民集体所有。

第十条　国有土地和农民集体所有的土地，可以依法确定给单位或者个人使用。使用土地的单位和个人，有保护、管理和合理利用土地的义务。

第十一条　农民集体所有的土地依法属于村农民集体所有的，由村集体经济组织或者村民委员会经营、管理；已经分别属于村内两个以上农村集体经济组织的农民集体所有的，由村内各该农村集体经济组织或者村民小组经营、管理；已经属于乡（镇）农民集体所有的，由乡（镇）农村集体经济组织经营、管理。

第十二条　土地的所有权和使用权的登记，依照有关不动产登记的法律、行政法规执行。

依法登记的土地的所有权和使用权受法律保护，任何单位和个人不得侵犯。

第十三条　农民集体所有和国家所有依法由农民集体使用的耕地、林地、草地，以及其他依法用于农业的土地，采取农村集体经济组织内部的家庭承包方式承包，不宜采取家庭承包方式的荒山、荒沟、荒丘、荒滩等，可以采取招标、拍卖、公开协商等方式承包，从事种植业、林业、畜牧业、渔业生产。家庭承包的耕地的承包期为三十年，草地的承包期为三十年至五十年，林地的承包期为三十年至七十年；耕地承包期届满后再延长三十年，草地、林地承包期届满后依法相应延长。

国家所有依法用于农业的土地可以由单位或者个人承包经营，从事种植业、林业、畜牧业、渔业生产。

发包方和承包方应当依法订立承包合同，约定双方的权利和义务。承包经营土地的单位和个人，有保护和按照承包合同约定的用途合理利用土地的义务。

第十四条　土地所有权和使用权争议，由当事人协商解决；协商不成的，由人民政府处理。

单位之间的争议，由县级以上人民政府处理；个人之间、个人与单位之间的争议，由乡级人民政府或者县级以上人民政府处理。

当事人对有关人民政府的处理决定不服的，可以自接到处理决定通知之日起三十日内，向人民法院起诉。

在土地所有权和使用权争议解决前，任何一方不得改变土地利用现状。

第三章　土地利用总体规划

第十五条　各级人民政府应当依据国民经济和社会发展规划、国土整治和资源环境保护的要求、土地供给能力以及各项建设对土地的需求，组织编制土地利用总体规划。

土地利用总体规划的规划期限由国务院规定。

第十六条　下级土地利用总体规划应当依据上一级土地利用总体规划编制。

地方各级人民政府编制的土地利用总体规划中的建设用地总量不得超过上一级土地利用总体规划确定的控制指标，耕地保有量不得低于上一级土地利用总体规划确定的控制指标。

省、自治区、直辖市人民政府编制的土地利用总体规划，应当确保本行政区域内耕地总量不减少。

第十七条　土地利用总体规划按照下列原则编制：

（一）落实国土空间开发保护要求，严格土地用途管制；

（二）严格保护永久基本农田，严格控制非农业建设占用农用地；

（三）提高土地节约集约利用水平；

（四）统筹安排城乡生产、生活、生态用地，满足乡村产业和基础设施用地合理需求，促进城乡融合发展；

（五）保护和改善生态环境，保障土地的可持续利用；

（六）占用耕地与开发复垦耕地数量平衡、质量相当。

第十八条　国家建立国土空间规划体系。编制国土空间规划应当坚持生态优先、绿色、可持续发展，科学有序统筹安排生态、农业、城镇等功能空间，优化国土空间结构和布局，提升国土空间开发、保护的质量和效率。

经依法批准的国土空间规划是各类开发、保护、建设活动的基本依据。已经编制国土空间规划的，不再编制土地利用总体规划和城乡规划。

第十九条 县级土地利用总体规划应当划分土地利用区，明确土地用途。

乡（镇）土地利用总体规划应当划分土地利用区，根据土地使用条件，确定每一块土地的用途，并予以公告。

第二十条 土地利用总体规划实行分级审批。

省、自治区、直辖市的土地利用总体规划，报国务院批准。

省、自治区人民政府所在地的市、人口在一百万以上的城市以及国务院指定的城市的土地利用总体规划，经省、自治区人民政府审查同意后，报国务院批准。

本条第二款、第三款规定以外的土地利用总体规划，逐级上报省、自治区、直辖市人民政府批准；其中，乡（镇）土地利用总体规划可以由省级人民政府授权的设区的市、自治州人民政府批准。

土地利用总体规划一经批准，必须严格执行。

第二十一条 城市建设用地规模应当符合国家规定的标准，充分利用现有建设用地，不占或者尽量少占农用地。

城市总体规划、村庄和集镇规划，应当与土地利用总体规划相衔接，城市总体规划、村庄和集镇规划中建设用地规模不得超过土地利用总体规划确定的城市和村庄、集镇建设用地规模。

在城市规划区内、村庄和集镇规划区内，城市和村庄、集镇建设用地应当符合城市规划、村庄和集镇规划。

第二十二条 江河、湖泊综合治理和开发利用规划，应当与土地利用总体规划相衔接。在江河、湖泊、水库的管理和保护范围以及蓄洪滞洪区内，土地利用应当符合江河、湖泊综合治理和开发利用规划，符合河道、湖泊行洪、蓄洪和输水的要求。

第二十三条 各级人民政府应当加强土地利用计划管理，实行建设用地总量控制。

土地利用年度计划，根据国民经济和社会发展计划、国家产业政策、土地利用总体规划以及建设用地和土地利用的实际状况编制。土地利用年度计划应当对本法第六十三条规定的集体经营性建设用地作出合理安排。土地利用年度计划的编制审批程序与土地利用总体规划的编制审批程序相同,一经审批下达,必须严格执行。

第二十四条 省、自治区、直辖市人民政府应当将土地利用年度计划的执行情况列为国民经济和社会发展计划执行情况的内容,向同级人民代表大会报告。

第二十五条 经批准的土地利用总体规划的修改,须经原批准机关批准;未经批准,不得改变土地利用总体规划确定的土地用途。

经国务院批准的大型能源、交通、水利等基础设施建设用地,需要改变土地利用总体规划的,根据国务院的批准文件修改土地利用总体规划。

经省、自治区、直辖市人民政府批准的能源、交通、水利等基础设施建设用地,需要改变土地利用总体规划的,属于省级人民政府土地利用总体规划批准权限内的,根据省级人民政府的批准文件修改土地利用总体规划。

第二十六条 国家建立土地调查制度。

县级以上人民政府自然资源主管部门会同同级有关部门进行土地调查。土地所有者或者使用者应当配合调查,并提供有关资料。

第二十七条 县级以上人民政府自然资源主管部门会同同级有关部门根据土地调查成果、规划土地用途和国家制定的统一标准,评定土地等级。

第二十八条 国家建立土地统计制度。

县级以上人民政府统计机构和自然资源主管部门依法进行土地统计调查,定期发布土地统计资料。土地所有者或者使用者应当提供有关资料,不得拒报、迟报,不得提供不真实、不完整的资料。

统计机构和自然资源主管部门共同发布的土地面积统计资料是各级人民政府编制土地利用总体规划的依据。

第二十九条 国家建立全国土地管理信息系统,对土地利用状况进行动态监测。

第四章 耕地保护

第三十条 国家保护耕地,严格控制耕地转为非耕地。

国家实行占用耕地补偿制度。非农业建设经批准占用耕地的,按照"占多少,垦多少"的原则,由占用耕地的单位负责开垦与所占用耕地的数量和质量相当的耕地；没有条件开垦或者开垦的耕地不符合要求的，应当按照省、自治区、直辖市的规定缴纳耕地开垦费，专款用于开垦新的耕地。

省、自治区、直辖市人民政府应当制定开垦耕地计划，监督占用耕地的单位按照计划开垦耕地或者按照计划组织开垦耕地，并进行验收。

第三十一条 县级以上地方人民政府可以要求占用耕地的单位将所占用耕地耕作层的土壤用于新开垦耕地、劣质地或者其他耕地的土壤改良。

第三十二条 省、自治区、直辖市人民政府应当严格执行土地利用总体规划和土地利用年度计划，采取措施，确保本行政区域内耕地总量不减少、质量不降低。耕地总量减少的，由国务院责令在规定期限内组织开垦与所减少耕地的数量与质量相当的耕地；耕地质量降低的，由国务院责令在规定期限内组织整治。新开垦和整治的耕地由国务院自然资源主管部门会同农业农村主管部门验收。

个别省、直辖市确因土地后备资源匮乏，新增建设用地后，新开垦耕地的数量不足以补偿所占用耕地的数量的，必须报经国务院批准减免本行政区域内开垦耕地的数量，易地开垦数量和质量相当的耕地。

第三十三条 国家实行永久基本农田保护制度。下列耕地应当根据土地利用总体规划划为永久基本农田，实行严格保护：

（一）经国务院农业农村主管部门或者县级以上地方人民政府批准确定的粮、棉、油、糖等重要农产品生产基地内的耕地；

（二）有良好的水利与水土保持设施的耕地，正在实施改造计划以及可以改造的中、低产田和已建成的高标准农田；

（三）蔬菜生产基地；

（四）农业科研、教学试验田；

（五）国务院规定应当划为永久基本农田的其他耕地。

各省、自治区、直辖市划定的永久基本农田一般应当占本行政区域内耕地的百分之八十以上，具体比例由国务院根据各省、自治区、直辖市耕地实际情况规定。

第三十四条 永久基本农田划定以乡（镇）为单位进行，由县级人民政府自然资源主管部门会同同级农业农村主管部门组织实施。永久基本农田应当落实到地块，纳入国家永久基本农田数据库严格管理。

乡（镇）人民政府应当将永久基本农田的位置、范围向社会公告，并设立保护标志。

第三十五条 永久基本农田经依法划定后，任何单位和个人不得擅自占用或者改变其用途。国家能源、交通、水利、军事设施等重点建设项目选址确实难以避让永久基本农田，涉及农用地转用或者土地征收的，必须经国务院批准。

禁止通过擅自调整县级土地利用总体规划、乡（镇）土地利用总体规划等方式规避永久基本农田农用地转用或者土地征收的审批。

第三十六条 各级人民政府应当采取措施，引导因地制宜轮作休耕，改良土壤，提高地力，维护排灌工程设施，防止土地荒漠化、盐渍化、水土流失和土壤污染。

第三十七条 非农业建设必须节约使用土地，可以利用荒地的，不得占用耕地；可以利用劣地的，不得占用好地。

禁止占用耕地建窑、建坟或者擅自在耕地上建房、挖砂、采石、采矿、取土等。

禁止占用永久基本农田发展林果业和挖塘养鱼。

第三十八条 禁止任何单位和个人闲置、荒芜耕地。已经办理审批手续的非农业建设占用耕地，一年内不用而又可以耕种并收获的，应当由原耕种该幅耕地的集体或者个人恢复耕种，也可以由用地单位组织耕种；一年以上未动工建设的，应当按照省、自治区、直辖市的规定缴纳闲置费；连续二年未使用的，经原批准机关批准，由县级以上人民政府无偿收回用地单位的土地使用权；该幅土地原为农民集体所有的，应当交由原农村集体经济组织恢复耕种。

在城市规划区范围内，以出让方式取得土地使用权进行房地产开发的闲置土地，依照《中华人民共和国城市房地产管理法》的有关规定办理。

第三十九条 国家鼓励单位和个人按照土地利用总体规划，在保护和改善生态环境、防止水土流失和土地荒漠化的前提下，开发未利用的土地；适宜开发为农用地的，应当优先开发成农用地。

国家依法保护开发者的合法权益。

第四十条 开垦未利用的土地，必须经过科学论证和评估，在土地利用总体规划划定的可开垦的区域内，经依法批准后进行。禁止毁坏森林、草原开垦耕地，禁止围湖造田和侵占江河滩地。

根据土地利用总体规划，对破坏生态环境开垦、围垦的土地，有计划有步骤地退耕还林、还牧、还湖。

第四十一条　开发未确定使用权的国有荒山、荒地、荒滩从事种植业、林业、畜牧业、渔业生产的，经县级以上人民政府依法批准，可以确定给开发单位或者个人长期使用。

第四十二条　国家鼓励土地整理。县、乡（镇）人民政府应当组织农村集体经济组织，按照土地利用总体规划，对田、水、路、林、村综合整治，提高耕地质量，增加有效耕地面积，改善农业生产条件和生态环境。

地方各级人民政府应当采取措施，改造中、低产田，整治闲散地和废弃地。

第四十三条　因挖损、塌陷、压占等造成土地破坏，用地单位和个人应当按照国家有关规定负责复垦；没有条件复垦或者复垦不符合要求的，应当缴纳土地复垦费，专项用于土地复垦。复垦的土地应当优先用于农业。

第五章　建设用地

第四十四条　建设占用土地，涉及农用地转为建设用地的，应当办理农用地转用审批手续。

永久基本农田转为建设用地的，由国务院批准。

在土地利用总体规划确定的城市和村庄、集镇建设用地规模范围内，为实施该规划而将永久基本农田以外的农用地转为建设用地的，按土地利用年度计划分批次按照国务院规定由原批准土地利用总体规划的机关或者其授权的机关批准。在已批准的农用地转用范围内，具体建设项目用地可以由市、县人民政府批准。

在土地利用总体规划确定的城市和村庄、集镇建设用地规模范围外，将永久基本农田以外的农用地转为建设用地的，由国务院或者国务院授权的省、自治区、直辖市人民政府批准。

第四十五条　为了公共利益的需要，有下列情形之一，确需征收农民集体所有的土地的，可以依法实施征收：

（一）军事和外交需要用地的；

（二）由政府组织实施的能源、交通、水利、通信、邮政等基础设施建设需要用地的；

（三）由政府组织实施的科技、教育、文化、卫生、体育、生态环境和资源保护、防灾减灾、文物保护、社区综合服务、社会福利、市政公用、优抚安置、英烈保护等公共事业需要用地的；

（四）由政府组织实施的扶贫搬迁、保障性安居工程建设需要用地的；

（五）在土地利用总体规划确定的城镇建设用地范围内，经省级以上人民政府批准由县级以上地方人民政府组织实施的成片开发建设需要用地的；

（六）法律规定为公共利益需要可以征收农民集体所有的土地的其他情形。

前款规定的建设活动，应当符合国民经济和社会发展规划、土地利用总体规划、城乡规划和专项规划；第（四）项、第（五）项规定的建设活动，还应当纳入国民经济和社会发展年度计划；第（五）项规定的成片开发并应当符合国务院自然资源主管部门规定的标准。

第四十六条 征收下列土地的，由国务院批准：

（一）永久基本农田；

（二）永久基本农田以外的耕地超过三十五公顷的；

（三）其他土地超过七十公顷的。

征收前款规定以外的土地的，由省、自治区、直辖市人民政府批准。

征收农用地的，应当依照本法第四十四条的规定先行办理农用地转用审批。其中，经国务院批准农用地转用的，同时办理征地审批手续，不再另行办理征地审批；经省、自治区、直辖市人民政府在征地批准权限内批准农用地转用的，同时办理征地审批手续，不再另行办理征地审批，超过征地批准权限的，应当依照本条第一款的规定另行办理征地审批。

第四十七条 国家征收土地的，依照法定程序批准后，由县级以上地方人民政府予以公告并组织实施。

县级以上地方人民政府拟申请征收土地的，应当开展拟征收土地现状调查和社会稳定风险评估，并将征收范围、土地现状、征收目的、补偿标准、安置方式和社会保障等在拟征收土地所在的乡（镇）和村、村民小组范围内公告至少三十日，听取被征地的农村集体经济组织及其成员、村民委员会和其他利害关系人的意见。

多数被征地的农村集体经济组织成员认为征地补偿安置方案不符合法律、法规规定的，县级以上地方人民政府应当组织召开听证会，并根据法律、法规的规定和听证会情况修改方案。

拟征收土地的所有权人、使用权人应当在公告规定期限内，持不动产权属证明材料办理补偿登记。县级以上地方人民政府应当组织有关部门测算并落实有关费用，保证足额到位，与拟征收土地的所有权人、使用权人就补偿、安置等签订协议；个别确实难以达成协议的，应当在申请征收土地时如实说明。

相关前期工作完成后，县级以上地方人民政府方可申请征收土地。

第四十八条 征收土地应当给予公平、合理的补偿，保障被征地农民原有生活水平不降低、长远生计有保障。

征收土地应当依法及时足额支付土地补偿费、安置补助费以及农村村民住宅、其他地上附着物和青苗等的补偿费用，并安排被征地农民的社会保障费用。

征收农用地的土地补偿费、安置补助费标准由省、自治区、直辖市通过制定公布区片综合地价确定。制定区片综合地价应当综合考虑土地原用途、土地资源条件、土地产值、土地区位、土地供求关系、人口以及经济社会发展水平等因素，并至少每三年调整或者重新公布一次。

征收农用地以外的其他土地、地上附着物和青苗等的补偿标准，由省、自治区、直辖市制定。对其中的农村村民住宅，应当按照先补偿后搬迁、居住条件有改善的原则，尊重农村村民意愿，采取重新安排宅基地建房、提供安置房或者货币补偿等方式给予公平、合理的补偿，并对因征收造成的搬迁、临时安置等费用予以补偿，保障农村村民居住的权利和合法的住房财产权益。

县级以上地方人民政府应当将被征地农民纳入相应的养老等社会保障体系。被征地农民的社会保障费用主要用于符合条件的被征地农民的养老保险等社会保险缴费补贴。被征地农民社会保障费用的筹集、管理和使用办法，由省、自治区、直辖市制定。

第四十九条 被征地的农村集体经济组织应当将征收土地的补偿费用的

收支状况向本集体经济组织的成员公布，接受监督。

禁止侵占、挪用被征收土地单位的征地补偿费用和其他有关费用。

第五十条 地方各级人民政府应当支持被征地的农村集体经济组织和农民从事开发经营，兴办企业。

第五十一条 大中型水利、水电工程建设征收土地的补偿费标准和移民安置办法，由国务院另行规定。

第五十二条 建设项目可行性研究论证时，自然资源主管部门可以根据土地利用总体规划、土地利用年度计划和建设用地标准，对建设用地有关事项进行审查，并提出意见。

第五十三条 经批准的建设项目需要使用国有建设用地的，建设单位应当持法律、行政法规规定的有关文件，向有批准权的县级以上人民政府自然资源主管部门提出建设用地申请，经自然资源主管部门审查，报本级人民政府批准。

第五十四条 建设单位使用国有土地，应当以出让等有偿使用方式取得；但是，下列建设用地，经县级以上人民政府依法批准，可以以划拨方式取得：

（一）国家机关用地和军事用地；

（二）城市基础设施用地和公益事业用地；

（三）国家重点扶持的能源、交通、水利等基础设施用地；

（四）法律、行政法规规定的其他用地。

第五十五条 以出让等有偿使用方式取得国有土地使用权的建设单位，按照国务院规定的标准和办法，缴纳土地使用权出让金等土地有偿使用费和其他费用后，方可使用土地。

自本法施行之日起，新增建设用地的土地有偿使用费，百分之三十上缴中央财政，百分之七十留给有关地方人民政府。具体使用管理办法由国务院财政部门会同有关部门制定，并报国务院批准。

第五十六条 建设单位使用国有土地的，应当按照土地使用权出让等有偿使用合同的约定或者土地使用权划拨批准文件的规定使用土地；确需改变该幅土地建设用途的，应当经有关人民政府自然资源主管部门同意，报原批准用地的人民政府批准。其中，在城市规划区内改变土地用途的，在报批前，应当先经有关城市规划行政主管部门同意。

第五十七条 建设项目施工和地质勘查需要临时使用国有土地或者农民集体所有的土地的，由县级以上人民政府自然资源主管部门批准。其中，在城市规划区内的临时用地，在报批前，应当先经有关城市规划行政主管部门同意。土地使用者应当根据土地权属，与有关自然资源主管部门或者农村集体经济组织、村民委员会签订临时使用土地合同，并按照合同的约定支付临时使用土地补偿费。

临时使用土地的使用者应当按照临时使用土地合同约定的用途使用土地，并不得修建永久性建筑物。

临时使用土地期限一般不超过二年。

第五十八条 有下列情形之一的，由有关人民政府自然资源主管部门报经原批准用地的人民政府或者有批准权的人民政府批准，可以收回国有土地使用权：

（一）为实施城市规划进行旧城区改建以及其他公共利益需要，确需使用土地的；

（二）土地出让等有偿使用合同约定的使用期限届满，土地使用者未申请续期或者申请续期未获批准的；

（三）因单位撤销、迁移等原因，停止使用原划拨的国有土地的；

（四）公路、铁路、机场、矿场等经核准报废的。

依照前款第（一）项的规定收回国有土地使用权的，对土地使用权人应当给予适当补偿。

第五十九条 乡镇企业、乡（镇）村公共设施、公益事业、农村村民住宅等乡（镇）村建设，应当按照村庄和集镇规划，合理布局，综合开发，配套建设；建设用地，应当符合乡（镇）土地利用总体规划和土地利用年度计划，并依照本法第四十四条、第六十条、第六十一条、第六十二条的规定办理审批手续。

第六十条 农村集体经济组织使用乡（镇）土地利用总体规划确定的建设用地兴办企业或者与其他单位、个人以土地使用权入股、联营等形式共同举办企业的，应当持有关批准文件，向县级以上地方人民政府自然资源主管部门提出申请，按照省、自治区、直辖市规定的批准权限，由县级以上地方人民政府批准；其中，涉及占用农用地的，依照本法第四十四条的规定办理审批手续。

按照前款规定兴办企业的建设用地，必须严格控制。省、自治区、直辖市可以按照乡镇企业的不同行业和经营规模，分别规定用地标准。

第六十一条 乡（镇）村公共设施、公益事业建设，需要使用土地的，经乡（镇）人民政府审核，向县级以上地方人民政府自然资源主管部门提出申请，按照省、自治区、直辖市规定的批准权限，由县级以上地方人民政府批准；其中，涉及占用农用地的，依照本法第四十四条的规定办理审批手续。

第六十二条 农村村民一户只能拥有一处宅基地，其宅基地的面积不得超过省、自治区、直辖市规定的标准。

人均土地少、不能保障一户拥有一处宅基地的地区，县级人民政府在充分尊重农村村民意愿的基础上，可以采取措施，按照省、自治区、直辖市规定的标准保障农村村民实现户有所居。

农村村民建住宅，应当符合乡（镇）土地利用总体规划、村庄规划，不得占用永久基本农田，并尽量使用原有的宅基地和村内空闲地。编制乡（镇）土地利用总体规划、村庄规划应当统筹并合理安排宅基地用地，改善农村村民居住环境和条件。

农村村民住宅用地，由乡（镇）人民政府审核批准；其中，涉及占用农用地的，依照本法第四十四条的规定办理审批手续。

农村村民出卖、出租、赠与住宅后，再申请宅基地的，不予批准。

国家允许进城落户的农村村民依法自愿有偿退出宅基地，鼓励农村集体经济组织及其成员盘活利用闲置宅基地和闲置住宅。

国务院农业农村主管部门负责全国农村宅基地改革和管理有关工作。

第六十三条 土地利用总体规划、城乡规划确定为工业、商业等经营性用途，并经依法登记的集体经营性建设用地，土地所有权人可以通过出让、出租等方式交由单位或者个人使用，并应当签订书面合同，载明土地界址、面积、动工期限、使用期限、土地用途、规划条件和双方其他权利义务。

前款规定的集体经营性建设用地出让、出租等，应当经本集体经济组织成员的村民会议三分之二以上成员或者三分之二以上村民代表的同意。

通过出让等方式取得的集体经营性建设用地使用权可以转让、互换、出资、赠与或者抵押，但法律、行政法规另有规定或者土地所有权人、土地使用权人签订的书面合同另有约定的除外。

集体经营性建设用地的出租，集体建设用地使用权的出让及其最高年限、转让、互换、出资、赠与、抵押等，参照同类用途的国有建设用地执行。具体办法由国务院制定。

第六十四条　集体建设用地的使用者应当严格按照土地利用总体规划、城乡规划确定的用途使用土地。

第六十五条　在土地利用总体规划制定前已建的不符合土地利用总体规划确定的用途的建筑物、构筑物，不得重建、扩建。

第六十六条　有下列情形之一的，农村集体经济组织报经原批准用地的人民政府批准，可以收回土地使用权：

（一）为乡（镇）村公共设施和公益事业建设，需要使用土地的；

（二）不按照批准的用途使用土地的；

（三）因撤销、迁移等原因而停止使用土地的。

依照前款第（一）项规定收回农民集体所有的土地的，对土地使用权人应当给予适当补偿。

收回集体经营性建设用地使用权，依照双方签订的书面合同办理，法律、行政法规另有规定的除外。

第六章　监督检查

第六十七条　县级以上人民政府自然资源主管部门对违反土地管理法律、法规的行为进行监督检查。

县级以上人民政府农业农村主管部门对违反农村宅基地管理法律、法规的行为进行监督检查的，适用本法关于自然资源主管部门监督检查的规定。

土地管理监督检查人员应当熟悉土地管理法律、法规，忠于职守、秉公执法。

第六十八条　县级以上人民政府自然资源主管部门履行监督检查职责时，有权采取下列措施：

（一）要求被检查的单位或者个人提供有关土地权利的文件和资料，进行查阅或者予以复制；

（二）要求被检查的单位或者个人就有关土地权利的问题作出说明；

（三）进入被检查单位或者个人非法占用的土地现场进行勘测；

（四）责令非法占用土地的单位或者个人停止违反土地管理法律、法规的行为。

第六十九条 土地管理监督检查人员履行职责，需要进入现场进行勘测、要求有关单位或者个人提供文件、资料和作出说明的，应当出示土地管理监督检查证件。

第七十条 有关单位和个人对县级以上人民政府自然资源主管部门就土地违法行为进行的监督检查应当支持与配合，并提供工作方便，不得拒绝与阻碍土地管理监督检查人员依法执行职务。

第七十一条 县级以上人民政府自然资源主管部门在监督检查工作中发现国家工作人员的违法行为，依法应当给予处分的，应当依法予以处理；自己无权处理的，应当依法移送监察机关或者有关机关处理。

第七十二条 县级以上人民政府自然资源主管部门在监督检查工作中发现土地违法行为构成犯罪的，应当将案件移送有关机关，依法追究刑事责任；尚不构成犯罪的，应当依法给予行政处罚。

第七十三条 依照本法规定应当给予行政处罚，而有关自然资源主管部门不给予行政处罚的，上级人民政府自然资源主管部门有权责令有关自然资源主管部门作出行政处罚决定或者直接给予行政处罚，并给予有关自然资源主管部门的负责人处分。

第七章　法律责任

第七十四条 买卖或者以其他形式非法转让土地的，由县级以上人民政府自然资源主管部门没收违法所得；对违反土地利用总体规划擅自将农用地改为建设用地的，限期拆除在非法转让的土地上新建的建筑物和其他设施，恢复土地原状，对符合土地利用总体规划的，没收在非法转让的土地上新建的建筑物和其他设施；可以并处罚款；对直接负责的主管人员和其他直接责任人员，依法给予处分；构成犯罪的，依法追究刑事责任。

第七十五条 违反本法规定，占用耕地建窑、建坟或者擅自在耕地上建房、挖砂、采石、采矿、取土等，破坏种植条件的，或者因开发土地造成土地荒漠化、盐渍化的，由县级以上人民政府自然资源主管部门、农业农村主管部门等按照职责责令限期改正或者治理，可以并处罚款；构成犯罪的，依法追究刑事责任。

第七十六条 违反本法规定，拒不履行土地复垦义务的，由县级以上人民政府自然资源主管部门责令限期改正；逾期不改正的，责令缴纳复垦费，专项用于土地复垦，可以处以罚款。

第七十七条 未经批准或者采取欺骗手段骗取批准，非法占用土地的，由县级以上人民政府自然资源主管部门责令退还非法占用的土地，对违反土地利用总体规划擅自将农用地改为建设用地的，限期拆除在非法占用的土地上新建的建筑物和其他设施，恢复土地原状，对符合土地利用总体规划的，没收在非法占用的土地上新建的建筑物和其他设施，可以并处罚款；对非法占用土地单位的直接负责的主管人员和其他直接责任人员，依法给予处分；构成犯罪的，依法追究刑事责任。

超过批准的数量占用土地，多占的土地以非法占用土地论处。

第七十八条 农村村民未经批准或者采取欺骗手段骗取批准，非法占用土地建住宅的，由县级以上人民政府农业农村主管部门责令退还非法占用的土地，限期拆除在非法占用的土地上新建的房屋。

超过省、自治区、直辖市规定的标准，多占的土地以非法占用土地论处。

第七十九条 无权批准征收、使用土地的单位或者个人非法批准占用土地的，超越批准权限非法批准占用土地的，不按照土地利用总体规划确定的用途批准用地的，或者违反法律规定的程序批准占用、征收土地的，其批准文件无效，对非法批准征收、使用土地的直接负责的主管人员和其他直接责任人员，依法给予处分；构成犯罪的，依法追究刑事责任。非法批准、使用的土地应当收回，有关当事人拒不归还的，以非法占用土地论处。

非法批准征收、使用土地，对当事人造成损失的，依法应当承担赔偿责任。

第八十条 侵占、挪用被征收土地单位的征地补偿费用和其他有关费用，构成犯罪的，依法追究刑事责任；尚不构成犯罪的，依法给予处分。

第八十一条 依法收回国有土地使用权当事人拒不交出土地的，临时使用土地期满拒不归还的，或者不按照批准的用途使用国有土地的，由县级以上人民政府自然资源主管部门责令交还土地，处以罚款。

第八十二条　擅自将农民集体所有的土地通过出让、转让使用权或者出租等方式用于非农业建设，或者违反本法规定，将集体经营性建设用地通过出让、出租等方式交由单位或者个人使用的，由县级以上人民政府自然资源主管部门责令限期改正，没收违法所得，并处罚款。

第八十三条　依照本法规定，责令限期拆除在非法占用的土地上新建的建筑物和其他设施的，建设单位或者个人必须立即停止施工，自行拆除；对继续施工的，作出处罚决定的机关有权制止。建设单位或者个人对责令限期拆除的行政处罚决定不服的，可以在接到责令限期拆除决定之日起十五日内，向人民法院起诉；期满不起诉又不自行拆除的，由作出处罚决定的机关依法申请人民法院强制执行，费用由违法者承担。

第八十四条　自然资源主管部门、农业农村主管部门的工作人员玩忽职守、滥用职权、徇私舞弊，构成犯罪的，依法追究刑事责任；尚不构成犯罪的，依法给予处分。

第八章　附　　则

第八十五条　外商投资企业使用土地的，适用本法；法律另有规定的，从其规定。

第八十六条　在根据本法第十八条的规定编制国土空间规划前，经依法批准的土地利用总体规划和城乡规划继续执行。

第八十七条　本法自 1999 年 1 月 1 日起施行。

第一部分

导　读

新时代农村土地制度的创新与发展

2019 年 8 月 26 日，十三届全国人大常委会第十二次会议审议通过了关于修改土地管理法和城市房地产管理法的决定。在通过这部法律时，全国人大常委会组成人员共有 167 人参加投票，其中，163 人赞成，3 人弃权，1 人反对。这样一部涉及广大人民群众切身利益，包含复杂利益关系，反映深化农村土地制度改革的法律案，能获得如此广泛的关注与赞同，是非常难得的。

一、土地管理法的制定和修改历程

《中华人民共和国土地管理法》（以下简称土地管理法）是 1986 年 6 月 25 日，由第六届全国人大常委会第十六次会议审议通过，于 1987 年 1 月 1 日起正式施行的。土地管理法施行过程中，分别于 1988 年、1998 年、2004 年、2019 年作过四次修改。

1988 年 4 月，第七届全国人民代表大会第一次会议通过了宪法修正案，根据我国改革开放和经济发展的实际，对我国的土地制度作了重大修改，确立了土地使用权可以依法转让的制度。为了使土地管理法的有关内容与宪法修正案一致，1988 年 12 月 29 日，第七届全国人大常委会第五次会议审议通过了《关于修改〈中华人民共和国土地管理法〉的决定》，删去了土地不得买卖的规定，增加"国有土地和集体所有的土地使用权可以依法转让"，"国家依法实行国有土地有偿使用制度"等内容，扫清了土地作为生产要素进入市场的法律障碍，在法律层面承认了土地资产的商品属性，拉开了国有土地有偿使用制度改革的序幕。

1998 年 8 月 29 日，第九届全国人大常委会第四次会议修订通过土地管理法修订案，主要内容是将党中央、国务院关于加强土地管理切实保护耕地的一系列重大决策上升为法律，构建世界上最严格的土地管理法律制度框架体系。修法的核心是对以分级限额审批为主要内容的土地管理制度进行根本性变革，确立以耕地保护为核心的土地用途管制制度，合理划分中央和地方的土地管理职权，强化国家管理土地的职能。这是对土地管理法的又一次重大修改，由于修改涉及的内容比较多，因此没有采取修改决定的方式，而是采取了修订案的方式。1998 年修订的土地管理法被法学界称为市场经济条件下一部新的土地管理法，不仅因为修改幅度大，还因为它在中国立法史上创造了诸多第一：第一部提交全民讨论的自然资源法律；第一部经全国人大常委会三次审议通过的自然资源法律；第一部由全国人大常委会以零票反对通过的自然资源法律；第一部从法律上确立土地基本国策的自然资源法律；第一部按照市场经济原则在立法思想、基本原则和主要内容等方面对原法进行全面修订的自然资源法律；第一部将改革决策与立法决策相结合、用立法推动改革的自然资源法律；第一部法与实施条例同步实施的自然资源法律。

2004 年 3 月，第十届全国人民代表大会第二次会议通过了宪法修正案，区分了土地征收和征用，确立了征地必须依照法律给予补偿的制度。同年 8 月，第十届全国人大常委会第十一次会议对土地管理法作出第二次修正，将第 2 条第 4 款修改为"国家为了公共利益的需要，可以依法对集体所有的土地实行征收或者征用并给予补偿"。同时将其他条款的"征用"修改为"征收"。形式上，此次修改幅度不大，然而从"征用"到"征收与征用"区分，并强调给予补偿，体现了国家对土地财产权益的保护。

随着我国工业化、城镇化的快速推进，1998 年土地管理法的一些规定已经不能适应经济社会的快速发展，特别是征地制度。2004 年以来，党中央、国务院出台了改革完善土地管理的相关政策措施。农村土地管理制度改革受到社会各界广泛关注。2008 年，十一届全国人大常委会将修改土地管理法列入立法规划，并列入了 2009 年度立法工作计划。当时，考虑到农村土地制度改革关系重大，涉及的问题较多，有些问题还在探索试验，按照积极稳妥的原则，以分步解决为好：修法可先集中解决当时征地补偿工作中存在的征地程序不完善，补偿标准偏低且过死，被征地农民长远生计保障不足，一些地方违规征地、乱占农民土地，影响社会稳定等突出问题。按照这个思路，2012 年 12 月，国务院向十一届全国人大常委会提交了土地管理法修正案草案。该草案只有一条，将土地管理法第 47 条的 7 款规定缩减为 3 款，内容主要有：一是原法规定，按照被征收土地的原用途给予补偿、土地补偿费和安置补助费总和不超过征地前三年平均年产值三十倍，拟修改为对被征收的土地给予公平补偿的原则，保证被征地农民原有生活有改善、长远生计有保障，维护被征地农民的合法权益。二是拟增加住宅补偿和社会保障的内容，在原法规定的土地补偿、安置补助、地上附着物和青苗补偿基础上，把住宅补偿从地上附着物补偿中单独列出，并增加被征地农民的社会保障。三是拟增加严格征地程序的规定，规定征地应当依照公正、公开、合法的原则制定严格的程序，补偿资金不落实的，不得批准和实施征地。四是授权国务院和省（区、市）分别规定征地补偿安置的具体办法和具体标准。十一届全国人大常委会第三十次会议对草案进行了初次审议，多数委员赞成重点修改第47条，解决征地补偿实践中存在的突出问题；但也有些委员认为仅修改第47条还不够，应根据党的十八大改革征地制度的精神统筹考虑，要站在国家改革大局上判断筹划，因此未继续审议。

2013年11月，党的十八届三中全会对农村土地征收、集体经营性建设用地入市、宅基地制度改革作出重要部署：建立城乡统一的建设用地市场。在符合规划和用途管制前提下，允许农村集体经营性建设用地出让、租赁、入股，实行与国有土地同等入市、同权同价。缩小征地范围，规范征地程序，完善对被征地农民合理、规范、多元保障机制。赋予农民更多财产权利。保障农户宅基地用益物权，改革完善农村宅基地制度，选择若干试点，慎重稳妥推进农民住房财产权抵押、担保、转让，探索农民增加财产性收入渠道。2014年12月，中共中央办公厅、国务院办公厅印发了《关于农村土地征收、集体经营性建设用地入市、宅基地制度改革试点工作的意见》，为深化农村土地制度改革指引了方向，规定了一些具体的措施，并决定在全国选取30个左右县（市）行政区域进行试点。由于试点突破了有关法律规定，按照重大改革于法有据的要求，2015年2月27日，十二届全国人大常委会第十三次会议审议通过了《关于授权国务院在北京市大兴区等三十三个试点县（市、区）行政区域暂时调整实施有关法律规定的决定》，授权在试点地区暂时调整实施土地管理法、城市房地产管理法有关法律规定，授权期限至2017年12月31日。为更好体现农村土地制度改革三项试点工作的整体性、系统性、协同性和综合效益，与土地管理法修改工作做好衔接，2017年11月和2018年12月，全国人大常委会先后两次作出决定，将试点期限延长至2019年12

月 31 日。

在认真总结农村土地制度改革试点成果基础上，自然资源部会同有关方面起草了《〈中华人民共和国土地管理法〉、〈中华人民共和国城市房地产管理法〉修正案（草案）》。2018 年 12 月十三届全国人大常委会第七次会议对该修正案草案进行了初次审议。该修正案草案紧紧围绕农村土地制度改革试点取得的成果和经验，主要从土地征收制度、集体经营性建设用地入市、宅基地管理等方面对现行土地管理法作了修改完善。2019 年 6 月，全国人大常委会对草案进行再次审议。2019 年 8 月 26 日，十三届全国人大常委会第十二次会议表决通过了关于修改土地管理法、城市房地产管理法的决定。新修改的土地管理法坚持土地公有制不动摇，坚持农民利益不受损，坚持最严格的耕地保护制度和最严格的节约集约用地制度，在充分总结农村土地制度改革试点成功经验的基础上，在土地征收制度、集体经营性建设用地入市、宅基地管理等方面做出多项重大突破，并将多年来土地制度改革成果上升为法律规定。

二、此次修法的基本原则

土地制度是国家的基础性制度，事关经济社会发展和国家长治久安。在修法过程中坚持以下原则：

一是坚持正确政治方向。党的十八大以来，习近平总书记对农村土地制度改革作出了一系列重要指示和要求。我国农村改革是从调整农民和土地的关系开始的，新形势下深化农村改革的主线仍然是处理好农民和土地的关系。农村土地制度改革牵一发而动全身，必须谋定而后动，重大改革必须依法推进。土地制度是国家的基础性制度，农村土地制度改革是个大事，涉及的主体、包含的利益关系十分复杂，必须审慎、稳妥推进。土地制度改革不管怎么改，都不能把农村土地集体所有制改垮了，不能把耕地改少了，不能把粮食生产能力改弱了，不能把农民利益损害了。习近平总书记的重要论述，深刻指出了农村土地制度改革的重要性、必要性、复杂性、艰巨性，提出了改革必须坚持的原则和底线，阐释了改革与立法的关系。要把习近平总书记的重要论述和要求作为修法工作的根本遵循，坚持现行土地管理法关于土地所有制的规定，全面强化对永久基本农田的管理和保护，在征地补偿标准、宅基地审批等直接关系农民利益的问题上只做加法、不做减法，确保法律修改方向正确。

二是坚持制度创新，解决实践中的突出问题。在全面总结农村土地制度改革三项试点经验的基础上，落实党的十九大精神和中央有关政策文件，将经过试点且各方面认识比较一致的土地征收、集体经营性建设用地入市、宅基地管理方面的制度创新经验上升为法律制度：破解集体经营性建设用地入市的法律障碍，删去了从事非农业建设必须使用国有土地或者征为国有的原集体土地的规定；缩小土地征收范围、规范土地征收程序，限定了可以征收集体土地的具体情形，补充了社会稳定风险评估、先签协议再上报征地审批等程序；完善对被征地农民保障机制，废除征收土地按照年产值倍数补偿的规定，全面推行区片综合地价制度，将对被征地农民的社会保障、住宅补偿等从土地补偿中独立出来，保障被征地农民原有生活水平不降低、长远生计有保障。此外，为了推进城乡一体化发展，优化国土空间结构和布局，提升国土空间开发、保护的质量和效率，修改后的土地管理法规定鼓励农村集体经济组织及其成员盘活利用闲置宅基地和闲置住宅，还对编制国土空间规划作了授权性规定，为下一步推进改革提供法律依据。

三是坚持从实际出发，稳妥推进。落实党中央决策部署，必须从实际出发，因地制宜，给实际操作留出必要的空间。例如，修改后的土地管理法将征地补偿标准由法律作出规定，改为授权省、自治区、直辖市制定；针对一些地方土地资源十分紧张、保障"一户一宅"有较大困难的实际情况，新法根据一些地方的实践做法，增加规定，这些地区的县级人民政府在充分尊重农村村民意愿的基础上，可以采取措施按照省、自治区、直辖市规定的标准保障农村村民实现户有所居。同时，对尚在改革探索阶段的制度，法律中主要作方向性、原则性规定，保障改革顺利进行。例如，关于农村宅基地"三权分置"，2018年中央1号文件首次提出宅基地"三权分置"：探索宅基地所有权、资格权、使用权"三权分置"，落实宅基地集体所有权，保障宅基地农户资格权和农民房屋财产权，适度放活宅基地和农民房屋使用权。2019年中央1号文件又强调要稳慎推进农村宅基地制度改革，拓展改革试点，丰富试点内容，完善制度设计。这说明，宅基地"三权分置"试点范围较窄，试点时间较短，尚未形成可复制、可推广的经验，有待进一步探索研究，目前不宜在法律中作出规定，可待形成比较成熟的制度经验后再进行立法规范。

三、此次修改的主要内容

（一）关于土地征收

1. 缩小土地征收范围。一是删去原土地管理法第43条关于从事非农业建设使用土地的，必须使用国有土地或者征为国有的原集体土地的规定，增加供应建设土地的来源，使缩小土地征收范围成为可能。二是依据宪法和物权法等有关法律，在新法第45条明确规定只有为了公共利益需要才可以征收土地，并列举了征地的六种情形，主要是政府组织实施基础设施建设、公共事业、成片开发建设等情形需要用地，可以征收集体土地。在起草和审议过程中，各方面对"成片开发"是否属于公共利益争议较大：一种意见认为，考虑到我国城镇化进程和目前经济社会发展的实际情况，有必要保留这一情形，以免对经济社会发展造成较大影响；另一种意见认为，这不属于公共利益；还有意见认为"成片开发"由政府主导，征地规模大，涉及群众利益广，容易引发争议和纠纷，应当进行严格限制，避免政府无序征地。新法对"成片开发"征地作了严格限定：一是批准和实施层级，必须经省级以上人民政府批准由县级以上地方人民政府组织实施。由于设立开发区、新区的必须由国务院或者省政府批准，因此，该条款事实上与开发区、新区设立审批进行了衔接，除此之外的"成片开发"项目，如旧城改造，也需要省级以上人民政府批准。二是区域限制，必须在土地利用总体规划确定的城镇建设用地范围内，体现了规划的严肃性，在编制规划时，必须为日后即将进行的"成片开发"预留空间。三是在该条最后一款规定成片开发建设还应当纳入国民经济和社会发展年度计划，主要保障群众的知情权，在征地工作具体开展之前，通过人大审议的形式达成共识，既充分体现了人民民主决策，也大大提高了"成片开发"征地的可预见性和透明度。四是"成片开发"还应当符合国务院自然资源主管部门规定的标准。

2. 规范土地征收程序。现行土地管理法对征收程序规定相对简单，程序设计不尽完善，特别是缺乏关于如何约束政府行为和保障被征收人知情权、参与权、表达权、监督权的规范，导致法律法规以及中央有关文件赋予被征收人的实体权利无法确定化。此次修法，弥补了现行土地管理法征地批准前程序的空白，强化了农民的知情权、话语权，还增加了社会风险评估的内容，并将补偿安置协议的签订，作为省级以上人民政府批准征地决定的重要依据。新法第48条明确规定：一是要求市、县人民政府申请征收土地前进行土地现状调查、公告并听取被征地的农村集体经济组织及其成员意见、组织开展社会稳定风险评估等，公告至少30日。二是多数被征地的农村集体经济组织成员不同意征地补偿安置方案的，应当组织听证。这个和国有土地上房屋征收与补偿条例的规定是一致的。三是与拟征收土地的所有权人、使用权人就补偿安置等签订协议，测算并落实有关费用，保证足额到位，方可申请征收土地。四是个别确实难以达成协议的，应当在申请征收土地时如实说明。

3. 完善对被征地农民合理、规范、多元保障机制。新法第48条对原土地管理法第47条进行了大幅度修改：一是在总结试点经验的基础上，将公平合理补偿，保障被征地农民原有生活水平不降低、长远生计有保障作为基本要求。二是明确征收农用地的土地补偿费、安置补助费标准由省（区、市）通过制定区片综合地价确定，制定区片综合地价要综合考虑土地原用途、土地资源条件、土地产值、土地区位、土地供求关系、人口以及经济社会发展水平等因素，并至少每3年调整或者重新公布一次。三是将农村村民住宅补偿单列，明确征收农村村民住宅要按照先补偿后搬迁、居住条件有改善的原则，尊重农村村民意愿，采取重新安排宅基地建房、提供安置房等方式，并对因征收造成的搬迁、临时安置等费用予以补偿。四是将被征地农民社会保障费用单列，县级以上地方人民政府应当将被征地农民纳入相应的养老等社会保障体系。被征地农民的社会保障费用主要用于符合条件的被征地农民的养老保险等社会保险缴费补贴。

（二）关于集体经营性建设用地入市

1. 明确入市的条件。新法第63条、第23条明确规定：一是只有土地利用总体规划确定为工业、商业等经营性用途，并经依法登记的集体经营性建设用地，才允许土地所有权人通过出让、出租等方式交由单位或者个人使用。二是规定入市须经本集体经济组织成员的村民会议2/3以上成员或者2/3以上村民代表的同意。三是土地利用年度计划应当对集体经营性建设用地作出合理安排。

2. 明确集体经营性建设用地入市后的管理措施。新法第63条、第64条规定：集体建设用地使用权人应当严格按照土地利用总体规划确定的用途使用土地。集体建设用地的出租，集体建设用地使用权的出让及其最高年限、转让、互换、出资、赠与、抵押等，要按照国务院的具体办法执行。

3. 保障集体经营性建设用地使用权人的合法权益。新法第 63 条、第 66 条规定：一是通过出让等方式取得的集体经营性建设用地使用权，和通过出让等方式取得的国有建设用地使用权一样，可以转让、互换、出资、赠与或者抵押，但法律、行政法规另有规定或者土地所有权人、土地使用权人签订的书面合同另有约定的除外。二是集体经营性建设用地使用权属于用益物权，集体经济组织不得随意收回集体经营性建设用地使用权，收回集体经营性建设用地使用权，依照双方签订的书面合同办理，法律、行政法规另有规定的除外。

（三）关于宅基地管理制度

1. 健全宅基地权益保障方式。新法第 62 条规定，根据乡村振兴的现实需求和各地宅基地现状，规定对人均土地少、不能保障一户一宅的地区，允许县级人民政府在尊重农村村民意愿的基础上采取措施，保障农村村民实现户有所居。

2. 完善宅基地管理制度。一是下放宅基地审批权，明确农村村民申请宅基地的，由乡（镇）人民政府审核批准，但涉及占用农用地的，应当依法办理农用地转用审批手续。二是规定农村村民出卖、出租、赠与住宅后，再申请宅基地的，不予批准。三是落实深化党和国家机构改革精神，明确国务院农业农村主管部门负责全国农村宅基地改革和管理有关工作，赋予农业农村主管部门在宅基地监督管理和行政执法等方面相应职责。

3. 合理规划宅基地布局，盘活利用闲置宅基地。一是规定编制乡（镇）土地利用总体规划、村庄规划应当统筹并合理安排宅基地用地，改善农村村民居住环境和条件。二是允许进城落户的农村村民依法自愿有偿退出宅基地，鼓励农村集体经济组织及其成员盘活利用闲置宅基地和闲置住宅。

（四）其他修改

1. 强化耕地尤其是永久基本农田保护。一是强调耕地质量保护，明确要求省、自治区、直辖市人民政府应当严格执行土地利用总体规划和土地利用年度计划，采取措施，确保本行政区域内耕地总量不减少、质量不降低。耕地总量减少的，由国务院责令在规定期限内组织开垦与所减少耕地的数量与质量相当的耕地；耕地质量降低的，由国务院责令在规定期限内组织整治。二是进一步完善应当划为永久基本农田的耕地种类，明确要求优先把粮、棉、油、糖等重要农产品生产基地，有良好的水利与水土保持设施的耕地，正在实施改造计划以及可以改造的中、低产田和已建成的高标准农田、蔬菜生产基地等优质耕地划为永久基本农田进行保护，防止不把好地划入或者用劣质耕地冒充永久基本农田。三是要求永久基本农田应当落实到地块，纳入国家永久基本农田数据库严格管理。四是永久基本农田经依法划定后，任何单位和个人不得擅自占用或者改变其用途。永久基本农田转为建设用地的，必须由国务院批准。禁止通过擅自调整土地利用总体规划等方式规避永久基本农田农用地转用或者土地征收的审批。五是进一步完善耕地保护制度，增加了引导因地制宜轮作休耕，占用耕地与开发复垦耕地数量平衡、质量相当，提高土地节约集约利用水平等方面的规定，强化了耕地保护力度。

2. 对国土空间规划作出原则规定，为"多规合一"预留空间。其一，2019年4月，《中共中央、国务院关于建立国土空间规划体系并监督实施的若干意见》，对国土空间规划作出部署。新法根据该意见对国土空间规划作出了原则规定：国家建立国土空间规划体系。编制国土空间规划应当坚持生态优先，绿色、可持续发展，科学有序统筹安排生态、农业、城镇等功能空间，优化国土空间结构和布局，提升国土空间开发、保护的质量和效率。经依法批准的国土空间规划是各类开发、保护、建设活动的基本依据。已经编制国土空间规划的，不再编制土地利用总体规划和城乡规划。在根据本法第18条的规定编制实施国土空间规划前，经依法批准的土地利用总体规划和城乡规划继续执行。其二，为保障乡村产业发展所需合理用地需求，新法第17条第4项规定，编制土地利用总体规划应当统筹安排城乡生产、生活、生态用地，满足乡村产业和基础设施用地合理需求，促进城乡融合发展。

3. 适当下放农用地转用审批权限。按照原法规定，凡是省级人民政府批准的道路、管线工程和大型基础设施建设项目、国务院批准的建设项目，其农用地转用都由国务院批准。为深化"放管服"改革和改善营商环境，需要在严格保护耕地特别是永久基本农田的前提下，适当下放农用地转用审批权限。修改决定强化对永久基本农田的保护，规定永久基本农田转为建设用地的，由国务院批准；同时，适当下放审批权限，一是在土地利用总体规划确定的城市和村庄、集镇建设用地范围外，将永久基本农田以外的农用地转为建设用地的。由国务院或者国务院授权的省、自治区、直辖市人民政府批准；二是对分批次用地，将原法规定的"原批准土地利用总体规划的机关批准"，改为"原批准土地利用总体规划的机关或者其授权的机关批准"。

4. 删去了省级人民政府批准征地报国务院备案的规定。原法规定，省（区、市）人民政府批准征地，须报国务院备案。新法删去了"并报国务院备案"的规定，主要考虑：按照"谁的事权谁负责"的原则，省级人民政府决定征收的事项，由该人民政府负责。取消备案后，更有利于压实地方责任，有关部门可以通过督察、用地审批监管平台等行政、技术手段加强对地方的监管。

5. 土地督察制度。为有效解决土地管理中存在的地方政府违法高发多发的问题，2006年国务院决定实施国家土地督察制度，对省、自治区、直辖市及计划单列市人民政府土地管理和土地利用情况进行督察。土地督察实施以来，在监督地方政府依法管地用地、维护土地管理秩序等方面发挥了重要作用。在充分总结国家土地督察制度实施成效的基础上，新法第6条规定，国务院授权的机构对省、自治区、直辖市人民政府以及国务院确定的城市人民政府土地利用和土地管理情况进行督察。

此外，为与土地管理法修改做好衔接，扫清集体经营性建设用地入市的法律障碍，此次修法还对城市房地产管理法第9条关于城市规划区内的集体土地必须先征收为国有后才能出让的规定一并作出修改，将城市房地产管理法第9条修改为："城市规划区内的集体所有的土地，经依法征收转为国有土地后，该幅国有土地的使用权方可有偿出让，但法律另有规定的除外。"

第二部分

释 义

第一章 总 则

第一条 为了加强土地管理，维护土地的社会主义公有制，保护、开发土地资源，合理利用土地，切实保护耕地，促进社会经济的可持续发展，根据宪法，制定本法。

【释义】 本条是关于土地管理法立法目的的规定。

本法的立法目的有以下几方面的内容：

1. 维护土地的社会主义公有制。我国实行土地的社会主义公有制，即全民所有制和劳动群众集体所有制，这是在宪法中确立的，是我国土地制度的核心。实行土地公有制是由我国所实行的社会主义制度以及特殊的土地国情所决定的，土地公有制是社会主义公有制的重要组成部分，符合人民的根本利益和长远需要。在实行市场经济的条件下，以土地所有权和使用权分离实现土地的商品性。维护土地的社会主义公有制是制定本法最为重要的目的之一。

2. 保护、开发土地资源，合理利用土地。土地作为一种宝贵的自然资源，是人类生存和生活的基本生活资料。随着我国人口的增长和经济的快速发展，土地资源的有限性和土地需求的无限增长性之间的矛盾日益突出。通过优化配置土地资源，提高土地资源的利用效率，有效保护和高效利用土地资源，是制定本法的一项重要任务。

3. 切实保护耕地。国以民为本，民以食为天。我国是世界上人口最多的国家，14亿人口的吃饭问题，始终是我国经济生活中的一件头等重要的大事，是关系国计民生、经济发展、社会稳定的重大战略问题。耕地是我国最为宝贵的资源，是农业最基本的生产资料，是粮食生产的重要基础。确保国家粮食安全，必须以足够的数量和质量的耕地作保障。我国不仅人均耕地数量少，耕地的后备资源也严重不足。因此，采取最严格的制度，对耕地实行特殊保护，是由我国的基本国情决定的，也是制定本法的重要任务。

4. 促进社会经济的可持续发展。可持续发展是基于人类在工业革命以来的发展过程中，片面追求经济增长的经验教训而提出的一种新的发展观，其核心思想是经济发展、保护资源和保护生态环境协调一致，让子孙后代能够享受充分的资源和良好的资源环境。土地作为一种自然资源和人类社会经济活动的基本载体，其本身的不可再生性和稀缺性是固有的。因此，通过立法强化土地管理，推进土地资源利用方式的根本转变，促进土地资源的节约和集约利用，处理好土地资源保护与经济发展以及近期利益和长远利益、局部利益与全局利益之间的关系，保证对土地的永续利用，以促进社会经济的可持续发展，也是制定本法的重要任务。

值得指出的是，宪法是土地管理法立法的根本渊源。宪法是国家的根本大法，规定了我们国家和社会的基本制度，国家机构和组织，公民的基本权利和义务等根本性问题，土地管理法是直接依据宪法的有关规定制定的。宪法第9条、第10条确立了我国土地的社会主义公有制、明确土地管理和使用的基本原则。这些基本原则是自然资源主管部门、土地所有者和使用者在管理、保护、开发和利用土地过程中应当遵循的基本行为准则；是各级国家权力机关、各级国家行政机关制定土地法律法规和政策措施的基础和依据。

第二条 中华人民共和国实行土地的社会主义公有制，即全民所有制和劳动群众集体所有制。

全民所有，即国家所有土地的所有权由国务院代表国家行使。

任何单位和个人不得侵占、买卖或者以其他形式非法转让土地。土地使用权可以依法转让。

国家为了公共利益的需要，可以依法对土地实行征收或者征用并给予补偿。

国家依法实行国有土地有偿使用制度。但是，国家在法律规定的范围内划拨国有土地使用权的除外。

【释义】 本条是关于我国基本土地制度的规定。

1. 土地所有制。本条是宪法规定的基本土地制度在法律中的具体体现，此次修法未做修改。宪法第6条规定："中华人民共和国的社会主义经济制度的基础是生产资料的社会主义公有制，即全民所有制和劳动群众集体所有制……"土地是最宝贵的自然资源，同时也是最基本的生产资料，因此，生产资料的社会主义公有制决定了我国土地的社会主义公有制。依据宪法和本法，我国土地的社会主义公有制分为全民所有制和劳动群众集体所有制这两种基本形式。宪法第 10 条规定："城市的土地属于国家所有。农村和城市郊区的土地，除由法律规定属于国家所有的以外，属于集体所有；宅基地和自留地、自留山，也属于集体所有……"因此，我国土地公有制的法律表现形式是国有土地所有权和集体土地所有权。国有土地所有权，即全民所有，主要包括城市的土地、法律规定属于国家所有的农村和城市郊区的土地等；集体土地所有权，主要包括法律规定的属于集体所有的土地。国家和农民集体是我国土地所有权的主体，国家和农民集体对自己所有的土地行使权利受法律保护。由于这一制度的独特性，没有现成的经验可循，国家在探索、建立和完善这一制度的过程中走过一些弯路、受到过一些挫折，最终达成了共识。

（1）土地的社会主义公有制是历史的选择、人民的选择。在历史上，存在过各式各样的土地公有制、国有制、集体所有制，在封建社会和资本主义社会普遍实行土地私有制。我国历史上也曾先后出现过土地的公有制、井田制、分封制、王田制和私有制等，在特定的历史阶段还多次实行过均田制。中国的历史兴衰和朝代更迭通常都与土地制度的失效和土地兼并密切相关。中国共产党把贫苦农民的解放、实现"耕者有其田"作为自己的初心和使命，将马克思主义同中国实际相结合，通过土地改革赢得了人民的支持，取得了革命的胜利，并顺应历史和人民意愿，在土地改革完成后，建立了土地的社会主义公有制。土地的社会主义公有制确保了农民是土地的主人，保障了农民的生存权、发展权。经过不断发展完善，现行的以土地公有制为根本，以家庭承包经营为基础，以实现"耕者有其田、居者有其屋"为目标的土地制度，对于保证国家长治久安发挥了重要作用，必须长期坚持，毫不动摇。

（2）土地的社会主义公有制是适合我国国情的土地制度。我国具有悠久的农耕传统和文化，是一个典型的农业国家，人多地少是我国的基本国情。即使到 2030 年我国城镇化率实现达到 70% 的目标，仍将有 4 亿多农民生活在农村，人均耕地不超过 5 亩，我国农业仍将以小农户经营为主。这就决定了我国不可能实行普遍的土地大规模集中经营，也绝不能实行土地的自由买卖和私有制。土地的社会主义公有制为广大农民的小农户经营提供了坚实的保障。

实践证明，我国现行的土地制度适应了我国的农业生产条件和发展水平，保证了 14 亿中国人的吃饭问题，保障了农民的土地权益，是符合我国国情的。（3）我国土地的社会主义公有制是不断发展、与时俱进的。新中国成立之初（1950—1952 年），我国废除了地主阶级封建剥削的土地所有制，实行农民的土地所有制。在计划经济时期（1952—1978 年），我国在农村开展合作化和人民公社运动，建立了土地集体所有制，但对土地经营实行严格的行政和计划管理，阻碍了生产力的发展。1978 年，我国的改革开放率先在农村发起，在坚持农村土地集体所有制的基础上，推行土地承包制，形成了以家庭承包经营为基础、统分结合的双层经营制度，并长久不变，给了广大农民坚实、稳定的预期和信心，极大地解放和发展了生产力。1988 年，我国修改宪法和土地管理法，建立了国有土地使用权有偿使用制度，适应了工业化、城市化发展的需要。党的十八大以来，我国实行农村土地承包"三权分置"改革，并实行农村土地征收、集体经营性建设用地入市、宅基地制度改革，必将有力地推动乡村振兴和城乡融合发展。我国的土地制度在发展完善中展现了强大的优势和活力。

2. 土地所有权的行使问题。土地所有权的行使是指国家和集体经济组织按照法律规定，对国有土地和集体土地进行的占有、使用、收益和处分。一般来说，土地所有权的行使是以权利人的意思自治进行的，他人不得干涉、阻碍。在我国，不同土地所有权人对其权利行使是不同的。关于国有土地所有权，根据物权法和本法的规定，作为国有土地所有权人的国家，有权对其所有的土地进行占有、使用、收益和处分。但是国家并不亲自行使这些权能，而是由国务院代表国家依法行使这些权能。这样规定：一是明确地方各级人民政府不是国有土地所有权代表，无权擅自处置国有土地，只能根据国务院的授权处置国有土地；二是赋予中央人民政府行使国有土地资产经营管理的职能；三是明确国有土地的收益权归中央人民政府，国务院有权决定国有土地收益的分配办法。国务院代表国家行使国有土地所有权，但是在国有土地的具体经营、管理上，国务院可以直接行使有关权利，也可以授权地方人民政府或者委托国有企业行使有关权利。农民集体土地所有权应当由作为该土地所有权主体的农民集体行使。至于具体经营、管理，根据物权法和本法规定，属于村农民集体所有的，由村集体经济组织或者村民委员会代表集体行使所有权；分别属于村内两个以上农民集体所有的，由村内各该集体经济组织或者村民小组代表集体行使所有权；属于乡镇农民集体所有的，由乡镇集体经济组织代表集体行使所有权。

3. 不得侵占、买卖或者以其他形式非法转让土地。为了保护土地的社会主义公有制不受侵犯，同时也是为保护我国的耕地资源，宪法第10条第4款规定"任何组织或者个人不得侵占、买卖或者以其他形式非法转让土地"。因此，我国公有土地所有权的主体只能是国家和有关农民集体，除国家为了公共利益的需要可以依法征收农民集体所有的土地外，公有土地的所有权是不能改变的。任何买卖或者变相买卖土地，即通过买卖改变土地所有权的行为都是非法的，都必须依法禁止。以其他形式非法转让土地，主要指不具备法定的转让条件或者不履行土地使用权出让合同约定的义务而擅自转让土地使用权的行为。如城市房地产管理法第38条、第39条，城镇国有土地使用权出让和转让暂行条例第19条、第28条、第44条、第45条等对房地产用地、划拨土地的转让条件均进行了明确规定，不符合相关法定条件进行转让的，均认定为非法转让土地，需要承担相应的法律责任。

4. 土地使用权可以依法转让。土地使用权是指土地使用者在法律规定的范围内对所使用的土地享有占有、使用和收益的权利。土地不仅是最紧缺的自然资源，还是最重要的公有资产。改革开放以前，我国土地实行的是不得流转的制度。随着我国社会主义经济建设的快速发展和改革开放的不断深入，传统的土地使用制度弊端充分暴露出来，特别是改革开放后社会主义市场经济体制的逐步建立，土地的商品属性日益显现出来。1982年，广州、抚顺等城市开始对国有土地收取土地有偿使用费和场地占用费，特别是1987年，深圳市第一次协议出让国有土地使用权和第一次拍卖出让国有土地使用权，突破了国有土地使用权不允许转让的法律规定。1988年4月，第七届全国人民代表大会第一次会议通过宪法修正案，删去了禁止出租土地的规定，增加了土地使用权可以依法转让的规定。这次修宪是国有土地使用制度的根本性变革，标志着我国在宪法上承认了土地使用权的商品属性，可以进入市场。同年12月，第七届全国人大常委会第五次会议通过修改土地管理法的决定，根据宪法修正案对土地管理法的有关规定作了相应修改，确立了土地所有权和使用权相分离的原则，规定土地使用权可以依法转让。随后，城镇国有土地使用权出让和转让暂行条例以行政法规的形式，确立了实行城镇国有土地使用权出让、转让制度。自 1995 年 1 月 1 日起施行的城市房地产管理法进一步规定国家依法实行国有土地有偿、有期限使用制度。国有土地使用权可以出让、转让、出租、抵押。2002 年制定的农村土地承包法（后经 2009 年和 2018 年两次修正），亦明确了农村土地承包经营权及经营权可以依法转让。应该说，宪法修改和几部重要法律法规的出台，为土地使用制度改革提供了有力的法律保障，为土地市场的产生和发展奠定了坚实的基础。这次修改土地管理法，删去了非农建设必须使用国有土地的规定，允许农村集体经营性建设用地入市，集体经营性建设用地使用权也可以依法出让、转让、抵押等。

5. 国家为了公共利益的需要，可以依法对土地实行征收或者征用并给予补偿。宪法第 10 条第 3 款规定，"国家为了公共利益的需要，可以依照法律规定对土地实行征收或者征用并给予补偿"，确立了土地征收制度。物权法第 42 条第 1、2 款规定："为了公共利益的需要，依照法律规定的权限和程序可以征收集体所有的土地和单位、个人的房屋及其他不动产。征收集体所有的土地，应当依法足额支付土地补偿费、安置补助费、地上附着物和青苗的补偿费等费用，安排被征地农民的社会保障费用，保障被征地农民的生活，维护被征地农民的合法权益。"明确了征收应经法定程序并足额支付补偿。土地征收制度是我国基本的土地法律制度之一，对促进我国经济社会发展发挥了重要作用。但随着近年来我国城市化、工业化、现代化的快速推进，需要以征收方式供应大量建设用地。如何解决征地制度存在的问题成为此次修法的重点任务。其中，如何缩小征地范围，解决征地范围过宽的问题，与界定"公共利益"密切相关。从征求意见情况来看，关于土地征收的目的，无论从立法角度，还是从理论层面，土地征收必须以公共利益的需要为前提都获得了普遍认可，但由于公共利益本身的复杂性，就如何界定公共利益则存在较大分歧。这次法律修改，在综合考虑国际立法经验的基础上，与国有土地上房屋征收与补偿条例相衔接，结合农村土地制度改革经验，对土地征收的"公共利益"采取列举式规定，将国防和外交、基础设施、公共事业等界定为公共利益，建设项目不属于公共利益的，不得动用征收权，逐步缩小土地征收规模。

6. 国有土地有偿使用制度。我国的国有土地有偿使用制度是指，国家将国有土地使用权在一定年限内出让给土地使用者，由土地使用者向国家支付土地使用权出让金的制度。在法定条件下对土地的无偿使用是有偿使用制度的补充和例外。国有土地有偿使用制度主要包括：建设单位使用国有土地，应当以出让等有偿使用方式取得，但是法律、行政法规规定可以划拨方式取得的除外；土地有偿使用可以通过土地使用权出让、租赁、授权经营、作价入股（出资）等方式实现，其中出让方式有招标、拍卖、挂牌和协议；工业、商业、旅游、娱乐和商品住宅等经营性建设用地，应当采取"招拍挂"方式出让；同一宗地有两个以上意向用地者的，应当以"招拍挂"方式出让。

从 20 世纪 80 年代初开始，深圳市在全国率先推行了土地有偿、有期限的使用，拉开了我国城镇土地使用制度改革的序幕。1988 年宪法作了修正、土地管理法进行了修改，随后制定了城镇国有土地使用权出让和转让暂行条例、城市房地产管理法等，至此，城市国有土地使用权的重要性凸显出来，法律规范日趋完善。2001 年国务院发布《关于加强国有土地资产管理的通知》（国发〔2001〕15 号），明确提出国有土地实行市场化配置。2004 年国务院发布《关于深化改革严格土地管理的决定》（国发〔2004〕28 号）明确提出，要大力推进土地资源的市场化配置，逐步实行经营性基础设施用地有偿使用和推进工业用地的招标拍卖挂牌出让。经过近些年的发展，土地有偿使用制度改革进一步完善，规范了国有土地招标拍卖挂牌出让和协议出让的范围及程序，市场配置资源的基础性作用得到有效发挥。之所以实行有偿使用制度，是因为：一是在社会主义公有制条件下，只有实行国有土地有偿使用制度，才能使国有土地所有权在经济上更充分地得到实现，从而真正保障社会主义公有制的主体地位。在国有土地有偿使用制度改革前，国家曾长期以行政手段无偿提供土地资源给企业事业单位使用，本应归公有的大量资源收益留在使用者手中，国家缺乏调剂余缺的力量，难以实现土地资源在社会化生产中的优化配置，土地公有制在很大程度上被虚化。通过推行土地的有偿使用制度，国家代表全体人民掌握了土地的收益，就有足够的财力进行宏观调控，组织社会生产。二是在社会主义市场经济条件下，只有实行有偿使用制度，才能充分发挥市场对经济发展的积极作用。土地作为重要的生产要素，其使用权不进入市场流通，社会主义市场体系就不完善，难以充分发挥市场优化配置，公平竞争的作用。在无偿使用制度下，土地使用者既没有压力，也没有动力，多占少用、早占晚用、占而不用甚至乱占滥用，严重浪费了宝贵的土地资源。只有通过有偿、有期限、能流动的土地有偿使用制度，将土地作为市场要素交市场调节，才能合理配置土地资源，实现最大利用效益。

7. 国家在法律规定的范围内划拨国有土地使用权。划拨国有土地使用权，是指县级以上人民政府依照本法的有关规定批准，在土地使用者缴纳有关补偿、安置费后将一定数量的国有土地交付其使用，或者直接将一定数量的国有土地无偿交付给土地使用者使用。划拨作为土地有偿使用制度的例外和补充，其适用范围和条件是受到严格限制的。一是在法律规定上，例如根据本法，确属必需的，国家机关用地和军事用地，城市基础设施用地和公益事业用地，国家重点扶持的能源、交通、水利等基础设施用地以及法律、行政法规规定的其他用地，经县级以上人民政府批准，可以以划拨方式取得。再如，1950 年颁布的《中华人民共和国土地改革法》第 3 章第 15 条规定："分配土地时，县以上人民政府得根据当地土地情况，酌量划出一部分土地收归国有，作为一县或数县范围内的农事试验场或国营示范农场之用……"因此，国有农场、林场等的土地也属于划拨取得。二是考虑到划拨土地使用权的特殊性，有关法律对划拨土地使用权的用途、转让条件和抵押等方面都有一些限制性规定。划拨土地使用权，除法律法规规定的情况外，不得转让、出租、抵押。作为民事基本法律的物权法也对划拨土地使用权的问题作出了明确规定："严格限制以划拨方式设立建设用地使用权。采取划拨方式的，应当遵守法律、行政法规关于土地用途的规定。"三是随着我国土地管理制度的改革和深化，划拨建设用地的范围和程序将更趋严格和规范。国务院就划拨土地的问题多次作出规定，要求严格控制划拨用地范围，国务院《关于深化改革严格土地管理的决定》（国发〔2004〕28 号）要求"严格控制划拨用地范围，经营性基础设施用地要逐步实行有偿使用"，《关于促进节约集约用地的通知》（国发〔2008〕3 号）要求"除军事、社会保障性住房和特殊用地等可以继续以划拨方式取得土地外，对国家机关办公和交通、能源、水利等基础设施（产业）、城市基础设施以及各类社会事业用地要积极探索实行有偿使用，对其中的经营性用地先行实行有偿使用。其他建设用地应严格实行市场配置，有偿使用"。党的十八届三中全会也提出，扩大国有土地有偿使用范围，减少非公益性用地划拨。

第三条 十分珍惜、合理利用土地和切实保护耕地是我国的基本国策。各级人民政府应当采取措施，全面规划，严格管理，保护、开发土地资源，制止非法占用土地的行为。

【释义】 本条是关于土地基本国策和各级人民政府管理用地主体责任的规定。

1. 十分珍惜、合理利用土地和切实保护耕地是我国的基本国策。耕地是土地资源的精华，是人类的衣食之源，是农业的基础。它为人类提供了80%以上的热量，75%以上的蛋白质，88%的食物以及其他生活必需物质。耕地也是农业生产最基本、不可替代的生产资料。我国的耕地资源有以下几个显著特点：

（1）绝对数量大，人均占有少。我国陆域国土总面积约960万平方公里，折合144亿亩，约占亚洲大陆面积的22.1%，为世界陆地面积的6.4%，仅次于俄罗斯、加拿大，居世界第三位。其中，耕地约为20.23亿亩，仅次于美国、俄罗斯和印度，居世界第四位，但由于人口多，人均耕地约1.48亩，远低于世界平均水平，处于世界中下水平。人均占有耕地的数量是制约人均占有粮食数量的重要条件，我国人均耕地数量少使我国农业生产的发展受到很大的限制。

（2）耕地资源分布不均，耕地资源总体水平差。按照400毫米等降水量线，我国土地可划分为东南部和西北部面积大致相等的两大部分。全国85%的耕地集中在东南部地区，15%的耕地分布在我国西北部地区。现有耕地中，有灌溉设施的不到40%，干旱、半干旱地区40%的耕地不同程度地出现退化，全国30%左右的耕地不同程度地受到水土流失的危害。耕地资源分布不均和质量不高，决定了我国不同地区土地的人口承载力相差很大和土地利用上存在显著差异。

（3）耕地质量差，且退化严重。现有耕地中，有1/3以上为低生产力土地，包括盐碱地、水土流失地、红壤丘陵地、风沙干旱地和涝洼地等。水土流失，土地荒漠化，耕地污染，耕地长期高强度、超负荷利用等问题导致耕地不断退化，耕地退化面积已占到耕地总面积的40%以上。

（4）耕地后备资源匮乏。2016年统计结果显示，全国耕地后备资源总面积8029.15万亩，比上一轮减少了近3000万亩，且大多为质量差、开发难度大的土地。此外，每年因建设占用、农业结构调整、灾毁、生态退耕等还在造成耕地不断减少。

（5）水土资源不平衡。我国水资源总量约28000多亿立方米。长江、珠江、浙、闽、台及西南诸河流域的水量占全国总水量的82.3%，而这些地区的耕地，仅占全国耕地的36%；黄河、淮河及其他北方诸河流域水量约占全国总水量的17%，而耕地占全国的63.7%。水土资源的分布不平衡，给土地资源的开发利用带来了许多困难。

因此，我们要用世界约7%的耕地养活世界近20%的人口，解决好十几亿人口的吃饭问题，要"确保国家粮食安全，把中国人的饭碗牢牢端在自己手中"就必须保护好有限的耕地，保障国家粮食安全。十分珍惜、合理利用土地和切实保护耕地，就是关系国计民生、关系国家粮食安全和资源安全的大事，是我们要长期坚持的基本国策。

2. 各级人民政府应当采取措施，全面规划，严格管理，保护、开发土地资源，制止非法占用土地的行为。为落实土地基本国策，土地管理法明确了各级人民政府管地用地的主体责任，特别是要坚持符合我国国情的最严格的耕地保护制度，主要包括：

（1）耕地保护责任制度。本法规定，各省、自治区、直辖市人民政府必须采取措施，确保本行政区域内耕地总量不减少、质量不降低。国务院《关于深化改革严格土地管理的决定》（国发〔2004〕28号）规定，"地方各级人民政府要对土地利用总体规划确定的本行政区域内的耕地保有量和基本农田保护面积负责，政府主要领导是第一责任人"。2018年，国务院办公厅印发《省级政府耕地保护责任目标考核办法》明确，各省、自治区、直辖市人民政府对本行政区域内的耕地保有量、永久基本农田保护面积以及高标准农田建设任务负责，省长、自治区主席、直辖市市长为第一责任人。

（2）永久基本农田保护制度。永久基本农田是耕地的精华。十七届三中全会决定首次提出"划定永久基本农田"。此次法律修改将"基本农田"统一修改为"永久基本农田"，将"永久基本农田"上升为法律概念，体现了党中央、国务院对耕地特别是基本农田的高度重视，体现的是严格保护的态度。永久基本农田的划定和管护，必须采取行政、法律、经济、技术等综合手段，加强管理，以实现永久基本农田的质量、数量、生态等全方面管护。本法规定，各省、自治区、直辖市划定的永久基本农田一般应当占本行政区域内耕地的80%以上，具体比例由国务院根据各省、自治区、直辖市耕地实际情况规定。永久基本农田经依法划定后，任何单位和个人不得擅自占用或者改变其用途。国家能源、交通、水利、军事设施等重点建设项目选址确实难以避让永久基本农田，涉及农用地转用或者土地征收的，必须经国务院批准。

（3）耕地占补平衡制度。建设占用耕地补偿是我国一项法定制度。非农业建设经批准占用耕地的，按照"占多少，垦多少"的原则，由占用耕地的单位负责开垦与所占用耕地的数量和质量相当的耕地；没有条件开垦或者开垦的耕地不符合要求的，缴纳耕地开垦费，专款用于开垦新的耕地。开垦未利用的土地，必须经过科学论证和评估，在土地利用总体规划划定的可开垦的区域内，经依法批准后进行。禁止毁坏森林、草原开垦耕地，禁止围湖造田和侵占河滩地。省、自治区、直辖市人民政府应当制订开垦计划，监督占用耕地的单位按照计划开垦耕地或者按照计划组织开垦耕地，并进行验收。

（4）土地整治制度。国家鼓励土地整理，县、乡（镇）人民政府应当组织农村集体经济组织，按照土地利用总体规划，对田、水、路、林、村综合整治，提高耕地质量，增加有效耕地面积，改善农业生产条件和生态环境。地方各级人民政府应当采取措施，改造中、低产田，整治闲散地和废弃地。近年来，土地整治快速发展，整合了高标准农田建设、土地开发复垦、城乡建设用地增减挂钩等相关活动，并逐步走向土地资源、资产、资本综合管理。

（5）此外，各级人民政府应当加强对本行政区域内违反土地管理法律、法规的行为进行监督检查。各级人民政府只有认真执行本法的有关规定，才能做好土地管理工作，将十分珍惜、合理利用土地和切实保护耕地的基本国策落到实处，造福当代和子孙后代。

第四条　国家实行土地用途管制制度。

国家编制土地利用总体规划，规定土地用途，将土地分为农用地、建设用地和未利用地。严格限制农用地转为建设用地，控制建设用地总量，对耕地实行特殊保护。

前款所称农用地是指直接用于农业生产的土地，包括耕地、林地、草地、农田水利用地、养殖水面等；建设用地是指建造建筑物、构筑物的土地，包括城乡住宅和公共设施用地、工矿用地、交通水利设施用地、旅游用地、军事设施用地等；未利用地是指农用地和建设用地以外的土地。

使用土地的单位和个人必须严格按照土地利用总体规划确定的用途使用土地。

【释义】 本条是关于土地用途管制制度的规定。

1. 土地用途管制，是世界上一些土地管理制度较为完善的国家采用的一种土地利用管理制度。日本、美国、加拿大等国家称之为"土地使用分区管制"；瑞典称"土地使用管制"；英国称"土地规划许可制"；法国、韩国则称"建设开发许可制"。土地用途管制是指国家为保证土地资源的合理利用以及经济、社会发展和环境的协调，通过编制规划，划定土地用途区域，规定土地用途，确定土地使用限制条件，使土地所有者、使用者严格按照规划确定的用途利用土地。

土地用途管制制度由一系列具体制度和规范组成。其中，土地按用途分类是实行用途管制的基础；土地利用总体规划是实行用途管制的依据；农用地转为建设用地需要预先进行审批是关键；保护农用地是国家实行土地用途管制的目的；核心是切实保护耕地，保证耕地总量动态平衡，对永久基本农田实行特殊保护，防止耕地的破坏、闲置和撂荒，开发未利用地、进行土地的整理和复垦；强化土地执法监督，严肃法律责任是实行土地用途管制的保障。

2. 把土地用途管制扩展到所有国土空间。1997 年中共中央、国务院联合下发《关于进一步加强土地管理切实保护耕地的通知》，首次提出"用途管制"的概念。1998 年修订的土地管理法将这一概念上升为土地管理基本制度。新时代生态文明建设被提到前所未有的高度，而建立统一协调的空间规划体系、构建国土空间开发保护制度、实现全域国土空间用途管制，是生态文明体制改革的重要内容。2013 年，党的十八届三中全会通过《中共中央关于全面深化改革若干重大问题的决定》，明确"完善自然资源监管体制，统一行使所有国土空间用途管制职责"。2017 年国务院发布我国首个国家级空间规划《全国国土规划纲要（2016—2030 年)》为健全空间规划体系指明了方向。同年 4 月，原国土资源部印发《自然生态空间用途管制办法（试行)》，旨在将所有自然生态空间纳入用途管制范畴。2017 年，党的十九大报告提出"统一行使所有国土空间用途管制和生态保护修复职责"的要求。2018 年，中共中央《深化党和国家机构改革方案》明确提出，自然资源部要履行好"统一行使全民所有自然资源资产所有者职责，统一行使所有国土空间用途管制和生态保护修复职责"。从山水林田湖草生命共同体建设的需求来看，把土地用途管制扩展到所有国土空间，建立国土空间用途管制制度，由一个部门统一行使国土空间用地管制职责成为必然趋势：一是落实山水林田湖草生命共同体理念的必然要求。山水林田湖草是一个生命共同体，是习近平生态文明思想整体观系统论的深刻体现。为确保国家粮食安全，我国实行了最严格的耕地保护制度和最严格的节约集约用地制度，这是现行土地用途管制的基础。实践证明，这项制度是行之有效的。2018 年党和国家机构改革，组建了自然资源部，统一行使所有国土空间用途管制职责，就是要统筹考虑自然生态各要素、山上山下、地上地下、陆地海洋等，把土地用途管制扩大到林地、草地、河流、湖泊、湿地等所有生态空间，实现整体保护、系统修复和综合治理。二是解决当前空间规划重叠、管制缺乏合力的必然要求。在相当长的一段时间内，由于各类资源分别由不同的行政机构管理，形成了相互独立、相互掣肘的各类规划和用途管制政策，对生态文明建设和改革形成了较大制约。现在由一个部门行使所有国土空间用途管制职责，是解决当前管理职责分散交叉、管制政策互相矛盾、保护顾此失彼和管控手段缺乏统筹等问题的关键之举。三是遵循自然规律的必然要求。习近平总书记指出："人与自然是生命共同体，人类必须尊重自然、顺应自然、保护自然。"人与自然相互依存，对自然界不能只讲索取不讲投入、只讲利用不讲建设。只有尊重自然规律，才能有效防止在开发利用自然资源上走弯路。中央赋予自然资源部"两统一"职责，充分体现了尊重自然、顺应自然、保护自然的理念，统一行使所有国土空间用途管制职责是其中的重要环节，是保护自然生态环境、统筹开发利用自然资源的客观必然。四是自然资源领域落实"严起来"的必然要求。当前，一些地区侵占耕地、破坏自然生态环境的现象比较突出，反映出国土空间管控体系不够健全、管制手段不够统筹、监管不够严格等问题。习近平总书记强调"依规治党，首先是把纪律和规矩立起来、严起来，执行起来"。统一国土空间用途管制的主体、依据和手段，着力解决因无序开发、过度开发、分散开发导致的优质耕地和生态空间占用过多、生态破坏、环境污染等问题，正是完善自然资源统一监管体制、在自然资源领域落实"严起来"的重要举措。

第五条　国务院自然资源主管部门统一负责全国土地的管理和监督工作。

县级以上地方人民政府自然资源主管部门的设置及其职责，由省、自治区、直辖市人民政府根据国务院有关规定确定。

【释义】　本条是关于自然资源管理体制的规定。

1. 自然资源管理体制，是国家的自然资源主管部门的设置、职权的划分及运行等各种制度的综合。自然资源主管部门是自然资源管理体制的载体，包括自然资源部和地方各级人民政府的自然资源主管部门。自然资源管理职权的划分是自然资源管理体制的核心内容，包括自然资源主管部门与其外部相关管理机构之间、自然资源主管部门内部各职能部门之间以及上下级自然资源主管部门之间特别是中央与地方之间行政职权的划分。运行方面的制度则是自然资源管理体制发生效用的规则和驱动力。自然资源管理体制在自然资源管理中发挥着重要的制度保障作用，自然资源管理体制是否合理、健全，对自然资源管理的效果会产生深刻影响。

2. 自然资源管理体制的历史沿革。对于以土地为基础的自然资源管理，经历了统一、分散、再统一等几次转变，其演变过程大体可分为以下几个阶段：第一阶段是从 1949 年至 1955 年，由当时内务部地政局负责全国土地的统一管理。第二阶段是从 1955 年至 1986 年，土地管理以城乡分立、部门分管的多头分散管理体制为主体。第三阶段是从 1986 年至 1998 年，以原国家土地管理局成立为标志，确立了全国城乡土地统一管理体制，政府的土地行政管理职能得到加强。第四阶段是从 1998 年至 2018 年，按照大部门体制设计要求，成立国土资源部，主要职能是土地资源、矿产资源、海洋资源等自然资源的规划、管理、保护与合理利用，保留国家海洋局和国家测绘局，作为国土资源部的部管国家局。至此，我国从陆地到海洋、从土地到矿产，实行了集中统一的管理，自然资源由"分"到"统"迈出关键步伐。其中，

2004 年改革省以下国土资源管理体制，2006 年国家决定建立土地督察制度，2008 年政府机构改革聚焦职能转变，取消部分行政审批事项，强化宏观调控职能，加强土地供需调控和总量平衡，以及国土规划、土地利用总体规划的整体控制作用。国土资源部的组建，对于统筹土地、矿产等部分自然资源统一管理，起到了有效的机构支撑作用。此外，森林、草原、湿地、水、海洋等自然资源管理机构，都适应社会主义市场经济发展的新要求，经历了"从有到优"的转变。第五阶段是从 2018 年至今，组建自然资源部，实现自然资源管理机构由"分"到"统"的关键一跃，由自然资源部统一行使全民所有自然资源资产所有者职责、统一行使所有国土空间用途管制和生态保护修复职责，实现山水林田湖草整体保护、系统修复、综合治理。将国土资源部的职责，国家发展和改革委员会的组织编制主体功能区规划职责，住房和城乡建设部的城乡规划管理职责，水利部的水资源调查和确权登记管理职责，农业部的草原资源调查和确权登记管理职责，国家林业局的森林、湿地等资源调查和确权登记管理职责，国家海洋局的职责，国家测绘地理信息局的职责整合，组建自然资源部，作为国务院组成部门。自然资源部对外保留国家海洋局牌子。不再保留国土资源部、国家海洋局、国家测绘地理信息局。组建国家林业和草原局，由自然资源部管理。国家林业和草原局加挂国家公园管理局牌子。不再保留国家林业局。因此，本法此次修改，将有关条款中的"土地行政主管部门"统一修改为"自然资源主管部门"。

3. 关于国务院自然资源主管部门的职责，我国宪法第 89 条规定，国务院规定其各部各委员会的任务和职责，规定中央和省、自治区、直辖市的国家行政机关的职权的具体划分。所以，本法只对国务院自然资源主管部门的职责作了原则规定，"国务院自然资源主管部门统一负责全国土地的管理和监督工作。"

根据中共中央办公厅、国务院办公厅印发的《自然资源部职能配置、内设机构和人员编制规定》（厅字〔2018〕69 号），自然资源部在土地管理方面的职能主要有：（1）履行全民所有土地、矿产、森林、草原、湿地、水、海洋等自然资源资产所有者职责和所有国土空间用途管制职责，拟订自然资源和国土空间规划及测绘、极地、深海等法律法规草案，制定部门规章并监督检查执行情况；（2）负责自然资源调查监测评价；（3）负责自然资源统一确权登记工作；（4）负责自然资源资产有偿使用工作；（5）负责自然资源的合理开发利用；（6）负责建立空间规划体系并监督实施；（7）负责统筹国土空间生态修复；（8）负责组织实施最严格的耕地保护制度；（9）推动自然资源领域科技发展；（10）开展自然资源国际合作；（11）根据中央授权，对地方政府落实党中央、国务院关于自然资源和国土空间规划的重大方针政策、决策部署及法律法规执行情况进行督察，查处自然资源开发利用和国土空间规划及测绘重大违法案件，指导地方有关行政执法工作；（12）完成党中央、国务院交办的其他任务；（13）职能转变。自然资源部要落实中央关于统一行使全民所有自然资源资产所有者职责，统一行使所有国土空间用途管制和生态保护修复职责的要求，强化顶层设计，发挥国土空间规划的管控作用，为保护和合理开发利用自然资源提供科学指引。进一步加强自然资源的保护和合理开发利用，建立健全源头保护和全过程修复治理相结合的工作机制，实现整体保护、系统修复、综合治理。创新激励约束并举的制度措施，推进自然资源节约集约利用。进一步精简下放有关行政审批事项、强化监管力度，充分发挥市场对资源配置的决定性作用，更好发挥政府作用，强化自然资源管理规则、标准、制度的约束性作用，推进自然资源确权登记和评估的便民高效。

4. 本条第2款是关于地方自然资源管理机构设置及其职责的规定。根据《中华人民共和国地方各级人民代表大会和地方各级人民政府组织法》第64条的规定，地方各级人民政府根据工作需要和精干的原则，设立必要的工作部门。省、自治区、直辖市的人民政府的厅、局、委员会等工作部门的设立、增加、减少或者合并，由本级人民政府报请国务院批准，并报本级人民代表大会常务委员会备案。自治州、县、自治县、市、市辖区的人民政府的局、科等工作部门的设立、增加、减少或者合并，由本级人民政府报请上一级人民政府批准，并报本级人民代表大会常务委员会备案。因此，本法对地方自然资源主管部门的设置及其职责，只作了原则性规定。

第六条 国务院授权的机构对省、自治区、直辖市人民政府以及国务院确定的城市人民政府土地利用和土地管理情况进行督察。

【释义】 本条是关于国家土地督察制度的规定。

1. 国家土地督察制度基本情况。国家土地督察制度是随着社会主义市场经济体制改革逐步深化，紧跟时代步伐改革完善土地管理体制应运而生的。2004年，根据当时耕地保护面临的严峻形势和地方政府违法使用土地比较突出的问题，党中央、国务院作出了改革省以下国土资源管理体制，建立国家土地督察制度的决定。国务院印发《关于深化改革严格土地管理的决定》（国发〔2004〕28号），明确提出"完善土地执法监察体制，建立国家土地督察制度，设立国家土地总督察，向地方派驻土地督察专员，监督土地执法行为"。2006年7月13日，国务院办公厅印发《关于建立国家土地督察制度有关问题的通知》（国办发〔2006〕50号），正式实施国家土地督察制度。2008年，国务院办公厅印发国土资源部"三定"规定（国办发〔2008〕71号），明确了国家土地督察机构的职责、编制和人员。建立国家土地督察制度是国家加强土地管理的一项重大决策，意义重大、影响深远。这一制度有利于落实最严格的耕地保护制度；有利于保证党中央、国务院关于自然资源和国土空间规划重大方针政策的有效实施；有利于土地管理法律法规在全国的统一实施；有利于保证省级政府有效地履行土地管理主体责任。派驻地方的土地督察机构，主要根据中央与地方土地管理事权的划分，按照不改变、不取代地方政府现有土地管理职权、确保地方政府土地管理职权有效行使的原则开展工作。

2. 在充分总结国家土地督察制度实施成效的基础上，土地管理法此次修改在总则中增加一条，对土地督察制度作出规定：国务院授权的机构对省、自治区、直辖市人民政府以及国务院确定的城市人民政府土地利用和土地管理情况进行督察。以此为标志，国家土地督察制度正式成为土地管理的法律制度。

（1）督察的主体。土地督察的主体是指根据法律法规的授权而享有国家土地督察权力，能够以自己的名义独立从事土地督察活动，并对行为后果承担法律责任的国家机关。根据本条的规定，土地督察的主体是经国务院授权专门对省、自治区、直辖市人民政府以及国务院确定的城市人民政府行使土地监督检查权的机构。另外，根据国务院办公厅《关于建立国家土地督察制度有关问题的通知》（国办发〔2006〕50号），国务院授权原国土资源部代表国务院对各省、自治区、直辖市以及计划单列市人民政府土地利用和管理情况进行监督检查。国家土地总督察、副总督察负责组织实施国家土地督察制度。2018年党和国家机构改革，组建自然资源部，根据中央授权，自然资源部向地方派驻国家自然资源督察北京局、沈阳局、上海局、南京局、济南局、广州局、武汉局、成都局、西安局，承担对所辖区域的自然资源督察工作。

由此可知，授权的主体是国务院，被授权的主体是自然资源部。自然资源部通过向地方派驻督察局来行使监督检查的权力。

（2）督察的对象。根据本条的规定，土地督察的对象为省、自治区、直辖市人民政府以及国务院确定的城市人民政府。这一规定来源于国办发〔2006〕50号文件的规定，又不限于该文件的规定。将"计划单列市"的表述转化为"国务院确定的城市人民政府"，一方面符合法律语言表述习惯，另一方面也增强督察对象的灵活性，即国务院可以根据经济社会发展和土地管理形势的需要决定是否将城市人民政府纳入督察范围。这也与自然资源部"三定"规定进行了有效的衔接。

（3）督察的内容。本条确定土地督察的内容是土地利用和土地管理情况。主要包括：一是督察地方政府落实党中央、国务院关于自然资源重大方针政策、决策部署及法律法规执行等情况；二是督察地方政府落实最严格的耕地保护制度和最严格的节约用地制度等土地开发利用与管理情况；三是督察地方政府落实自然资源开发利用中的生态保护修复、矿产资源保护及开发利用监管等职责情况；四是督察地方政府实施国土空间规划情况，重点是落实生态保护红线、永久基本农田、城镇开发边界等重要控制线情况；五是对涉及自然资源开发利用、生态保护重大问题开展督察；六是按照有关规定对地方政府负责人开展约谈，移交移送问题线索；七是督察地方政府组织实施整改情况，按照有关规定提出责令限期整改建议；八是承办国家自然资源总督察交办的其他任务。

（4）土地督察与土地执法监察的关系。土地管理法专章规定了土地监督检查制度。所谓土地监督检查，是指自然资源主管部门依照法定权限、程序和方式，对本行政区域内单位和个人执行、遵守土地管理法律法规的情况进行监督检查，并对违反土地管理法律法规行为进行调查处理的行政执法行为。虽然土地督察和土地监督检查都是对土地违法违规行为的监督检查，但二者是不同的土地管理制度，其差别主要有以下几个方面：一是在主体方面，土地监督检查的主体是依法享有土地行政管理职权的县级以上人民政府自然资源主管部门，而土地督察的主体是国务院授权的土地督察机构。二是客体方面，土地监督检查的对象是管理相对人，即一切与土地发生法律关系的单位和个人，在一定条件下，还包括地方各级人民政府及代表政府行使土地管理权的土地行政主管部门。而土地督察的对象则是省级及国务院确定的城市人民政府。两者虽存在交叉，但是重点和倾向性不同。三是在职权方面，土地执法监察的职能是对土地管理法律法规的执行情况进行监督检查，并对违法者的违法行为给予法律制裁，包括行政处罚和行政处分，而土地督察的职能主要包括调查权、审核权、纠正权、建议权等，并没有取代土地行政主管部门依法享有的执法检察权。国家土地督察机构行使职权，不改变、不取代各级土地行政主管部门的监督检查和行政处罚等管理职权。

3. 此次机构改革中，党中央着眼于解决自然资源开发利用、保护和管理中存在的突出问题，赋予自然资源部统一行使全民所有自然资源资产所有者职责、统一行使所有国土空间用途管制和生态保护修复职责，明确自然资源部履行自然资源督察职责，督察范围从土地资源扩大到海洋、森林、草原、矿产等自然资源。2018 年 8 月 1 日，中共中央办公厅、国务院办公厅印发自然资源部"三定"规定（厅字〔2018〕69 号），明确了国家自然资源督察机构的职责、编制和人员。"三定"规定第 3 条第 17 项明确，"根据中央授权，对地方政府落实党中央、国务院关于自然资源和国土空间规划的重大方针政策、决策部署及法律法规执行情况进行督察"。第 4 条第 20 项明确了国家自然资源总督察办公室的职责，"完善国家自然资源督察制度，拟订自然资源督察相关政策和工作规则等。指导和监督检查派驻督察局工作，协调重大及跨督察区域的督察工作。根据授权，承担对自然资源和国土空间规划等法律法规执行情况的监督检查工作"。第 5 条明确自然资源部部长兼任国家自然资源总督察，1 名副部长兼任国家自然资源副总督察。第 6 条明确，"根据中央授权，自然资源部向地方派驻国家自然资源督察北京局、沈阳局、上海局、南京局、济南局、广州局、武汉局、成都局、西安局，承担对所辖区域的自然资源督察工作"。

第七条　任何单位和个人都有遵守土地管理法律、法规的义务，并有权对违反土地管理法律、法规的行为提出检举和控告。

【释义】　本条是关于土地管理中公民和单位的权利和义务的规定。

1. 本条规定任何单位和个人都有遵守土地管理法律、法规的义务，是指任何单位和个人都必须按照土地管理法的规定来约束自己的行为，不能实施违反土地管理法律、法规的土地利用和管理行为。首先，国家机关及其工作人员要严格守法，主要包括：严格按照土地利用总体规划确定的用途批准用地；严格按照法律规定的权限和程序批准占用、征收土地；不得侵占、挪用被征收土地单位的征地补偿费用和其他有关费用；自然资源主管部门的工作人员要认真执法，不得滥用职权、徇私舞弊。在处理土地违法案件时，必须严格按照法律、法规的规定，该给予处分的必须给予处分，该给予行政处罚的必须给予行政处罚，该移送有关机关追究刑事责任的，必须移交有关机关追究刑事责任。其次，公民和单位应当忠实履行土地管理法律、法规规定的义务，主要包括：使用土地的单位和个人，有保护、管理和合理利用土地的义务；承包经营土地的单位和个人有保护和按照承包合同约定的用途合理利用土地的义务；不得侵占、买卖或者以其他形式非法转让土地；不得违反土地利用总体规划擅自将农用地改为建设用地；不得违反本法规定，占用耕地建窑、建坟或者擅自在耕地上建房、挖砂、采石、采矿、取土等，破坏种植条件；不得未经批准或者采取欺骗手段骗取批准，非法占用土地；农村村民不得未经批准或者采取欺骗手段骗取批准，非法占用土地建住宅；使用耕地的，要严格按照本法的规定履行开垦义务；因挖损、塌陷、压占等造成土地破坏的，应当履行土地复垦义务；开发土地要遵守本法和其他法律、法规规定的程序和要求等。

2. 任何单位和个人都有权对违反土地管理法律、法规的行为提出检举和控告。这里所说的有权"检举"和"控告"，是指单位和公民个人对有土地违法行为的政府机关部门、单位、组织和个人，有向人民政府土地行政主管部门或者人民政府其他机关提出举报和指控，要求有关机关予以处理和制裁的权利。宪法第41条规定，中华人民共和国公民对于任何国家机关和国家工作人员的违法失职行为，有向有关国家机关提出申诉、控告或者检举的权利。对土地资源保护和管理情况的监督需要依靠群众，借助社会力量。实践证明，很多问题都是通过社会力量的反映和举报才得以发现并最终得到有效处理的。单位和个人进行检举和控告可以用书面形式，也可以用口头形式，但应注意说明被检举人或者被控告人的具体违法行为等情况。按照宪法的规定，"有关国家机关必须查清事实，负责处理。任何人不得压制和打击报复"。受理单位和个人对土地违法违规行为的检举和控告，也是各级自然资源主管部门行使土地管理监督检查职责的重要内容之一。为此，原国土资源部于 2009 年 6 月开通了全国统一的 12336 举报电话，主要受理公众针对土地、矿产违法行为的各类举报。2017 年，为拓展群众举报土地违法线索渠道，又进一步规范 12336 违法线索举报微信平台。举报人可以通过电话、平台、信件、邮件等方式向自然资源主管部门举报自然人、法人或者其他组织违反土地管理法律、法规的违法线索，在自然资源主管部门按照统一规范的流程，对违法线索进行接收、判定、核查、处理等，并将结果反馈给举报人。

第八条　在保护和开发土地资源、合理利用土地以及进行有关的科学研究等方面成绩显著的单位和个人，由人民政府给予奖励。

【释义】　本条是关于奖励的规定。

1. 法律具有引导作用，给予奖励是发挥法律引导作用的重要方式。奖励与处罚不同，处罚是通过制裁给予违法者的负向激励，奖励是通过鼓励给予社会成员的正向激励。奖励先进是为了向全社会树立起一种榜样，推动某项工作的发展，调动全体公民的积极性和热情。

2. 奖励是对做出成绩或者贡献的人员的奖赏和鼓励，也是对其成绩或者贡献的价值肯定。奖励的方式有两种：一是精神奖励，可以采取通报表扬、授予光荣称号、嘉奖等形式，如先进单位、先进个人、模范县（市）；二是物质奖励，可以采取发给一定数额的奖金、晋升工资级别等形式。具体工作中可以采用一种或者同时采用两种方式。

3. 本条规定包含以下几方面内容：一是给予奖励的主体是人民政府，包括以人民政府的名义奖励、以人事或干部主管部门的名义奖励和以自然资源主管部门的名义奖励。二是奖励的对象是单位和个人，单位可以是企业、事业单位，各级政府的组成部门，也可以是其他非政府组织等。个人可以是中国公民，也可以是外国公民。可以是自然资源主管部门及其工作人员，也可以是有关研究机构科研人员、使用土地的单位和个人，举报土地违法案件的单位和个人等。三是奖励的范围，应当是与土地管理相关的方面，包括保护和开发土地资源、合理利用土地、进行与保护和开发土地资源、合理利用土地有关的科学研究。四是奖励的条件是在保护和开发土地资源、合理利用土地以及进行有关的科学研究等方面做出显著成绩。

第二章　土地的所有权和使用权

第九条　城市市区的土地属于国家所有。

农村和城市郊区的土地，除由法律规定属于国家所有的以外，属于农民集体所有；宅基地和自留地、自留山，属于农民集体所有。

【释义】　本条是关于国家和农民集体所有土地范围的规定。

1. 宪法第 10 条第 1 款、第 2 款规定："城市的土地属于国家所有。农村和城市郊区的土地，除由法律规定属于国家所有的以外，属于集体所有；宅基地和自留地、自留山，也属于集体所有。"第 9 条第 1 款规定："矿藏、水流、森林、山岭、草原、荒地、滩涂等自然资源，都属于国家所有，即全民所有；由法律规定属于集体所有的森林和山岭、草原、荒地、滩涂除外。"

2. 根据本条第 1 款规定，城市市区的土地属于国家所有。这一款只是对于城市市区的土地所有权属于国家作了规定，但并没有否定除城市市区以外还有属于国家的土地，即国有土地的范围不仅限于城市市区的土地。根据本条第 2 款关于"农村和城市郊区的土地，除由法律规定属于国家所有的以外，属于农民集体所有"的规定，对于农村和城市郊区的土地，法律规定属于国家所有的，仍然属于国家所有。例如，一些处于农村和城市郊区、国家划拨国有农场使用的土地，依据 1950 年土地改革法第 15 条"分配土地时，县以上人民政府得根据当地土地情况，酌量划出一部分土地收归国有，作为一县或数县范围内的农事试验场或国营示范农场之用"及 1995 年原国家土地管理局《确定土地所有权和使用权的若干规定》第 4 条"依据一九五〇年《中华人民共和国土地改革法》及有关规定，凡当时没有将土地所有权分配给农民的土地属于国家所有；实施一九六二年《农村人民公社工作条例修正草案》未划入农民集体范围内的土地属于国家所有"规定，属于国家所有。

土地管理法实施条例第 2 条规定："下列土地属于全民所有即国家所有：（一）城市市区的土地；（二）农村和城市郊区中已经依法没收、征收、征购为国有的土地；（三）国家依法征收的土地；（四）依法不属于集体所有的林地、草地、荒地、滩涂及其他土地；（五）农村集体经济组织全部成员转为城镇居民的，原属于其成员集体所有的土地；（六）因国家组织移民、自然灾害等原因，农民成建制地集体迁移后不再使用的原属于迁移农民集体所有的土地。"

3. 根据本条第 2 款的规定，农民集体所有土地的范围为：一是除由法律规定属于国家所有以外的农村和城市郊区的土地。也就是说，农村和城市郊区的土地原则上属于集体所有。如果法律规定属于国家所有的，则属于国家所有。这里的"法律"是指全国人大及其常委会通过的具有约束力的规范性文件，还包括了建国初期在国有土地形成过程中发挥重要作用的由当时中央人民政府根据共同纲领制定的法律，如 1950 年 6 月 28 日中央人民政府颁布的《中华人民共和国土地改革法》，1950 年 11 月 10 日中央政务院颁布的《城市郊区土地改革条例》等。例如土地改革法第 18 条规定，"大森林、大水利工程、大荒地、大荒山、大盐田和矿山及湖、沼、河、港等，均归国家所有，由人民政府管理经营之"。宪法第 9 条第 1 款也明确规定，"矿藏、水流、森林、山岭、草原、荒地、滩涂等自然资源，都属于国家所有，即全民所有；由法律规定属于集体所有的森林和山岭、草原、荒地、滩涂除外。"也就是说，法律没有确定为集体所有的森林和山岭、草原、荒地、滩涂等（当然包括其范围内的土地），均属于国家所有。二是宅基地和自留地、自留山。宅基地是农民用于建造住宅及其附属设施的一定范围内的土地。自留地是我国农业合作化后农村集体经济组织分配给本集体经济组织成员长期使用的土地。自留山是农村集体经济组织分配给其成员长期使用的柴山和荒坡。自留山和自留地主要来自于 20 世纪 60 年代初《农村人民公社工作条例修正草案》第 40 条规定："自留地一般占生产队耕地面积的百分之五到七，归社员家庭使用，长期不变。在有柴山和荒坡的地方，还可以根据群众需要和原有习惯，分配给社员适当数量的自留山，由社员经营。自留山划定以后，也长期不变。"

此外，农村和城市郊区的土地，有下列情形之一且不属于土地管理法实施条例第 2 条规定范围的，确定为农民集体所有。第一，土地改革时分给农民并颁发了土地的所有权证，现在由村或乡农民集体经济组织或其成员使用的；第二，根据 1962 年《农村人民公社工作条例修正草案》的规定，已确定为集体所有的耕地、自留地、自留山、宅基地、山林、水面和草原等；第三，不具有上述情形，但农民集体连续使用其他农民集体所有的土地已满 20 年的，或者虽未连续使用满 20 年但是经县级以上人民政府根据具体情况确认其所有权的；第四，农村集体经济组织设立的企业或其他组织及成员持有集体建设用地使用权证的。

第十条　国有土地和农民集体所有的土地，可以依法确定给单位或者个人使用。使用土地的单位和个人，有保护、管理和合理利用土地的义务。

【释义】　本条是关于土地使用权和土地使用权人应履行的义务的规定。

1. 国有土地和农民集体所有的土地可以依法确定给单位或者个人使用，体现了我国土地所有权和土地使用权可以分离的基本原则。土地使用权，是指使用土地的单位和个人在法律所允许的范围内对依法交由其使用的国有土地和农民集体所有土地的占有、使用、收益以及依法处分的权利。按照土地所有权的主体不同，土地使用权可以分为国有土地的使用权和农民集体所有土地的使用权。按土地用途的不同，又可以分为建设用地使用权和农业用地使用权，如国有建设用地使用权、宅基地使用权、集体经营性建设用地使用权和农村土地承包经营权、林地使用权、草原使用权、国有农用地使用权等。

土地使用权具有以下特征：一是土地使用权是基于法律的规定而产生的；二是土地使用权是在国有土地和农民集体土地所有权的基础之上派生出来的一种权利；三是土地使用权是一种对土地的直接占有支配权；四是土地使用权具有一定的稳定性，比如，通过出让方式取得的建设用地使用权的最高使用期限为 40 年—70 年，土地承包经营期限为 30 年—70 年。

2. 根据本条规定，使用土地的单位和个人，有保护、管理和合理利用土地的义务。土地是人类可利用的自然资源中最基本、最宝贵的资源之一，是人类最基本的生产资料。人多地少，特别是耕地少是我国的基本国情。因此，十分珍惜、合理利用土地和切实保护耕地是我国的基本国策。土地也是一种社会资源，对于土地资源的利用不仅是权利人对自己权利的行使，而且还关系到其他社会成员生存的权利。所以，使用土地的单位和个人，要保护、管理和合理利用土地。

保护、管理，是指使用土地的单位和个人对土地生产能力的保护和管理，也就是对土地生态及其环境的良好性能和质量的保护和管理。合理利用土地，是指在使用土地的过程中，要严格按照法律规定和出让合同、划拨决定书等约定的用途、利用条件等合理利用土地，要坚持因地制宜、科学开发、充分利用的原则，通过科学使用土地，充分发挥土地的潜力，有效利用土地资源，使得土地的利用与其自然的、社会的特性相适应。同时，要遵循自然规律和社会规律，正确处理好人口、资源与环境的关系，既要重视人民生产生活用地，又要切实保护好耕地，充分发挥土地在生产活动中的作用，以获得最佳的经济、社会、生态的综合效益。

第十一条 农民集体所有的土地依法属于村农民集体所有的，由村集体经济组织或者村民委员会经营、管理；已经分别属于村内两个以上农村集体经济组织的农民集体所有的，由村内各该农村集体经济组织或者村民小组经营、管理；已经属于乡（镇）农民集体所有的，由乡（镇）农村集体经济组织经营、管理。

【释义】 本条是关于农民集体所有的土地的经营、管理的规定。

1. 集体土地所有权的主体只能是农民集体。农民集体有三种形式：一是村农民集体，即原来实行人民公社时期以生产大队为核算单位的农民集体。二是村内两个以上农村集体经济组织的农民集体，主要是指原来实行人民公社时期以生产队为核算单位的农民集体。实践中，主要体现为村民小组一级农民集体。三是乡（镇）农民集体，即原来实行人民公社时期以人民公社为基本核算单位的农民集体。上述三种形式的农村集体土地所有权主体在法律地位上是平等的，不存在隶属关系。

2. 集体土地的经营、管理代表也就是集体土地所有权的行使代表。在我国，集体土地经营、管理的代表，根据农民集体的不同形式予以确定。关于农民集体所有的土地的经营、管理，本条规定分为三种情况：

（1）农民集体所有的土地依法属于村农民集体所有的，由村集体经济组织或者村民委员会经营、管理。这一规定的含义：一是这里的"村"为行政村，即设立村民委员会的村，而非自然村。农民集体所有的土地依法属于村农民集体所有就是指农民集体所有的土地依法属于行政村农民集体所有。二是这里所讲村集体经济组织应理解为农村中有土地所有权的农业集体经济组织。村民委员会是指《中华人民共和国村民委员会组织法》中所规定的村民委员会。三是农民集体所有的土地或者由村集体经济组织经营、管理，或者由村民委员会经营、管理。这是因为考虑到自从我国实行家庭联产承包责任制以后，有些村的集体经济组织已不健全，难以完成集体所有土地的经营、管理任务，需要由行使自治权的村民委员会来行使集体经济组织经营、管理土地的职能。因此，如果有以村为单位的农村集体经济组织，就由该村集体经济组织经营、管理；如果没有以村为单位的农村集体经济组织，则由村民委员会经营、管理。

（2）已经分别属于村内两个以上农村集体经济组织的农民集体所有的，由村内各该农村集体经济组织或者村民小组经营、管理。这一规定的含义：一是这里的村民小组是指行政村内的由村民组成的自治组织。关于村民小组，村民委员会组织法中有所规定，应按照该法的有关规定来理解。本条规定"已经分别属于村内两个以上农村集体经济组织的农民集体所有的"土地，是指该土地在实施家庭联产承包责任制以前就分别属于两个以上的生产队，现在其土地仍然分别属于相当于原生产队的各该农村集体经济组织或者村民小组的农民集体所有。二是已经分别属于村内两个以上农村集体经济组织的农民集体所有的土地，或者由村内各该农村集体经济组织经营、管理，或者由村民小组经营、管理。这是因为考虑到自从我国实行家庭联产承包责任制以后，有些村内的集体经济组织已不健全，难以完成集体所有土地的经营、管理任务，需要具有一定自治权的村民小组来行使集体经济组织经营、管理土地的职能。因此，如果村内有集体经济组织的，就由村内的集体经济组织经营、管理；如果没有村内的集体经济组织，则由村民小组经营、管理。

（3）已经属于乡（镇）农民集体所有的，由乡（镇）农村集体经济组织经营、管理。这种情况包括：一是指我国实行家庭联产承包责任制以前，原来以人民公社为核算单位的土地，在公社改为乡（镇）以后仍然属于乡（镇）农民集体所有；二是在人民公社时期，公社一级掌握的集体所有的土地仍然属于乡（镇）农民集体所有。上述两种情况下的土地仍然由乡（镇）农村集体经济组织经营、管理。

3. 本条规定实际上是以法律的形式，继续维持了我国广大农村以往实行的"三级所有，队为基础"的农民集体所有土地的基本形式，使得党在农村的政策具有连续性和稳定性，进而保护和调动广大农民的积极性。

第十二条　土地的所有权和使用权的登记，依照有关不动产登记的法律、行政法规执行。

依法登记的土地的所有权和使用权受法律保护，任何单位和个人不得侵犯。

【释义】　本条是关于土地的所有权和使用权依照不动产登记的法律、行政法规执行并受法律保护的规定。

1. 随着不动产统一登记制度的实施，原土地管理法规定的土地登记已经被不动产统一登记所取代，这次修改将原法的第 11 条、第 12 条和第 13 条合并为一条，明确了土地的所有权和使用权依照有关不动产登记的法律、行政法规执行，同时强调依法登记的土地的所有权和使用权受法律保护，任何单位和个人不得侵犯。

2. 本条第 1 款明确了不动产统一登记制度并强调不动产登记可以确认和保护土地权利人的所有权和使用权。物权法规定，国家对不动产实行统一登记制度。不动产登记由不动产所在地的登记机构办理。国家建立不动产统一登记制度后，对分散登记制度进行改革，并出台了《不动产登记暂行条例》，进一步细化了不动产统一登记制度，明确了登记的内容、程序、登记簿等相关内容，将土地、林地、草地等不动产权利进行统一登记。不动产统一登记制度的建立，结束了土地、房屋、森林、草原等不动产由不同部门分割登记的现状。随着不动产统一登记制度的实施，原土地管理法规定的土地登记已经被不动产统一登记所取代，新土地管理法进一步落实不动产统一登记制度，明确规定土地的所有权和使用权的登记，依照有关不动产登记的法律、行政法规执行，删去了原法中关于确认林地草原的所有权使用权，确认水面滩涂的养殖使用权，分别依照森林法、草原法、渔业法办理的内容。

根据《不动产登记暂行条例》及其配套制度的规定，不动产登记由不动产所在地的县级以上人民政府不动产登记机构办理。农民集体所有的土地、农民集体所有非农业建设用地、单位和个人依法使用的国有土地，由县级以上人民政府不动产登记机构登记造册，核发证书，确认权属；国务院确定的重点国有林区的森林、林木和林地，中央国家机关使用的国有土地等不动产登记，由国务院自然资源主管部门会同有关部门规定。

不动产登记的类型包括不动产首次登记、变更登记、转移登记、注销登记、更正登记、异议登记、预告登记、查封登记等。

3. 本条第 2 款强调依法登记的土地的所有权和使用权受法律保护。该款包括的含义为：一是土地所有权人和使用权人必须是法定的经过登记的所有权人和使用权人；二是当土地所有权人和使用权人的权利受侵害时，可以请求行政机关给予保护，可请求行政机关作出处理；三是当土地所有权人和使用权人的权利受侵害时，可以请求司法机关给予保护。

4. 本条中土地使用权是个宽泛的概念，包括国有建设用地使用权、宅基地使用权、集体（经营性）建设用地使用权和农村土地承包经营权、林地使用权、草原使用权、国有农用地使用权等。

5. 我国的不动产登记遵循依申请登记、一体登记、连续登记、属地登记的原则。

依申请登记是指除特殊情形外，不动产登记应当依照当事人的申请进行。

一体登记是指房屋等建筑物、构筑物所有权和森林、林木等定着物所有权登记应当与其所附着的土地、海域一并登记，保持权利主体一致。土地使用权、海域使用权首次登记、转移登记、抵押登记、查封登记的，该土地、海域范围内符合登记条件的房屋等建筑物、构筑物所有权和森林、林木等定着物所有权应当一并登记。房屋等建筑物、构筑物所有权和森林、林木等定着物所有权首次登记、转移登记、抵押登记、查封登记的，该房屋等建筑物、构筑物和森林、林木等定着物占用范围内的土地使用权、海域使用权应当一并登记。

连续登记是指除特殊情形外，未办理不动产首次登记的，不得办理不动产其他类型登记。

属地登记是指不动产登记由不动产所在地的县级人民政府不动产登记机构办理，直辖市、设区的市人民政府可以确定本级不动产登记机构统一办理所属各区的不动产登记。跨行政区域的不动产登记，由所跨行政区域的不动产登记机构分别办理。不动产单元跨行政区域且无法分别办理的，由所跨行政区域的不动产登记机构协商办理；协商不成的，由先受理登记申请的不动产登记机构向共同的上一级人民政府不动产登记主管部门提出指定办理申请。国务院确定的重点国有林区的森林、林木和林地的登记，由自然资源部受理并会同有关部门办理。中央国家机关使用的国有土地等不动产登记，依照有关规定办理。

第十三条　农民集体所有和国家所有依法由农民集体使用的耕地、林地、草地，以及其他依法用于农业的土地，采取农村集体经济组织内部的家庭承包方式承包，不宜采取家庭承包方式的荒山、荒沟、荒丘、荒滩等，可以采取招标、拍卖、公开协商等方式承包，从事种植业、林业、畜牧业、渔业生产。家庭承包的耕地的承包期为三十年，草地的承包期为三十年至五十年，林地的承包期为三十年至七十年；耕地承包期届满后再延长三十年，草地、林地承包期届满后依法相应延长。

国家所有依法用于农业的土地可以由单位或者个人承包经营，从事种植业、林业、畜牧业、渔业生产。

发包方和承包方应当依法订立承包合同，约定双方的权利和义务。承包经营土地的单位和个人，有保护和按照承包合同约定的用途合理利用土地的义务。

【释义】 本条是关于农业用地实行承包经营的规定。本条是在原土地管理法第 14 条和第 15 条基础上合并修改而来的。

1. 依据物权法、农村土地承包法等法律，我国农民集体所有和国家所有由农民集体使用的耕地、林地、草地以及其他用于农业的土地，依法实行土地承包经营制度。土地承包经营权人依法对其承包经营的耕地、林地、草地等享有占有、使用和收益的权利，有权从事种植业、林业、畜牧业等农业生产。农村集体经济组织实行家庭承包经营为基础、统分结合的双层经营体制。"双层经营"包含了两个经营层次，一是家庭分散经营层次，二是集体统一经营层次。物权法将农村土地承包经营权明确规定为用益物权，赋予了农民长期而有保障的土地使用权。农村土地承包法对承包经营的方式，承包经营权的期限、流转等作了明确规定。2018 年 12 月 29 日，第十三届全国人民代表大会常务委员会第七次会议通过了修改农村土地承包法的决定，以法律的形式明确了"土地经营权"。承包期内，国家引导支持承包农户按照自愿有偿原则依法在本集体经济组织内转让土地承包经营权或者将承包地交回发包方，也可以鼓励其流转土地经营权。

为与新修改的农村土地承包法的内容相衔接，本条第 1 款：一是明确了土地承包经营权的客体：农民集体所有的土地和国家所有依法由农民集体使用的耕地、林地、草地，以及其他依法用于农业的土地。二是明确土地承包经营权的主体：对一般农用地而言，以家庭承包方式设立的土地承包经营权，其主体必须是本集体经济组织成员所组成的农户，具有特定的身份性。"四荒地"（荒山、荒沟、荒丘和荒滩）土地承包人则无身份限制，除了本集体经济组织成员，其他集体经济组织成员以及城镇居民或组织也可作为承包人。三是土地承包经营的方式为采取农村集体经济组织内部的家庭承包方式承包为主，不宜采取家庭承包方式的"四荒地"等，可以采取招标、拍卖、公开协商等方式承包。四是明确土地承包经营合同的期限：家庭承包的耕地承包期为 30 年，草地的承包期为 30 年—50 年，林地的承包期为 30 年—70 年；耕地承包期届满后再延长 30 年，草地、林地承包期届满后依法相应延长。

2. 国家所有依法用于农业的土地如何使用比较复杂。实践中，国家所有用于农业的土地，有的已经确定给农民集体长期使用；有的由单位（包括集体）或者个人承包经营；有的通过组建国有农场、林场等进行生产经营；有的还没有完全开发利用。对于实行承包经营的国有农用地，物权法规定"国家所有的农用地实行承包经营的，参照本法的有关规定"。即除已经确定给农民集体长期使用的国有农用地以外的国有农用地实行承包经营的，可以根据实际情况，在承包方式、承包期限、承包的权利义务等方面参照物权法的有关规定执行。据此，本条第 2 款明确国有农用地可以由单位或者个人承包经营，承包经营的范围为"从事种植业、林业、畜牧业、渔业生产。"需要指出两点：一是本款只对国有农用地的承包经营作了规定，不排除国有农用地采取其他方式进行经营利用；二是本款规定的承包经营与农村土地承包法规定的"承包经营"不完全等同，只是明确了国有土地承包经营应根据本条规定和其他有关法律的规定订立承包经营合同，约定双方的权利和义务。

3. 本条第 3 款规定，发包方和承包方应当依法订立承包合同，约定双方的权利和义务。承包经营土地的单位和个人，有保护和按照承包合同约定的用途合理利用土地的义务。

（1）按照农村土地承包法的规定，家庭承包方式的发包方和承包方权利和义务如下：

一是发包方的权利和义务。发包方享有权利包括：发包本集体所有的或者国家所有依法由本集体使用的农村土地；监督承包方依照承包合同约定的用途合理利用和保护土地；制止承包方损害承包地和农业资源的行为；法律、行政法规规定的其他权利。发包方承担义务包括：维护承包方的土地承包经营权，不得非法变更、解除承包合同；尊重承包方的生产经营自主权，不得干涉承包方依法进行正常的生产经营活动；依照承包合同约定为承包方提供生产、技术、信息等服务；执行县、乡（镇）土地利用总体规划，组织本集体经济组织内的农业基础设施建设；法律、行政法规规定的其他义务。

二是承包方的权利和义务。家庭承包的承包方是本集体经济组织的农户。承包方享有权利包括：依法享有承包地使用、收益、依法互换、转让土地承包经营权的权利，有权自主组织生产经营和处置产品；有权依法流转土地经营权；承包地被依法征收、征用、占用的，有权依法获得相应的补偿；法律、行政法规规定的其他权利。承包方承担义务包括：维持土地的农业用途，未经依法批准不得用于非农建设；依法保护和合理利用土地，不得给土地造成永久性损害；法律、行政法规规定的其他义务。

（2）以其他方式承包农村土地的，应当签订承包合同，双方协商确定权利和义务。

（3）国家所有的农用地实行承包经营的，承包双方的权利义务等参照物权法的有关规定执行。

第十四条　土地所有权和使用权争议，由当事人协商解决；协商不成的，由人民政府处理。

单位之间的争议，由县级以上人民政府处理；个人之间、个人与单位之间的争议，由乡级人民政府或者县级以上人民政府处理。

当事人对有关人民政府的处理决定不服的，可以自接到处理决定通知之日起三十日内，向人民法院起诉。

在土地所有权和使用权争议解决前，任何一方不得改变土地利用现状。

【释义】　本条是关于土地所有权和使用权争议解决的规定。

1. 土地所有权和使用权争议一般是指与土地所有权和使用权相关的争议，比如土地权利归属争议等。由于权属界限不清和因政策、体制的变更造成的历史遗留问题等产生土地所有权和使用权纠纷，需要法律明确处理的原则和程序。

2. 关于土地权属争议，本条规定了三种解决的办法：

（1）争议发生后先由当事人之间协商解决。所谓协商，就是指土地所有者或者使用者之间在权属发生争议后，各方在自愿互谅的基础上，依照法律的规定，直接进行磋商，自行解决争议。如果争议各方达成一致意见则协商成功。如果协商不成或者协商达成了协议而另一方又反悔，不履行协议，他方可以依照本条的规定提请人民政府处理。

（2）当事人协商不成时由人民政府处理。根据本条第 2 款的规定，单位之间的争议，由县级以上人民政府处理。个人之间、个人与单位之间的争议，由乡级人民政府或者县级以上人民政府处理。

人民政府收到争议案件后，一般是对当事人先进行调解，调解不成的进行裁决。其中人民政府的调解是依据事实和法律对当事人进行调停，促使争议各方当事人进行和解。如果调解不成或者当事人不愿意进行调解，人民政府则依法进行裁决。相对于程序复杂、时间漫长的司法诉讼来说，由政府依法进行处理程序简单，时间较短。一般来讲，处理权属纠纷的具体工作由自然资源主管部门承办，但作出处理决定须以人民政府的名义。当事人对人民政府处理决定不服的，可以依法向上一级人民政府申请行政复议或者向人民法院提起行政诉讼。土地权属争议须先经人民政府处理，不服处理结果的可以向法院起诉；未经调处而直接向人民法院起诉的，人民法院不予受理，人民政府的生效处理决定具有法律效力，非经法定程序不得改变；生效的处理决定是不动产登记的直接依据。

（3）当事人对有关人民政府的处理决定不服的，可以自接到处理决定通知之日起 30 日内，向人民法院起诉。这里的"三十日"是一个特殊诉讼时效规定，不同于行政诉讼法规定的 6 个月的普通诉讼时效规定，当事人对人民政府的土地权属争议处理决定不服的，应当在 30 日内提起行政诉讼，而不是 6 个月，否则，将因超过诉讼时效而丧失起诉的权利。

3. 确定争议处理部门的原则是：土地权属争议由土地所在地人民政府处

理；单位之间的争议，由县级以上人民政府处理；个人之间、个人与单位之间的争议，由乡级人民政府或者县级以上人民政府处理。

按照《土地权属争议调查处理办法》（国土资源部令第17号）的规定，县级以上人民政府自然资源主管部门负责土地权属争议案件的调查和调解工作；对需要依法作出处理决定的，拟定处理意见，报同级人民政府作出处理决定。

县级以上人民政府自然资源主管部门调查处理争议案件确定管辖部门的原则是：（1）个人之间、个人与单位之间、单位与单位之间发生的争议案件，由争议土地所在地的县级自然资源主管部门调查处理，也可以根据当事人的申请，由乡级人民政府受理和处理。（2）设区的市、自治州自然资源主管部门调查处理下列争议案件：跨县级行政区域的；同级人民政府、上级自然资源主管部门交办或者有关部门转送的。（3）省、自治区、直辖市自然资源主管部门调查处理下列争议案件：跨设区的市、自治州行政区域的；争议一方为中央国家机关直属单位，且涉及土地面积较大的；争议一方为军队，且涉及土地面积较大的；在本行政区域内有较大影响的；同级人民政府、自然资源部交办或者有关部门转送的。（4）自然资源部调查处理下列争议案件：国务院交办的；在全国范围内有重大影响的。

4. 在土地所有权和使用权争议过程中，当事人必须遵守本条第4款的规定，即"在土地所有权和使用权争议解决前，任何一方不得改变土地利用现状"。此外，在争议没有解决前，对存在土地争议的土地，不动产登记机构不应进行不动产登记。

第三章 土地利用总体规划

第十五条 各级人民政府应当依据国民经济和社会发展规划、国土整治和资源环境保护的要求、土地供给能力以及各项建设对土地的需求，组织编制土地利用总体规划。

土地利用总体规划的规划期限由国务院规定。

【释义】 本条是关于土地利用总体规划（国土空间规划）编制依据和期限的规定。

1. 土地利用总体规划是国土空间规划体系的重要组成内容，是实施土地用途管制、保护土地资源，统筹各类土地利用活动的重要依据。各级人民政府组织编制土地利用总体规划的主要依据包括：国民经济和社会发展规划、国土整治和资源环境保护的要求、土地供给能力以及各项建设对土地的需求。

土地是国民经济与社会发展的基础，国民经济与社会发展规划是编制土地利用总体规划的重要依据，土地利用总体规划要为实现国民经济与社会发展规划提供土地保证。土地利用总体规划确定的规划目标和土地利用布局，应当服从国民经济与社会发展规划的要求。

在编制土地利用总体规划时考虑国土整治和资源环境保护的要求，主要包括：一是要落实生态文明建设的要求，从国家和民族的长远利益出发，按照可持续发展的要求，在保持耕地总量稳定的前提下，反映地方不同资源禀赋和发展需求；二是落实全域国土综合整治要求，对生态、农业、城镇等功能空间进行优化布局，提高土地利用效率和效益，促进土地节约集约利用；三是要充分考虑资源环境保护的要求，促进形成山水林田湖草矿海"整体保护、系统修复、区域统筹、综合治理"的保护格局。

各级土地利用总体规划的编制应当充分考虑本地土地供求状况，立足于我国人多地少，耕地资源不足的国情，充分考虑土地供应能力，在耕地总量不减少、质量不降低的前提下，决定建设用地供应数量和时序，以土地供应制约和引导各项建设的用地需要。

2. 土地利用总体规划的规划期限由国务院确定。土地利用总体规划是中长期的规划，土地管理法实施条例规定，土地利用总体规划的规划期限通常为 15 年。国土空间规划是国家空间发展的指南、可持续发展的空间蓝图，是各类开发保护建设活动的基本依据，因此国土空间规划也应当是中长期的规划，保持一段时间内的稳定性。目前正在编制的国土空间规划是按照规划期15 年，展望至 30 年的期限编制的。

第十六条　下级土地利用总体规划应当依据上一级土地利用总体规划编制。

地方各级人民政府编制的土地利用总体规划中的建设用地总量不得超过上一级土地利用总体规划确定的控制指标，耕地保有量不得低于上一级土地利用总体规划确定的控制指标。

省、自治区、直辖市人民政府编制的土地利用总体规划，应当确保本行政区域内耕地总量不减少。

【释义】　本条是对地方各级土地利用总体规划（国土空间规划）编制要求的规定。

1. 在编制土地利用总体规划（国土空间规划）时下级规划应当服从上级规划。根据《中共中央、国务院关于建立国土空间规划体系并监督实施的若干意见》，国土空间规划要全面落实党中央、国务院重大决策部署，体现国家意志和国家发展规划的战略性，自上而下编制各级国土空间规划，对空间发展作出战略性系统性安排。上级国土空间规划是下级国土空间规划的编制依据，下级国土空间规划要对上级国土空间规划的要求进行细化落实。按照分级分类建立国土空间规划的要求，国土空间规划体系从纵向看有国家、省、市、县、乡（镇）五级，从横向看有总体规划、详细规划、专项规划三类，共同构成我国目前"五级三类"的国土空间规划体系。全国国土空间规划是对全国国土空间作出的全局安排，是全国国土空间保护、开发、利用、修复的政策和总纲，侧重战略性。省级国土空间规划是对全国国土空间规划的落实，指导市县国土空间规划编制，侧重协调性。市县和乡镇国土空间规划是本级政府对上级国土空间规划要求的细化落实，是对本行政区域开发保护作出的具体安排，侧重实施性。

2. 地方各级土地利用总体规划（国土空间规划）要严格依据上级土地利用总体规划（国土空间规划）的布局要求和主要控制指标并结合当地土地利用实际进行编制，下级规划应当符合上一级土地利用总体规划（国土空间规划）确定的控制指标。土地利用总体规划（国土空间规划）的控制指标主要有两项：一是建设用地总量，二是耕地保有量。地方各级政府编制的土地利用总体规划（国土空间规划）中的建设用地总量不得超过上一级土地利用总体规划（国土空间规划）确定的控制指标，耕地保有量不得低于上一级土地利用总体规划（国土空间规划）下达的耕地保有量指标。

3. 省级人民政府要确保本行政区域内的耕地总量不减少。党中央、国务院明确要求，各省、自治区、直辖市必须严格按照耕地总量动态平衡的要求，做到本行政区域内耕地总量只能增加，不能减少，这一要求要通过土地利用总体规划（国土空间规划）落实下来。本条规定，以省、自治区、直辖市为单位实行耕地总量平衡，这是对耕地保护数量的要求。2005 年，国务院办公厅印发《省级政府耕地保护责任目标考核办法》。该办法要求省级人民政府对《土地利用总体规划纲要》确定的本行政区域内的耕地保有量、永久基本农田保护面积以及高标准农田建设任务负责，省长、自治区主席、直辖市市长为第一责任人。国务院自 2006 年开始，每五年为一个规划期，在规划期期中和期末对各省、自治区、直辖市人民政府耕地保护责任目标履行情况进行考核，具体由自然资源部会同农业农村部、国家统计局组织开展。省级人民政府耕地保护责任目标考核结果，列为省级人民政府主要负责人综合考核评价的重要内容。2017 年《中共中央、国务院关于加强耕地保护和改进占补平衡的意见》提出进一步加强耕地保护的要求，着力加强耕地数量、质量、生态"三位一体"保护。2018 年，《省级政府耕地保护责任目标考核办法》也作了相应修改。

第十七条　土地利用总体规划按照下列原则编制：

（一）落实国土空间开发保护要求，严格土地用途管制；

（二）严格保护永久基本农田，严格控制非农业建设占用农用地；

（三）提高土地节约集约利用水平；

（四）统筹安排城乡生产、生活、生态用地，满足乡村产业和基础设施用地合理需求，促进城乡融合发展；

（五）保护和改善生态环境，保障土地的可持续利用；

（六）占用耕地与开发复垦耕地数量平衡、质量相当。

【释义】　本条是关于土地利用总体规划编制原则的规定。这次修改主要是增加了落实国土空间开发保护要求，严格土地用途管制；统筹安排城乡生产、生活、生态用地，满足乡村产业和基础设施用地合理需求，促进城乡融合发展等国土空间开发保护方面的新要求。

1. 增加了落实国土空间开发保护要求、严格土地用途管制的原则。2012年，党的十八大报告首次提出生态文明建设的要求，并将优化国土空间开发格局，建立国土空间开发保护制度作为生态文明建设的重要内容。2015年，中共中央、国务院印发的《生态文明体制改革总体方案》提出了建立以空间规划为基础，以用途管制为主要手段的国土空间开发保护制度，着力解决因无序开发、过度开发、分散开发导致的优质耕地和生态空间占用过多、生态破坏、环境污染等问题。土地利用总体规划（国土空间规划）是国土空间开发保护的基本依据，一切开发、利用、保护活动都要依据规划开展。用途管制制度是落实国土空间开发保护要求的主要手段，是在国土空间规划确定的空间用途以及开发利用的条件基础上，通过空间准入、用途转用许可和自上而下的指标控制体系，将开发建设强度指标分解到各地方。目前，土地用途管制是通过农用地转用审批和用地指标控制体系，采用建设用地总量控制的方法来执行。编制土地利用总体规划（国土空间规划）要落实用途管制，严禁任意改变用途，防止不合理的开发建设活动对生态环境的破坏。

2. 强调了提高土地节约集约利用水平的原则。人多地少、耕地后备资源匮乏是我国的基本国情，节约资源和保护环境是我国的基本国策。习近平总书记在党的十八届中央政治局第六次集体学习时指出，节约资源是保护生态环境的根本之策，要大力节约集约利用资源，推动资源利用方式的根本转变。节约集约用地是推进生态文明建设的根本要求，就是要求土地资源利用方式从外延扩张向内涵提升转变，以有限的土地资源承载不断增长的经济社会和物质文化发展需求。新法将土地利用总体规划编制原则中的"提高土地利用率"修改为"提高土地节约集约利用水平"，将节约资源的基本国策写入法律中，更加明确了推动土地利用方式根本转变的要求。各级政府在编制土地利用总体规划（国土空间规划）时，要以节约集约利用土地为基本原则，合理平衡产业、居住、公共服务设施等各类用地需求，做好统筹规划。

3. 明确了统筹安排城乡"三生"空间的原则。2012 年党的十八大报告中在推进生态文明建设，优化国土空间开发格局中提出"促进生产空间集约高效、生活空间宜居适度、生态空间山清水秀"，正式提出"三生"空间的概念。2013 年，十八届三中全会通过《中共中央关于全面深化改革若干重大问题的决定》，进一步提出"建立空间规划体系，划定生产、生活、生态空间开发管制界限"的要求。2015 年中共中央、国务院印发的《生态文明体制改革总体方案》明确，在国土空间规划体系中，根据主体功能和省级空间规划要求，划定生产空间、生活空间、生态空间，明确城镇建设区、工业区、农村居民点等的开发边界，以及耕地、林地、草原、河流、湖泊、湿地等的保护边界。科学布局生产空间、生活空间、生态空间，是加快绿色生产方式和生活方式，推进生态文明建设、建设美丽中国的关键举措。

在土地利用总体规划（国土空间规划）编制时，还要注重解决现阶段城乡发展不平衡的问题，合理安排乡村产业和基础设施用地，为实现乡村振兴、促进城乡融合发展提供保障。实施乡村振兴战略，建立健全城乡融合发展体制机制，是党的十九大作出的重大决策部署，是决胜全面建成小康社会、全面建设社会主义现代化国家的重大历史任务。习近平总书记指出，要推动人才、土地、资本等要素在城乡间双向流动和平等交换，激活乡村振兴内在动力。改革开放特别是党的十八大以来，我国在统筹城乡发展、推进新型城镇化方面取得了显著进展，但城乡要素流动不顺畅、公共资源配置不合理的体制机制障碍尚未根本消除。在土地资源方面，长期以来的城乡二元土地结构，限制了农村土地资源的市场化配置。2019 年 5 月，《中共中央、国务院关于建立健全城乡融合发展体制机制和政策体系的意见》对实现城乡土地要素合理配置提出了具体要求。土地是农村最大的资源、最大的潜力、最大的优势，实现土地资源的合理配置，释放农村土地资源潜力，是 2019 年土地管理法修改的重要目标之一。体现在土地利用总体规划（国土空间规划）编制时，要在统筹城乡发展目标、发展路径和发展阶段的基础上，坚持以促进城乡融合发展、实现城乡互补共同繁荣为目标，形成新型的城乡土地开发利用模式。

4. 完善了严格保护永久基本农田要求，提出耕地占补平衡不仅要做到数量平衡，也要质量相当，严格落实占补平衡、占优补优的责任。1998 年土地管理法修订时，将耕地保护的重点聚焦在耕地数量上，对耕地质量问题关注不够。2004 年中央 1 号文件《关于促进农民增加收入若干政策的意见》明确提出，要不断提高耕地质量，从 2004 年起，确定一定比例的国有土地出让金，用于支持农业土地开发，建设高标准基本农田，提高粮食综合生产能力。2005 年中央 1 号文件《关于进一步加强农村工作提高农业综合生产能力若干政策的意见》再次强调了"坚决实行最严格的耕地保护制度，切实提高耕地质量"，控制非农建设占用耕地，确保基本农田总量不减少、质量不下降、用途不改变，并落实到地块和农户。2005 年 10 月，国务院颁布的《省级政府耕地保护责任目标考核办法》中，将耕地质量保护与提升方面情况作为省级政府耕地保护责任目标考核的重要内容。此后，党中央、国务院有关耕地保护的规定中都要求数量与质量保护并重。习近平总书记在 2013 年中央农村工作会议上指出，耕地红线不仅是数量上的，而且是质量上的。2017 年《中共中央、国务院关于加强耕地保护和改进占补平衡的意见》中提出，耕地保护的总体目标是牢牢守住耕地保护红线，确保实有耕地数量基本稳定，质量有提升。要完善耕地占补平衡责任落实机制。非农建设占用耕地的，建设单位必须依法补充数量、质量相当的耕地。根据党中央、国务院关于耕地质量保护和占补平衡的新要求，本次土地管理法修改将耕地占补平衡要做到数量和质量并重的要求写入土地利用总体规划编制的原则之中。

第十八条 国家建立国土空间规划体系。编制国土空间规划应当坚持生态优先，绿色、可持续发展，科学有序统筹安排生态、农业、城镇等功能空间，优化国土空间结构和布局，提升国土空间开发、保护的质量和效率。

经依法批准的国土空间规划是各类开发、保护、建设活动的基本依据。已经编制国土空间规划的，不再编制土地利用总体规划和城乡规划。

【释义】 本条是新增加的条款，主要是将党中央、国务院关于建立国土空间规划体系的要求上升为法律制度。

1. 新修改的土地管理法首次明确了国土空间规划的法律地位和效力，为国土空间规划体系的建立实施提供了法律依据。建立国土空间规划体系是党中央、国务院作出的重大决策部署，是推进生态文明建设的重要内容，也是推动空间治理体系现代化的重要途径。《中共中央、国务院关于建立国土空间规划体系并监督实施的若干意见》明确国土空间规划是国家空间发展的指南、可持续发展的空间蓝图，经依法批准的国土空间规划是各类开发、保护、建设活动的基本依据。要求建立国土空间规划体系并监督实施，将主体功能区规划、土地利用规划、城乡规划等空间规划融合为统一的国土空间规划，实现"多规合一"。为了保证"多规合一"过渡期间法律适用的稳定性，新土地管理法仍然整体保留了土地利用总体规划一章，只是增加了本条衔接性规定。

2. 规定了国土空间规划编制要提高科学性，落实生态、绿色、可持续发展的要求，尊重自然规律、经济社会规律和城乡发展规律。科学有序统筹安排生态、农业、城镇等功能空间，优化城镇化格局、农业生产格局、生态保护格局，确定空间发展策略，转变国土空间开发保护方式，提升国土空间开发保护质量和效率。这些规定体现了国土空间规划编制的战略性要求，是对空间发展作出的战略性系统性安排，解决以往各类规划交叉重叠的问题，综合考虑人口分布、经济布局、国土利用、生态环境保护等因素，坚持以人民为中心，实现高质量发展和高品质生活。

3. 明确了国土空间规划与其他空间类规划的关系。已经编制国土空间规划的，不再编制土地利用总体规划和城乡规划。2019 年 5 月，自然资源部印发《关于全面开展国土空间规划工作的通知》（自然资发〔2019〕87 号），要求全面启动国土空间规划编制后，各地不再新编和报批主体功能区规划、土地利用总体规划、城镇体系规划、城市（镇）总体规划、海洋功能区划等。已批准的规划期至 2020 年后的省级国土规划、城镇体系规划、主体功能区规划、城市（镇）总体规划，以及原省级空间规划试点和市县"多规合一"试点等，要按照新的规划编制要求，将既有规划成果融入新编制的同级国土空间规划中。

第十九条　县级土地利用总体规划应当划分土地利用区，明确土地用途。

乡（镇）土地利用总体规划应当划分土地利用区，根据土地使用条件，确定每一块土地的用途，并予以公告。

【释义】本条是关于县、乡（镇）土地利用总体规划划分土地利用区的规定。

1. 土地利用区是指各级土地利用总体规划中，根据上级土地利用总体规划下达的指标和布局要求，划分出的土地用途相对一致的区域。土地利用区划是土地利用总体规划的重要内容，是合理开发利用土地资源、实施用途管制的基础手段。土地利用区划是在资源环境承载力评价和土地资源利用现状的基础上，坚持生态优先、绿色发展，从最大限度地获取经济效益、生态效益和社会效益的原则出发，对土地资源利用的方向、布局、结构在空间上进行分区划片。国家和省、市级土地利用总体规划主要是对各类用地数量上的控制，县、乡（镇）级土地利用总体规划主要是实现对各类用地的分区控制。划分土地利用区对县级和乡（镇）级土地利用总体规划尤为重要，上级土地利用总体规划的规划指标和布局要求最终通过县、乡级土地利用总体规划的土地利用分区得以体现和落实。

2. 关于土地利用分区的标准，目前还没有统一的规范，各地方在编制土地利用总体规划过程中有不同的规范方式。市县及以下要编制详细规划，详细规划是对具体地块用途和开发建设强度等作出的实施性安排，是开展国土空间开发保护活动，实施国土空间用途管制、进行各项建设活动的法定依据。从总体上看，县级和乡（镇）级土地利用总体规划可以根据需要，划定允许建设区、有条件建设区、限制建设区和禁止建设区等，当然这些土地利用区还可进一步细化。乡（镇）土地利用总体规划还要根据土地使用条件，确定每一块土地的用途，实行地块控制，这是实施土地用途管制和土地管理的依据。

第二十条 土地利用总体规划实行分级审批。

省、自治区、直辖市的土地利用总体规划，报国务院批准。

省、自治区人民政府所在地的市、人口在一百万以上的城市以及国务院指定的城市的土地利用总体规划，经省、自治区人民政府审查同意后，报国务院批准。

本条第二款、第三款规定以外的土地利用总体规划，逐级上报省、自治区、直辖市人民政府批准；其中，乡（镇）土地利用总体规划可以由省级人民政府授权的设区的市、自治州人民政府批准。

土地利用总体规划一经批准，必须严格执行。

【释义】 本条是关于土地利用总体规划审批制度和审批权限的规定。

1. 我国的土地利用总体规划由国家、省、市、县和乡（镇）五级组成。土地利用总体规划的审批实行分级审批制，按照下级规划服从上级规划的原则，依法逐级审查报批。国务院、省（自治区、直辖市）、设区的市、自治州人民政府按各自的审批权限审批土地利用总体规划。其中，全国土地利用总体规划、省（自治区、直辖市）的土地利用总体规划，以及省、自治区政府所在地的市、人口在一百万以上的城市以及国务院指定的城市的土地利用总体规划，报国务院批准。其他土地利用总体规划，逐级上报省（自治区、直辖市）人民政府批准。乡（镇）土地利用总体规划可以由省级人民政府授权的设区的市、自治州人民政府批准。

关于"多规合一"后国土空间规划的审批层级和程序，《中共中央、国务院关于建立国土空间规划体系并监督实施的若干意见》有明确要求。全国国土空间规划是对全国国土空间作出的全局安排，是全国国土空间保护、开发、利用、修复的政策和总纲，侧重战略性，由自然资源部会同相关部门组织编制，由党中央、国务院审定后印发。省级国土空间规划是对全国国土空间规划的落实，指导市县国土空间规划编制，侧重协调性，由省级政府组织编制，经同级人大常委会审议后报国务院审批。市县和乡镇国土空间规划是本级政府对上级国土空间规划要求的细化落实，是对本行政区域开发保护作出的具体安排，侧重实施性。需报国务院审批的城市国土空间总体规划，由市政府组织编制，经同级人大常委会审议后，由省级政府报国务院审批。

2. 本条强调土地利用总体规划一经批准，必须严格执行。总则中也明确规定"使用土地的单位和个人必须严格按照土地利用总体规划确定的用途使用土地"。土地利用总体规划是刚性的约束，一经批准，就具有法律效力。任何单位和个人必须严格执行土地利用总体规划，一方面是要按照土地利用总体规划确定用途使用土地，违反了土地利用总体规划就是违法。经过二十多年的发展，1998年土地管理法确定的土地规划和用途管制理念已经深入人心，得到了比较好的遵守和执行。另一方面就是不能随意调整或者修改土地利用总体规划，以此规避土地利用总体规划的刚性约束，因此本法第25条对土地利用总体规划修改的情形和审批机关等作出了限定，修改土地利用总体规划的审批机关原则上与批准土地利用总体规划的机关相同，采用相同的审批程序。

第二十一条　城市建设用地规模应当符合国家规定的标准，充分利用现有建设用地，不占或者尽量少占农用地。

城市总体规划、村庄和集镇规划，应当与土地利用总体规划相衔接，城市总体规划、村庄和集镇规划中建设用地规模不得超过土地利用总体规划确定的城市和村庄、集镇建设用地规模。

在城市规划区内、村庄和集镇规划区内，城市和村庄、集镇建设用地应当符合城市规划、村庄和集镇规划。

【释义】　本条是关于城市建设用地要求，以及城市总体规划、村庄和集镇规划与土地利用总体规划关系的规定。

1. 随着我国经济社会快速发展，工业化城镇化进程的不断加快，城市快速扩张同时带来了土地利用粗放问题，建设大量占用农用地特别是耕地，建设用地的增长速度超过了人口和经济增长速度，土地浪费十分严重。为了有效控制建设用地总量，防止无序重复建设，本条规定建设用地应当符合国家规定的标准。

土地供应政策是控制建设用地使用方向的手段，通过制定调整土地供应政策，可以优化投资结构，有效控制建设用地总量，防止无序重复建设，促进国民经济的协调可持续发展。2004 年，原国土资源部发布《工业项目建设用地控制指标（试行）》（2008 年修订），2006 年又与国家发展改革委联合发布《限制用地项目目录（2006 年本）》和《禁止用地项目目录（2006 年本）》（2012 年修订），建立了用地政策与产业政策的联动机制，对抑制部分行业产能过剩，促进产业机构调整和节约集约利用土地发挥了重要作用。凡列入《限制用地项目目录》的建设项目，必须符合目录规定条件，方可办理用地、立项等相关手续。凡列入《禁止用地项目目录》的建设项目或者采用所列工艺技术、装备、规模的建设项目，不得办理相关手续。

2. 土地利用总体规划与城市总体规划各自的定位任务不同但内容重叠冲突，城市总体规划、村庄和集镇规划与土地利用总体规划的衔接问题曾经是土地利用和管理方面的突出问题。从土地管理的角度看，城市总体规划、村庄和集镇规划应当服从土地利用总体规划对建设用地规模的安排。土地管理法、城乡规划法都规定，城市总体规划、村庄和集镇规划应当与土地利用总体规划相衔接。在城市规划区内、村庄和集镇规划区内，城市和村庄、集镇建设用地除应当符合土地利用总体规划外，也应当符合城市规划、村庄和集镇规划。

新的国土空间规划编制实施后，不再编制土地利用总体规划和城乡规划，将彻底解决过去两类规划之间的不协调问题。

第二十二条　江河、湖泊综合治理和开发利用规划，应当与土地利用总体规划相衔接。在江河、湖泊、水库的管理和保护范围以及蓄洪滞洪区内，土地利用应当符合江河、湖泊综合治理和开发利用规划，符合河道、湖泊行洪、蓄洪和输水的要求。

【释义】　本条是关于土地利用总体规划与江河、湖泊综合治理和开发利用规划关系的规定。

江河、湖泊综合治理和开发利用规划属于规划体系中的国土空间相关专项规划，应当与土地利用总体规划做好衔接。在江河、湖泊、水库的管理和保护范围以及蓄洪滞洪区内，因行洪、蓄洪、滞洪、防洪、航运、灌溉、输水等方面的需要，对土地利用有特殊的要求，比如城镇建设和发展不得占用河道滩地，在土地管理中要落实相关的要求。

《中共中央、国务院关于建立国土空间规划体系并监督实施的若干意见》规定，国土空间规划要强化对专项规划的指导约束作用。海岸带、自然保护地等专项规划及跨行政区域或流域的国土空间规划，由所在区域或者上一级自然资源主管部门牵头组织编制，报同级政府审批；涉及空间利用的某一领域专项规划，如交通、能源、水利、农业、信息、市政等基础设施，公共服务设施，军事设施，以及生态环境保护、文物保护、林业草原等专项规划，由相关主管部门组织编制。相关专项规划可在国家、省和市县层级编制，不同层级、不同地区的专项规划可结合实际选择编制的类型和精度。

第二十三条　各级人民政府应当加强土地利用计划管理，实行建设用地总量控制。

土地利用年度计划，根据国民经济和社会发展计划、国家产业政策、土

地利用总体规划以及建设用地和土地利用的实际状况编制。土地利用年度计划应当对本法第六十三条规定的集体经营性建设用地作出合理安排。土地利用年度计划的编制审批程序与土地利用总体规划的编制审批程序相同，一经审批下达，必须严格执行。

【释义】 本条是关于实行土地利用年度计划管理的规定。

1. 土地利用年度计划，是根据国民经济和社会发展计划、国家产业政策、土地利用总体规划（国土空间规划）和土地利用的实际状况编制的年度内各项用地数量的具体安排。法律规定各级人民政府应当加强土地利用年度计划管理，实行建设用地总量控制。我国对土地利用实行计划管理开始于20世纪80年代。1986年3月，中共中央、国务院《关于加强土地管理制止乱占耕地的通知》要求，"今后必须严格按照用地规划、用地计划和用地标准审批土地"，第一次明确了土地利用计划的地位和作用。1987年10月，原国家计划委员会、原国家土地管理局联合制定了《建设用地计划管理暂行办法》。该办法的颁布实施对遏制耕地急剧减少的势头起到了积极作用，也为建立土地利用计划管理制度打下了良好基础。1998年土地管理法首次在法律中写入实行土地利用年度计划管理，规定编制土地利用年度计划的内容。1998年出台的土地管理法实施条例，明确了土地利用年度计划包括农用地转用计划指标、耕地保有量计划指标和土地开发整理计划三类指标。其中，农用地转用计划指标强调对新增建设用地总量的控制，属于约束性指标。

2. 土地利用年度计划是实施土地利用总体规划（国土空间规划）的重要措施，是农用地转用审批、建设项目立项审查和用地审批、土地整治审批的依据。土地利用年度计划，根据国民经济和社会发展计划、国家产业政策、土地利用总体规划以及建设用地和土地利用的实际状况编制。土地利用年度计划要为国民经济和社会发展服务，必须依据国民经济和社会发展计划编制。国家产业政策引导产业发展方向，对不同建设项目采取鼓励性、限制性、禁止性的政策，土地利用年度计划也应依据国家产业政策编制，优先安排社会民生建设用地，保障国家重点建设项目和基础设施用地。从土地利用年度计划的编制审批上，土地利用年度计划由自然资源主管部门会同发展改革部门以全国土地利用总体规划安排为基础，综合考虑各地经济社会发展状况和土地利用实际，编制全国土地利用年度计划草案，纳入国民经济和社会发展计划草案，报国务院批准，提交全国人大常委会审议确定后，下达各地执行。从土地利用计划的监督实施上，省、自治区、直辖市人民政府应当将土地利用年度计划的执行情况列为国民经济和社会发展计划执行情况内容，向同级人民代表大会报告。

3. 土地利用年度计划是对土地利用总体规划的落实，其编制审批程序与土地利用总体规划的编制审批程序相同。土地利用年度计划要严格执行土地利用总体规划的安排，合理控制建设用地总量和强度，切实保护耕地特别是永久基本农田，保护和改善生态环境，保障土地的可持续利用。下级土地利用年度计划必须依据上级土地利用年度计划下达的计划指标，在上级土地利用年度计划的指标范围内编制。土地利用年度计划一经审批下达，必须严格执行。

4. "土地利用年度计划应当对本法第六十三条规定的集体经营性建设用地作出合理安排"，这标志着土地利用年度计划的内涵发生了重大转变。在新土地管理法出台前，由于能进入建设用地市场的只有国有建设用地，实际上土地利用年度计划指标体系中主要是对新增国有建设用地指标的管控，重点从农用地转用计划指标、耕地保有量计划指标、土地开发整理计划指标等方面进行管控。农村集体经营性建设用地入市后，要将集体经营性建设用地纳入土地利用年度计划管理，主要是要保证集体经营性建设用地合理、有序入市，实现与国有建设用地同地同权。

第二十四条 省、自治区、直辖市人民政府应当将土地利用年度计划的执行情况列为国民经济和社会发展计划执行情况的内容，向同级人民代表大会报告。

【释义】 本条是关于土地利用年度计划执行情况报告制度的规定。

本条规定省级人民政府执行土地利用年度计划情况要接受省级人大监督，把土地利用年度计划执行情况作为国民经济和社会发展计划执行的重要内容，每年向省级人民代表大会报告。这是因为：一方面，土地利用年度计划是否严格执行，直接关系到土地利用总体规划能否落实、土地用途管制能否实现、耕地总量能否确保不减少。省级政府要对本行政区域内的耕地保护任务负责，就必须严格土地利用年度计划的执行，提高土地利用年度计划的权威性。要求省级政府向省级人大汇报土地利用年度计划执行情况，有利于监督省级政府履行好土地利用年度计划管理的职责。另一方面，全国土地利用年度计划由全国人民代表大会审议确定，作为国民经济和社会发展计划的内容，下达各省、自治区、直辖市政府执行，各省、自治区、直辖市人民代表大会有责任对省、自治区、直辖市政府执行土地利用年度计划的情况进行监督检查。

第二十五条　经批准的土地利用总体规划的修改，须经原批准机关批准；未经批准，不得改变土地利用总体规划确定的土地用途。

经国务院批准的大型能源、交通、水利等基础设施建设用地，需要改变土地利用总体规划的，根据国务院的批准文件修改土地利用总体规划。

经省、自治区、直辖市人民政府批准的能源、交通、水利等基础设施建设用地，需要改变土地利用总体规划的，属于省级人民政府土地利用总体规划批准权限内的，根据省级人民政府的批准文件修改土地利用总体规划。

【释义】　本条是关于土地利用总体规划修改的规定。

1. 土地利用总体规划的修改是指在土地利用总体规划的期限内，由于某些不可抗力（如抢险救灾、灾后恢复重建）或难以预料因素的出现（如行政区划调整）以及其他原因（如国务院或省级政府批准的能源、交通、水利等基础设施建设），致使现行的土地利用总体规划不能适应经济和社会发展的要求，因此对规划确定的指标和土地利用布局进行调整的行为。土地利用总体规划一经批准，必须严格执行。土地利用总体规划的频繁、随意修改会严重影响规划的严肃性和权威性，必须十分慎重并加以严格限定。因此法律在土地利用总体规划修改的程序、审批权限上作出了严格规定。土地利用总体规划的修改，须经原批准机关批准，不同级别的土地利用总体规划，原批准机关不同。

2. 考虑到土地利用总体规划的修改需要一定周期，为了保证国家和省级能源、交通、水利等基础设施建设项目及时落地，本条规定经国务院批准的重点建设项目用地可以根据国务院的批准文件修改土地利用总体规划；经省级政府批准的重点建设项目用地可以在本级政府的规划批准权限内，根据省级人民政府的批准文件修改土地利用总体规划。对于省级政府批准的建设项目用地，需要修改由国务院批准的土地利用总体规划的，仍需报经国务院批准修改规划。

第二十六条 国家建立土地调查制度。

县级以上人民政府自然资源主管部门会同同级有关部门进行土地调查。土地所有者或者使用者应当配合调查，并提供有关资料。

【释义】 本条是关于实行土地调查制度的规定。

1. 本条规定，国家建立土地调查制度，县级以上人民政府自然资源主管部门会同同级有关部门进行土地调查。土地调查，是指对土地的地类、位置、面积、分布等自然属性和土地权属等社会属性及其变化情况，以及基本农田状况进行的调查、监测、统计、分析的活动。土地调查的目的，是全面查清土地资源和利用状况，掌握真实准确的土地基础数据，为科学规划、合理利用、有效保护土地资源，实施最严格的耕地保护制度，加强和改善宏观调控提供依据，促进经济社会全面协调可持续发展。

土地调查根据调查内容可以分为三种：一是土地利用现状及变化情况调查，包括地类、位置、面积、分布等状况；二是土地权属及变化情况调查，包括土地的所有权和使用权状况；三是土地条件调查，包括土地的自然条件、社会经济条件等状况。

2. 做好土地调查工作，必须得到有关部门和有关单位、个人的协助配合。县级以上人民政府自然资源主管部门会同同级有关部门进行土地调查，主要涉及发展改革、财政、统计、农业农村、水利等与土地调查关系密切的部门，应当积极参与和密切配合土地调查工作，依法提供土地调查需要的相关资料。与土地调查有关的单位和个人也应当配合调查工作，如实回答询问，履行现场指界义务，按照要求提供相关资料，不得转移、隐匿、篡改、毁弃原始记录和土地登记簿等相关资料。

第二十七条 县级以上人民政府自然资源主管部门会同同级有关部门根据土地调查成果、规划土地用途和国家制定的统一标准，评定土地等级。

【释义】 本条是关于评定土地等级的规定。

1. 土地等级是土地质量和价值状况差异的反映。评定土地等级是根据土地的自然属性和经济属性及其在社会经济活动中的地位、作用，进行调查、测算后确定土地质量和价值的评估活动。科学评定、划分土地等级为制定有关规划、计划和有偿使用土地提供依据。土地分等定级评定结果，经有权机关审核批准后，应当向社会公布。

2. 土地等级根据土地调查成果、规划土地用途和国家制定的统一标准来评定，可以分为城镇土地分等定级和农用地分等定级，有"等"和"级"两个层次。

城镇土地分等定级主要反映的是土地地域和区位、利用效益的差异。它将每个城镇作为一个点，分析各个城镇从整体上表现出来的土地差异。城镇土地的"等"反映全国城镇土地之间的地域差异，"等"的顺序在全国范围内统一排列。城镇土地的"级"反映城镇内部土地的区位条件和利用效益的差异，级的顺序在各城镇内部统一排列。2001 年，国家发布《城镇土地分等定级规程》（GB/T18507 - 2001），2014 年进行修订后重新发布了《城镇土地分等定级规程》（GB/T18507 - 2014）。

农用地的"等"，在全国农用地范围内进行比较、划分，按照标准耕作制度，在自然质量条件、平均利用土地条件、平均土地经济条件下，按照规定的标准和程序进行的农用地质量综合评定，划分出的农用地等别。农用地的"级"，在县级行政区域内按相对差异评定，根据一定的农用地定级目的，按照规定的方法和程序进行的农用地质量综合、定量评定，划分出的农用地级别。1999 年，原国土资源部通过国土资源大调查专项在全国部署开展农用地分等和定级评估试点工作。2003 年，在总结试点经验的基础上，发布《农用地分等规程》（TD/T1004 - 2003）和《农用地定级规程》（TD/T1005 - 2003）两个行业标准。2012 年，上述两个行业标准上升为国家标准，《农用地分等规程》更名为《农用地质量分等规程》（GB/T28407 - 2012），《农用地定级规程》修改为（GB/T28405 - 2012）。

第二十八条 国家建立土地统计制度。

县级以上人民政府统计机构和自然资源主管部门依法进行土地统计调查，定期发布土地统计资料。土地所有者或者使用者应当提供有关资料，不得拒报、迟报，不得提供不真实、不完整的资料。

统计机构和自然资源主管部门共同发布的土地面积统计资料是各级人民政府编制土地利用总体规划的依据。

【释义】 本条是关于建立土地统计制度以及统计资料发布、应用的规定。

1. 我国现行的土地统计制度是国家统计制度的重要组成部分。土地统计是国家对土地的数量、质量、分布、利用状况和权属状况进行调查、汇总、分析，并定期发布的制度。

统计工作是自然资源系统统一行使全民所有自然资源所有者职责、统一行使所有国土空间用途管制和生态保护修复职责的重要基础性工作。土地统计的任务是全面了解全国土地资源状况，掌握土地资源调查评价、开发利用及管理情况；系统收集、整理、分析土地数据信息，保证统计资料的现势性，为有关部门制定规划、政策和进行宏观调控提供依据；为社会公众提供信息服务。

2. 土地统计资料的发布必须经严格的审批程序。自然资源部负责土地统计数据的汇总、审查工作。未经批准，任何单位和个人不得泄露统计资料。根据《自然资源部办公厅关于印发自然资源统计调查制度的通知》（自然资办函〔2019〕1235号），土地统计资料以公报、年鉴等方式公布，此外也会利用报纸、网络等媒体予以公布。土地的所有者、使用者应当依照统计法、土地管理法等规定，真实、准确、完整、及时地提供统计调查所需的资料，不得提供不真实或者不完整的统计资料，不得拒报、迟报统计资料。

3. 经统计机构和自然资源主管部门共同发布的土地统计资料是具有法律效力的统计信息，是各级政府土地管理工作的基本依据，其中土地面积统计资料是各级人民政府编制土地利用总体规划的依据。

第二十九条 国家建立全国土地管理信息系统，对土地利用状况进行动态监测。

【释义】 本条是关于建立全国土地利用状况动态监测系统的规定。

1. 土地利用动态监测是指国家运用遥感技术和其他现代化手段，对全国及国家确定的重点地区的土地利用变化情况，特别是城镇建设用地扩展情况和耕地变化情况进行连续监测，为中央决策提供及时、准确的各类土地数据。

2. 土地利用动态监测的目的：一是可以推算全国或某一地区的土地利用现状情况；二是可以核查下级上报的土地统计数据是否真实；三是能够监督土地利用总体规划和年度计划的执行情况；四是及时发现乱占滥用土地、闲置、荒芜土地的违法行为。

3. 建立全国土地利用监测系统，首先要合理分布监测站点，形成网络。国家也可以根据需要在某些重点监测地区设置加密网点，提高监测的及时性和准确性。其次是实行土地利用全流程信息化管理，对土地开发、利用、保护等情况进行动态监测。

第四章　耕地保护

第三十条　国家保护耕地，严格控制耕地转为非耕地。

国家实行占用耕地补偿制度。非农业建设经批准占用耕地的，按照"占多少，垦多少"的原则，由占用耕地的单位负责开垦与所占用耕地的数量和质量相当的耕地；没有条件开垦或者开垦的耕地不符合要求的，应当按照省、自治区、直辖市的规定缴纳耕地开垦费，专款用于开垦新的耕地。

省、自治区、直辖市人民政府应当制定开垦耕地计划，监督占用耕地的单位按照计划开垦耕地或者按照计划组织开垦耕地，并进行验收。

【释义】　本条主要内容是明确我国对耕地实行最严格的保护制度，建立占用耕地补充制度。

1. 国家严格限制耕地转为非耕地。为保障国家粮食安全，坚守耕地红线，维持耕地总量和质量动态平衡，本法明确国家保护耕地，严格控制耕地转为非耕地。目前，耕地转为非耕地的主要原因是城市建设和村庄建设，以及能源、交通、水利等基础设施建设，需要占用耕地。为控制耕地转为非耕地，我国实行了最严格的用途管制制度，包括：一是通过制定国土空间规划，限定建设可以占用土地的区域；二是制定并分解下达土地利用年度计划，控制各类建设占用耕地规模；三是建立农用地转用审批制度，各项建设需要占用耕地的，要经过有批准权限的人民政府批准。通过这些手段，严格限制耕地转为非耕地。

2. 关于耕地占补平衡制度。为了兼顾建设占用和耕地保护双重任务，我国设立了耕地占一补一，即耕地占补平衡制度。耕地占补平衡制度是耕地保护制度的核心制度，自设立以来，经过逐步完善，从规划、计划上严控建设占用耕地规模，最大限度减少建设占用耕地特别是优质耕地，逐步设立了补充耕地储备和先补后占制度、建设项目补充耕地与土地整理复垦开发项目挂钩制度、耕地占补平衡台账制度、补充耕地项目备案和全程监管制度、耕地占补平衡考核制度，以及异地占补和耕作层表土剥离再利用办法。此次土地管理法修改对耕地占补平衡制度进行了完善，本法第32条规定："省、自治区、直辖市人民政府应当严格执行土地利用总体规划和土地利用年度计划，采取措施，确保本行政区域内耕地总量不减少、质量不降低。耕地总量减少的，由国务院责令在规定期限内组织开垦与所减少耕地的数量与质量相当的耕地；耕地质量降低的，由国务院责令在规定期限内组织整治。新开垦和整治的耕地由国务院自然资源主管部门会同农业农村主管部门验收。个别省、直辖市确因土地后备资源匮乏，新增建设用地后，新开垦耕地的数量不足以补偿所占用耕地的数量的，必须报经国务院批准减免本行政区域内开垦耕地的数量，易地开垦数量和质量相当的耕地。"总的来说，这样的修改，主要是把中央精神和实践中好的经验做法上升为法律制度，在法律层面完成了耕地占补从重视"数量"到"数量"和"质量"并重的转变。

3. 补充耕地的责任人是占用耕地的单位。非农业建设经批准占用耕地的，按照"占多少，垦多少"的原则，由占用耕地的单位负责开垦与所占用耕地的数量和质量相当的耕地，市、县人民政府应当做好监管，并对补充耕地的数量和质量进行验收；没有条件开垦或者开垦的耕地不符合要求的，应当按照省、自治区、直辖市的规定缴纳耕地开垦费，专款用于开垦新的耕地。

4. 省级人民政府在占用耕地补偿制度中的职责。一是省、自治区、直辖市人民政府应当制定开垦耕地计划。省级人民政府是耕地总量动态平衡的责任者，也是耕地开垦的组织者和监督者。省级人民政府应当依据国土空间规划、土地利用年度计划、耕地保护要求、生态和环境保护要求以及建设占用耕地情况，科学制定切实可行的耕地开垦计划，落实补充耕地责任。需要注意的是，各地在制定国土空间规划时，应当根据当地土地资源状况、生态和环境保护要求，明确可开垦耕地区域，防止乱开滥垦，破坏生态环境，造成水土流失。二是省级人民政府要切实履行补充耕地监督和验收责任，对补充耕地责任人开垦耕地的行为进行监督管理，使责任人切实履行耕地开垦义务，对于未履行耕地开垦义务的要进行督促及处罚。同时，地方各级政府应当负责组织实施土地整治，通过土地整理、复垦、开发等推进高标准农田建设，增加耕地数量、提升耕地质量，以县域自行平衡为主、省域内调剂为辅、国家适度统筹为补充，落实补充耕地任务。各省（自治区、直辖市）政府要依据土地整治新增耕地平均成本和占用耕地质量状况等，制定差别化的耕地开垦费标准。对经依法批准占用永久基本农田的，缴费标准按照当地耕地开垦费最高标准的两倍执行。

第三十一条 县级以上地方人民政府可以要求占用耕地的单位将所占用耕地耕作层的土壤用于新开垦耕地、劣质地或者其他耕地的土壤改良。

【释义】 本条是关于保护耕作层土壤，保证新开垦耕地质量的规定。

耕地耕作层是指经农业生产生活活动的长期影响和改造，土壤不断熟化，耕性得到改善，肥力得到提高而形成的适宜于农作物生长，厚度为30厘米—50厘米的表土层。耕地耕作层是耕地的精华和不可再生的资源，是农业生产物质基础，粮食生产之本。自然形成1厘米厚土壤需要约200年，1厘米厚耕作层土壤需要200年—400年。长期以来，我们占用耕地后，把耕作层土壤当土料用甚至废弃，浪费惊人。多年来，建设用地占用大量良田，一般建设项目占用耕地，需要将耕作层挖掉进行地基建设，这样导致长时间培养的优质耕作层遭到破坏。1996年至2009年间，全国减少耕地逾2.03亿亩，大量是优质耕地。仅东南沿海5省就减少水田1798万亩，相当于减掉福建全省水田。按吨粮田标准，相当于损失180亿公斤粮食产能。为了保护耕地耕作层，使其得到最大限度地利用，在项目建设过程中，应当将耕作层进行剥离，剥离后重点用于中低产田改造、高标准农田建设和土地复垦，以增加耕作层厚度、改善土壤结构。同时，将占用耕地耕作层土壤剥离利用纳入省级政府耕地保护责任目标和耕地占补平衡考核内容。

第三十二条 省、自治区、直辖市人民政府应当严格执行土地利用总体规划和土地利用年度计划，采取措施，确保本行政区域内耕地总量不减少、质量不降低。耕地总量减少的，由国务院责令在规定期限内组织开垦与所减少耕地的数量与质量相当的耕地；耕地质量降低的，由国务院责令在规定期限内组织整治。新开垦和整治的耕地由国务院自然资源主管部门会同农业农村主管部门验收。

个别省、直辖市确因土地后备资源匮乏，新增建设用地后，新开垦耕地的数量不足以补偿所占用耕地的数量的，必须报经国务院批准减免本行政区

域内开垦耕地的数量，易地开垦数量和质量相当的耕地。

【释义】　本条是关于省级人民政府负责耕地总量和质量动态平衡的规定。

1. 习近平总书记强调，耕地是我国最为宝贵的资源。我国人多地少的基本国情，决定了我们必须把关系十几亿人吃饭大事的耕地保护好，绝不能有闪失。要实行最严格的耕地保护制度，依法依规做好耕地占补平衡，规范有序推进农村土地流转，像保护大熊猫一样保护耕地。为此，此次土地管理法修改，强化省级人民政府耕地保护责任，明确提出耕地总量不减少、质量不降低。与原法相比，这次修改重点是突出了耕地质量的保护与提升，明确各省级人民政府的耕地保护责任，不仅仅是以前的保耕地数量，更重要的是要保护和提升耕地质量。耕地保护从重"数量"到"数量"与"质量"并重的转变，不仅仅是管理方式上的转变，更重要的是，这种转变标志着我国耕地保护新时代的开始。

2017 年，《中共中央、国务院关于加强耕地保护和改进占补平衡的意见》，对耕地占补平衡制度提出了新要求。耕地占补平衡工作发生重大变化：一是管理思路发生重大变化，在顶层设计上，从单纯强调项目挂钩算细账，转向兼顾平衡上算大账，建立了以数量为基础、产能为核心的占补平衡新机制。2017 年，原国土资源部印发了《关于改进管理方式切实落实耕地占补平衡的通知》（国土资规〔2017〕13 号），明确转变补充方式、扩大补充途径等八个方面的政策规定。二是补充耕地渠道进一步拓展，明确各类资金、各种渠道增加的耕地用于占补平衡的具体政策。2017 年，全国通过土地整治补充耕地 317.24 万亩。三是探索实施差别化的耕地开垦费标准，浙江省对经依法批准占用永久基本农田的，缴费标准按照当地耕地开垦费最高标准的三倍执行。四是省域内补充耕地指标调剂管理制度建设取得积极进展。五是跨省域补充耕地国家统筹制度建立。2018 年 3 月，国务院办公厅印发《跨省域补充耕地国家统筹管理办法》，明确了耕地国家统筹的适用范围、批准程序、资金缴纳标准、监管考核等具体要求。

虽然现阶段耕地占补平衡得到基本落实，但实践中占补平衡空间不断缩小、难度日趋加大。一是部分地区建设占用耕地的规模依然较大，2017 年有 8 个省建设占用耕地面积超过了 2016 年；二是后备资源严重不足且受生态保护的影响很大，如云南省，现有 511.2 亩后备资源中，相关规划和生态红线套合后，生态红线内的面积为 228.72 万亩，红线外扣除不具备开发条件的，可供利用的不足 122.63 万亩；三是土地整治、高标准农田建设等其他补充耕地的途径因资金不足，其补充耕地的作用尚未完全发挥，部分省在资金方面有大额历史欠账；四是优质耕地与建设项目布局重合度较高，"占优补优、占水田补水田"难度很大；五是跨省补充耕地指标交易价格过高。

2. 本次土地管理法修改在耕地占补平衡方面，主要突出以下内容：

（1）严格落实耕地占补平衡责任。修改决定要求，省、自治区、直辖市人民政府应当严格执行土地利用总体规划和土地利用年度计划，采取措施，确保本行政区域内耕地总量不减少、质量不降低。国家要求以省、自治区、直辖市为单位实行耕地总量和质量双平衡，明确了省级人民政府耕地数量、质量的目标和责任。其中"耕地总量不减少、质量不降低"只是最低的要求，有些省份的耕地数量和质量应当有所增加。一方面，这将通过全国土地利用总体规划和土地利用计划下达到各省（区、市）。另一方面，地方各级政府应当积极负责组织实施土地整治，通过土地整理、复垦、开发等推进高标准农田建设，增加耕地数量、提升耕地质量，以县域自行平衡为主、省域内调剂为辅、国家适度统筹为补充，落实补充耕地任务。

（2）大力实施土地整治，落实补充耕地任务。修改决定明确：耕地总量减少的，由国务院责令在规定期限内组织开垦与所减少耕地的数量与质量相当的耕地；耕地质量降低的，由国务院责令在规定期限内组织整治。各省（自治区、直辖市）政府统筹落实本地区年度补充耕地任务的责任主体，要确保省域内建设占用耕地及时保质保量补充到位。各级政府应当采取措施，拓展补充耕地途径，如土地整治、高标准农田建设、城乡建设用地增减挂钩、历史遗留工矿废弃地复垦等新增加的耕地，经核定后可以用作落实补充耕地任务。同时，补充耕地要与生态保护有机结合，新增耕地在严格保护生态前提下，应当科学划定宜耕土地后备资源范围，不能在 25 度以上陡坡开垦耕地，不能违规毁林开垦耕地。各级政府也可以统筹使用相关资金，充分发挥财政资金作用，鼓励采取政府和社会资本合作（PPP）模式、以奖代补等方式，引导农村集体经济组织、农民和新型农业经营主体等，根据土地整治规划投资或参与土地整治项目，多渠道落实补充耕地任务。

（3）严格补充耕地检查验收。修改决定规定：新开垦和整治的耕地由国务院自然资源主管部门会同农业农村主管部门验收。这就要求各级政府加强对土地整治和高标准农田建设项目的全程管理，规范项目规划设计，强化项目日常监管和施工监理。做好项目竣工验收，严格新增耕地数量认定，依据相关技术规程评定新增耕地质量。经验收合格的新增耕地，应当及时在年度土地利用变更调查中进行地类变更。省级政府要做好对市县补充耕地的检查复核，确保数量质量到位。

（4）补充耕地国家统筹。修改决定规定：个别省、直辖市确因土地后备资源匮乏，新增建设用地后，新开垦耕地的数量不足以补偿所占用耕地的数量的，必须报经国务院批准减免本行政区域内开垦耕地的数量，易地开垦数量和质量相当的耕地。国家根据各地资源环境承载状况、耕地后备资源条件、土地整治新增耕地潜力等，分类实施补充耕地国家统筹。耕地后备资源严重匮乏的直辖市，新增建设占用耕地后，新开垦耕地数量不足以补充所占耕地数量的，可向国务院申请国家统筹；资源环境条件严重约束、补充耕地能力严重不足的省份，对由于实施国家重大建设项目造成的补充耕地缺口，可向国务院申请国家统筹。经国务院批准后，有关省份按规定标准向中央财政缴纳跨省补充耕地资金，中央财政统筹安排落实国家统筹补充耕地任务所需经费，在耕地后备资源丰富省份落实补充耕地任务。2018 年 3 月，国务院办公厅印发《跨省域补充耕地国家统筹管理办法》，明确了耕地国家统筹的适用范围、批准程序、资金缴纳标准、监管考核等具体要求。

3. 根据本条规定，省级人民政府负责耕地总量和质量动态平衡。第一，以省、自治区、直辖市为单位实行耕地总量和质量平衡，明确了省、自治区、直辖市人民政府耕地保护的目标和责任。第二，保证耕地总量不减少、耕地质量不降低是对各省、自治区、直辖市人民政府的最低要求，有些省、自治区、直辖市的耕地数量还应该增加、质量还应该提高。将来，国土空间规划将明确各省、自治区、直辖市的耕地保护总目标。各省（自治区、直辖市）应当根据这个总目标，将耕地保护责任层层落实到各级政府。第三，对于省级人民政府没有切实履行耕地保护责任的，国务院将及时采取措施，对于耕地数量减少的，国务院将责令在规定期限内组织开展与减少耕地数量与质量相当的耕地；对于耕地质量降低的，国务院将责令在规定期限内组织整治。

同时，对于新开垦的耕地，自然资源部将会同农业农村部进行验收。第四，根据我国实际情况，个别省、直辖市难以在本行政区域内做到耕地平衡，"一刀切"的规定容易造成过度开发引起生态环境破坏和水土流失。为此，本法明确经国务院批准，可以核减该省、直辖市的耕地开垦数量，易地开垦耕地，同时强调易地开垦耕地的数量和质量必须相当。

4. 提高耕地质量的做法，主要有以下几种：一是大规模建设高标准农田。目前，各省（自治区、直辖市）根据全国高标准农田建设总体规划和全国土地整治规划的安排，逐级分解了高标准农田建设任务，统一建设标准、统一上图入库、统一监管考核。建立了政府主导、社会参与的工作机制，以财政资金引导社会资本参与高标准农田建设，充分调动各方积极性。同时，加强高标准农田后期管护，按照"谁使用、谁管护"和"谁受益、谁负责"的原则，落实高标准农田基础设施管护责任。高标准农田建设情况统一纳入了国土资源遥感监测"一张图"和综合监管平台，实行在线监管，统一评估考核。二是实施耕地质量保护与提升行动。根据国务院部署，全国范围内开展了耕地质量保护与提升行动，全面推进建设占用耕地耕作层剥离再利用，提高补充耕地质量。将中低质量的耕地纳入高标准农田建设范围，实施提质改造，在确保补充耕地数量的同时，提高耕地质量，严格落实占补平衡、占优补优。三是加强耕地质量调查评价与监测。各级政府建立健全了耕地质量和耕地产能评价制度，完善评价指标体系和评价方法，定期对全国耕地质量和耕地产能水平进行全面评价并发布评价结果。完善土地调查监测体系和耕地质量监测网络，开展耕地质量年度监测成果更新。

第三十三条　国家实行永久基本农田保护制度。下列耕地应当根据土地利用总体规划划为永久基本农田，实行严格保护：

（一）经国务院农业农村主管部门或者县级以上地方人民政府批准确定的粮、棉、油、糖等重要农产品生产基地内的耕地；

（二）有良好的水利与水土保持设施的耕地，正在实施改造计划以及可以改造的中、低产田和已建成的高标准农田；

（三）蔬菜生产基地；

（四）农业科研、教学试验田；

（五）国务院规定应当划为永久基本农田的其他耕地。

各省、自治区、直辖市划定的永久基本农田一般应当占本行政区域内耕地的百分之八十以上，具体比例由国务院根据各省、自治区、直辖市耕地实际情况规定。

【释义】　本条是关于永久基本农田保护制度的规定。

1. 永久基本农田，是指根据一定时期人口和国民经济对农产品的需求以及对建设用地的预测，依据国土空间规划确定的不得擅自占用或改变用途并实行特殊保护的耕地。永久基本农田是从国家战略高度出发，为了满足一定时期人口和国民经济对农产品的需求而必须确保的耕地的最低需求量，老百姓称之为"吃饭田""保命田"。

此次土地管理法修改，将"基本农田"修改为"永久基本农田"，并完善了一系列措施。从"基本农田"到"永久基本农田"，绝不是简单的文字修改，是重大理念的转变，是贯彻落实党中央、国务院对永久基本农田保护重要决策部署的重大举措。党的十七届三中全会首次提出"划定永久基本农田，确保基本农田总量不减少、用途不改变、质量有提高"的部署要求。《中共中央、国务院关于加强耕地保护和改进占补平衡的意见》（中发〔2017〕4号）指出"耕地是我国最为宝贵的资源"的战略定位，强调了"两个绝不能"，即"已经确定的耕地红线绝不能突破，已经划定的城市周边永久基本农田绝不能随便占用"，提出了严格永久基本农田划定和保护的具体要求。党的十九大报告明确提出"完成生态保护红线、永久基本农田、城市开发边界三条控制线划定工作"。2019年"两会"期间，习近平总书记参加内蒙古代表团审议时强调，"要把城镇、农业、生态空间和生态保护红线、永久基本农田保护红线、城镇开发边界作为调整经济结构、规划产业发展、推进城镇化不可逾越的红线"。中央领导同志多次强调耕地保护特别是永久基本农田划定和保护，充分体现了坚决守住永久基本农田保护红线的重要性，充分表明党中央、国务院对永久基本农田保护工作一以贯之的高度重视。

2. 应当划为永久基本农田保护的耕地主要有以下几种：一是经国务院农业农村主管部门或者县级以上地方人民政府批准确立的粮、棉、油、糖等重要农产品生产基地内的耕地。主要指国家和地方确定的商品粮基地、商品棉基地和商品油基地。这些地方生产的粮、棉、油商品率高，对国家市场调节贡献大，在国民经济发展和保证城乡居民生活中起着关键作用，因此，国家和地方各级政府对商品粮、棉、油、糖等生产基地建设都采取了一些特殊的政策，并给予一定的投入和扶持，对这些地区的耕地也必须实行特殊保护。各级人民政府在编制国土空间规划时应充分考虑到这一点，将国务院农业农村主管部门或者县级以上地方人民政府批准确立的粮、棉、油、糖等重要农产品生产基地内的耕地划为永久基本农田。二是有良好的水利与水土保护设施的耕地，正在实施改造计划以及可以改造的中、低产田和已建成的高标准农田。除了高产、稳产的耕地以外，有良好的水利与水土保持设施的耕地，也是具有保护价值的。同时，农田也应当划为永久基本农田。高标准农田是指集中连片、设施配套、高产稳产、生态良好、抗灾能力强、与现代农业生产和经营方式相适应的农田。高标准农田属于"田成方、土成型、渠成网、路相通、沟相连、土壤肥、旱能灌、涝能排、无污染、产量高"的稳定保量的粮田。因此，高标准农田应当划为永久基本农田。三是蔬菜生产基地。为了保证城市居民生活必需的蔬菜需要，对于生产蔬菜需要的耕地，也应当划为永久基本农田。菜地一般是耕地的精华，具有良好的水利设施，生产条件好，产量高；而且蔬菜保鲜时间较短，菜地一般离城市较近，主要分布在城市近郊，往往成为占用的对象，而且形成新的蔬菜生产基地需要投入大量资金，并经过很长时间才能形成。因此，蔬菜生产基地应当划为永久基本农田。四是农业科研、教学试验田。农业科研、教学试验田，对农作物产量的提高、新品种的推广等都有着特殊的贡献。新中国成立以来，我国粮食亩产的增加，主要是靠农业科技的进步以及新品种的引用来实现的。农业科研、教学试验田是农业生产的高新技术生产基地，对农业的发展、提高农产品产量和质量意义重大。此外，农业科研、教学试验田对耕地的土壤、气候、水利等都有特殊的需求，占用之后要重新建设难度大、时间长，因此，必须划为永久基本农田。五是国务院规定应当划为永久基本农田的其他耕地。除了上述几种耕地必须划入永久基本农田以外，国务院可以根据粮食生产和经济发展的需要，确定其他应当划为永久基本农田的耕地类型。

　　3. 关于永久基本农田的划定比例。1998 年修订的土地管理法规定，各省、自治区、直辖市划定的基本农田应当占本行政区域内耕地的80%以上。当时确定80%的比例，主要是根据国民经济和社会发展要求和以前划定基本农田的情况。这个目标是根据当时的国民经济和今后人民对粮、棉、油需要来确定的。1998 年，我国耕地总量为 19.5 亿亩，按照 80% 计算，不足 16 亿亩。考虑到我国经济社会快速发展，部分省份耕地后备资源已经严重不足，为避免"一刀切"的政策影响地方发展，这次修改对永久基本农田划定比例做了调整，规定各省、自治区、直辖市划定的永久基本农田一般应当占本行政区域内耕地的 80% 以上，具体比例由国务院根据各省、自治区、直辖市耕地实际情况规定。有些省、自治区耕地后备资源丰富，永久基本农田比例可能会高于 80%，有些省、直辖市经济发展快速，耕地后备资源匮乏，永久基本农田比例可能会低于 80%。但是，为了保障国家粮食安全，在国家层面将采取积极措施，保证耕地数量和质量动态平衡。这样的规定，更加符合实际情况。

第三十四条 永久基本农田划定以乡（镇）为单位进行，由县级人民政府自然资源主管部门会同同级农业农村主管部门组织实施。永久基本农田应当落实到地块，纳入国家永久基本农田数据库严格管理。

乡（镇）人民政府应当将永久基本农田的位置、范围向社会公告，并设立保护标志。

【释义】 本条主要是明确永久基本农田划定的组织实施和基本要求。

1. 永久基本农田的划定由县级人民政府自然资源主管部门会同同级农业农村主管部门组织实施。永久基本农田的划定单位为乡（镇）。

2. 永久基本农田要落实到地块。各级自然资源主管部门应按照省、市、县各级永久基本农田划定方案，将已经划定的永久基本农田图斑，实地调查确认到每个地块，具体确定边界、坐落、面积、地类、保护情况、质量等别（级）等信息，依次对永久基本农田保护片（块）进行编号，作为永久基本农田管理数据统计、分析、汇总的基本数据单元。

3. 永久基本农田入库。市县级自然资源主管部门根据市县级永久基本农田划定方案，编制标准分幅永久基本农田保护图、乡级永久基本农田保护图、县级永久基本农田分布图，以及城（镇）周边永久基本农田保护图。以县级为基本组织单元，以土地利用变更调查数据库中土地利用要素和基础地理信息要素为支撑和基础，依据永久基本农田划定方案成果，以及落地块、明责任、设标志、建表册任务完成情况，衔接规划调整完善工作，更新完善省、市、县三级永久基本农田数据库，做到图、数、实地相一致。

4. 设立永久基本农田保护标志。乡（镇）人民政府应当设立永久基本农田保护标志，并将永久基本农田的位置、范围向社会公告。市县级自然资源主管部门要在本级人民政府组织下，会同有关部门充分利用已有保护标志，在铁路、公路等交通沿线和城镇、村庄周边的显著位置，及时补充更新设置标志牌和界桩，昭示社会，接受监督。各省（自治区、直辖市）自然资源主管部门要按照《基本农田与土地整理标识使用和有关标志牌设立规定》（国土资发〔2007〕304 号）和技术规程有关要求，结合落地块实际情况，细化设置永久基本农田标志具体措施和规范，标志牌和界桩设立要统一规范、因地制宜、节约简洁、醒目清晰，标识内容包括永久基本农田的位置、面积、保护责任人、保护片（块）号、相关政策规定、示意图和监督举报电话等相关信息。标志牌和界桩一经设立，任何单位和个人不得擅自破坏和改变。原有永久基本农田发生变动的地块，要及时更新或移除旧的保护标志。

第三十五条 永久基本农田经依法划定后，任何单位和个人不得擅自占用或者改变其用途。国家能源、交通、水利、军事设施等重点建设项目选址确实难以避让永久基本农田，涉及农用地转用或者土地征收的，必须经国务院批准。

禁止通过擅自调整县级土地利用总体规划、乡（镇）土地利用总体规划等方式规避永久基本农田农用地转用或者土地征收的审批。

【释义】 本条主要规定对永久基本农田进行特殊保护。

1. 为贯彻落实党中央关于永久基本农田保护的决策部署，并将实践中好的经验做法上升为法律制度，从严管控非农建设占用永久基本农田。永久基本农田一经划定，任何单位和个人不得擅自占用或者擅自改变用途，不得多预留一定比例永久基本农田为建设占用留有空间，严禁通过擅自调整县乡土地利用总体规划规避占用永久基本农田的审批，严禁未经审批违法违规占用。按有关要求，重大建设项目选址确实难以避让永久基本农田的，农用地转用和土地征收必须报国务院审批。

这意味着，除了党中央、国务院支持的重大建设项目、军事国防类、交通类、能源类、水利类以及落实党中央国务院部署的交通能源水利设施项目等六大类外，其他项目一律不许占用永久基本农田。

2. 本条明确规定禁止通过擅自调整县级土地利用总体规划、乡（镇）土地利用总体规划等方式规避永久基本农田农用地转用或者土地征收的审批。按照目前法律规定，占用永久基本农田进行建设，农转用和土地征收都要由国务院进行审批。在以往实际工作中，有的地方擅自调整规划，通过规划修改调整永久基本农田的位置，从而规避国务院的审批。这次修改，特别明确了禁止通过修改规划等方式规避占用永久基本农田的农转用审批和土地征收审批。

第三十六条 各级人民政府应当采取措施，引导因地制宜轮作休耕，改良土壤，提高地力，维护排灌工程设施，防止土地荒漠化、盐渍化、水土流失和土壤污染。

【释义】 本条是关于耕地质量保护的规定。

1. 建立轮作休耕制度。（1）轮作休耕制度的提出。2016 年 5 月 20 日，中共中央总书记、国家主席习近平主持召开中央全面深化改革领导小组第二十四次会议。会议审议通过了《探索实行耕地轮作休耕制度试点方案》。会议强调，在部分地区探索实行耕地轮作休耕制度试点，既有利于耕地休养生息和农业可持续发展，又有利于平衡粮食供求矛盾、稳定农民收入。要在坚守耕地保护红线、保障国家粮食安全、不影响农民收入前提下，在有关地区开展轮作试点和休耕试点。要建立利益补偿机制，稳定农民收益。通过 3 年时间，在农业土地生态脆弱的、特别需要保护的这些地方开展轮作休耕，已经积累了很好的经验和办法。党的十九大报告明确提出，严格保护耕地，扩大轮作休耕试点，健全耕地草原森林河流湖泊休养生息制度，建立市场化、多元化生态补偿机制。在此次改法过程中，落实党中央的决策部署，将试点中好的经验做法上升为法律制度。本条规定引导因地制宜轮作休耕，强调耕地轮作休耕要坚持生态优先、综合治理，轮作为主、休耕为辅，突出重点区域、加大政策扶持、强化科技支撑，加快构建耕地轮作休耕制度，促进生态环境改善和资源永续利用。轮作主要在东北冷凉区、北方农牧交错区等地开展试点，休耕主要在地下水漏斗区、重金属污染区、生态严重退化地区。同时，要让农民愿意开展轮作休耕，必须保证其收益不减少，这样才能真正把轮作休耕的任务落实下去。为此，国家对开展耕地轮作休耕给予必要的粮食或现金补助。（2）轮作休耕的意义。耕地是最宝贵的资源，也是粮食生产的"命根子"。我国先天不足的农业资源禀赋，超多人口的粮食供给压力，使得耕地资源超强度利用，资源环境已亮起"红灯"。开展耕地轮作休耕，是主动应对生态资源压力、转变农业发展方式、促进可持续发展的重大举措。其意义体现在以下三个方面：一是巩固提升粮食产能的需要。我国有悠久的轮作种植传统，将禾谷类作物与豆类作物、旱地作物与水田作物等轮换种植，可以调节土壤理化性状、改良土壤生态；休耕是让耕地休养生息，实现用地养地相结合，保护和提升地力，增强粮食和农业发展后劲。二是促进农业可持续发展的需要。多年来，在农产品供给的压力下，耕地地力消耗过大，地下水开采过度，化肥农药大量使用，农业资源环境已不堪重负。通过耕地轮作休耕，减轻开发利用强度、减少化肥农药投入，利于农业面源污染修复，缓解生态环境压力，促进农业可持续发展。三是提高农业质量效益竞争力的需要。当前，我国农业大而不强、多而不优、竞争力弱的问题日益凸显，迫切需要推进农业供给侧结构性改革，促进农业转型升级。通过耕地轮作休耕，节约高效利用资源，调整优化种植结构，增加紧缺农产品供给，满足多元化消费需求，全面提升农业供给体系的质量和效率。（3）轮作休耕的原则。党的十八届五中全会明确提出，开展耕地轮作休耕制度试点。《中共中央、国务院关于加强耕地保护和改进占补平衡的意见》明确提出全面推开轮作休耕制度，要以保障国家粮食安全和不影响农民收入为前提，休耕不能减少耕地、搞非农化、削弱农业综合生产能力，确保急用之时粮食能够产得出、供得上。轮作休耕要遵循以下几个原则：一是巩固提升产能，保障粮食安全。坚守耕地保护红线，提升耕地质量，确保谷物基本自给、口粮绝对安全。对休耕地采取保护性措施，休耕期间采取土壤改良、培肥地力、污染修复等措施，同时加强对休耕地监管，禁止弃耕、严禁废耕。二是加强政策引导，稳定农民收益。鼓励农民以市场为导向，调整优化种植结构，拓宽就业增收渠道。强化政策扶持，建立利益补偿机制，对承担轮作休耕任务农户的原有种植作物收益和土地管护投入给予必要补助，确保试点不影响农民收入。三是突出问题导向，分区分类施策。以资源约束紧、生态保护压力大的地区为重点，防治结合、以防为主，因地制宜、突出重点，与地下水漏斗区、重金属污染区综合治理和生态退耕等相关规划衔接，统筹协调推进。四是尊重农民意愿，稳妥有序实施。我国生态类型多样、地区差异大，耕地轮作休耕情况复杂，要充分尊重农民意愿，发挥其主观能动性，不搞强迫命令、不搞"一刀切"。鼓励以乡、村为单元，集中连片推进，确保有成效、可持续。

2. 改良土壤、提高地力。改良土壤，指改变土地的不良性状，防止土地退化，恢复和提高土地生产力；提高地力，即提高土地生产力。土壤的肥力是土壤的基本属性和质量特征，是从养分条件和环境条件方面供应和协调农作物生产的能力。土壤的肥力状况是耕地质量好坏的具体体现。土壤肥力越高，提供的养分越多，作物产量也就越高。因此，改良土壤，提高地力，可以提高粮、棉、油的单产，发挥耕地的最大效益。

3. 维护排灌工程设施，防止土地荒漠化、盐渍化、水土流失和土壤污染。排灌工程设施，是为灌溉农田、排泄水流而兴修的水利工程设施。水利是农业的命脉，水利设施的建设对农业生产来讲是必不可少的，直接影响到农业生产的产量，是取得粮食高产稳产的必要条件。土地荒漠化，是指耕地的生态平衡遭到破坏而使其逐步变成沙漠的现象；盐渍化，是指土壤中含有过多的可溶性盐，以致对大多数作物都有不同程度的危害；水土流失，是指在自然或人为因素影响下造成的地表土壤中的水分和土壤同时流失的现象；土壤污染，是指因人为因素导致某种物质进入陆地表层土壤，引起土壤化学、物理、生物等方面特性的改变，影响土壤功能和有效利用，危害公众健康或者破坏生态环境的现象。当前，土地荒漠化、盐渍化、水土流失和土壤污染是我国许多地区的耕地受到的主要威胁。为进一步提高耕地质量，土地管理法明确各级人民政府必须采取上述措施，不断提高耕地质量。

第三十七条　非农业建设必须节约使用土地，可以利用荒地的，不得占用耕地；可以利用劣地的，不得占用好地。

禁止占用耕地建窑、建坟或者擅自在耕地上建房、挖砂、采石、采矿、取土等。

禁止占用永久基本农田发展林果业和挖塘养鱼。

【释义】　本条是关于非农业建设的用地原则以及禁止破坏耕地的规定。

1. 非农业建设必须节约用地，可以利用荒地的，不得占用耕地；可以占用劣地的，不得占用好地。这是非农业建设用地的基本原则，也是保护耕地的必要措施。这就要求各级政府和建设单位在建设项目规划选址、工程设计等方面，要采取措施，尽量避免占用耕地，如果必须要占用耕地的，要尽量避免占用优质耕地。各级政府要严格把关，可以利用荒地和劣质耕地的，不得批准占用优质耕地。

2. 本条第2款规定了禁止在耕地上从事活动的范围，包括建房、挖砂、采石、采矿、取土等，这些行为不仅占用了耕地，还破坏了土壤，毁坏了耕作层，有可能造成水土流失、土地沙化，甚至土壤污染。但是，如果经过批准，并可以开垦耕地或者改善耕地质量的挖砂、采石、采矿、取土等，是允许开展的，但要以耕地保护和生态保护为前提。

3. 本条第3款规定了禁止在永久基本农田上从事活动的范围。占用永久基本农田发展林果业和挖塘养鱼，是指占用永久基本农田种树和挖鱼塘。林果业是指以发展林果取得收益为目的，并不是以保护耕地为目的，有的林果业还可能破坏耕地破坏耕作层。永久基本农田是"保命田"，禁止改作他用，当然也包括发展林果业或者挖塘养鱼。

第三十八条 禁止任何单位和个人闲置、荒芜耕地。已经办理审批手续的非农业建设占用耕地，一年内不用而又可以耕种并收获的，应当由原耕种该幅耕地的集体或者个人恢复耕种，也可以由用地单位组织耕种；一年以上未动工建设的，应当按照省、自治区、直辖市的规定缴纳闲置费；连续二年未使用的，经原批准机关批准，由县级以上人民政府无偿收回用地单位的土地使用权；该幅土地原为农民集体所有的，应当交由原农村集体经济组织恢复耕种。

在城市规划区范围内，以出让方式取得土地使用权进行房地产开发的闲置土地，依照《中华人民共和国城市房地产管理法》的有关规定办理。

【释义】 本条是关于闲置、荒芜耕地的规定。

1. 本条第1款是对已经办理审批手续的非农业建设占用耕地的规定，主要有以下三种情况：一是1年内不用而又可以耕种并收获的，由原耕种该耕地的集体或者个人恢复耕种，也可以由用地单位组织耕种；二是1年以上未动工建设的，按照省、自治区、直辖市的规定缴纳闲置费。也就是说，造成闲置的单位和个人，应当受到缴纳闲置费的经济处罚。其目的在于用经济手段来约束用地者的行为。三是连续 2 年未使用的，经原批准机关批准，由县级以上人民政府无偿收回用地单位的土地使用权。该幅土地原为农民集体所有的，应当交由原农村集体经济组织恢复耕种。也就是说，对于连续 2 年未使用的，用地者的土地使用权将由政府无偿收回，以体现对用地者的严厉处罚。

2. 本条第 2 款是对城市规划区范围内以出让方式取得土地使用权进行房地产开发的闲置土地的处理，对此，城市房地产管理法第 26 条中明确规定，"超过出让合同约定的动工开发日期满一年未动工开发的，可以征收相当于土地使用权出让金百分之二十以下的土地闲置费；满二年未动工开发的，可以无偿收回土地使用权；但是，因不可抗力或者政府、政府有关部门的行为或者动工开发必需的前期工作造成动工开发迟延的除外"。为了使本法与城市房地产管理法相衔接，本条规定对城市规划区内闲置土地的处理，适用城市房地产管理法。

第三十九条　国家鼓励单位和个人按照土地利用总体规划，在保护和改善生态环境、防止水土流失和土地荒漠化的前提下，开发未利用的土地；适宜开发为农用地的，应当优先开发成农用地。

国家依法保护开发者的合法权益。

【释义】　本条是关于未利用土地开发的规定。

1. 本条第 1 款是关于土地开发条件的规定。土地开发是通过一定的技术经济手段，扩大对土地的有效利用范围，提高土地利用深度。土地开发必须具备一定的条件：一是必须符合土地利用总体规划，将来要符合国土空间规划，在土地利用总体规划或者国土空间规划允许开发的区域内开发。二是有利于保护和改善生态环境，防止水土流失和土地荒漠化。对未利用土地的开发，必须注意对生态环境的影响，如果开发后会造成对生态环境的破坏，导致水土流失和土地荒漠化的，就不应开发。三是适宜开发为农用地的，应当优先开发成农用地。农用地包括耕地、林地、草地、农田水利地、养殖水面等。农用地是我国目前迫切需要而后备资源又相对不足的。因此，农用地优先是未利用土地开发的一个重要原则。

2. 本条第 2 款是关于保护土地开发者合法权益的规定。单位和个人依法取得的对未利用土地的开发权，是受法律保护的，土地开发者有权对土地进行开发并取得利益，任何单位和个人不得侵犯。国家保护开发者的合法权益不受侵害，对侵害开发者合法权益的单位和个人将依法作出处理。

第四十条 开垦未利用的土地，必须经过科学论证和评估，在土地利用总体规划划定的可开垦的区域内，经依法批准后进行。禁止毁坏森林、草原开垦耕地，禁止围湖造田和侵占江河滩地。

根据土地利用总体规划，对破坏生态环境开垦、围垦的土地，有计划有步骤地退耕还林、还牧、还湖。

【释义】 本条是关于开垦未利用土地的规定。

1. 本条第 1 款是关于开垦土地应具备的条件以及禁止开垦土地的规定。开垦未利用的土地，必须具备以下几个条件：一是必须经过科学论证和评估。所谓科学的论证和评估，是指对未利用土地的性能、可利用的经济社会价值、开垦对周围环境的影响等因素进行科学的论证，综合评估。经过论证、评估后，认为开垦价值大，不破坏生态环境的，经依法批准后，可组织开垦，认为开垦价值不好，并对生态环境有影响的，就不应开垦。二是必须在土地利用总体规划划定的可开垦的区域内进行。三是必须经依法批准。未经批准，不得擅自开垦。开垦土地除了具备以上几个条件之外，还必须注意对林地、草原、江河湖滩地的特别保护。森林作为土地的天然植被，具有涵养水源、保持水土、调节气候、防止污染和减少自然灾害的作用。我国森林覆盖率本身就比较低，因此，毁坏森林开垦耕地的行为必须禁止。草原也是土地的一个重要部分，是畜牧业生产的基本生产资料，是整个自然生态环境的重要组成部分，因此，毁坏草原开垦耕地的行为同样也应禁止。

所谓围湖造田，是用堤坝等把湖滩地围起来种植或者开垦；所谓江河滩地，是指江河、湖泊水深时淹没、水浅时露出的地方。盲目围湖造田或者侵占江河滩地，降低了天然水域的调蓄和宣泄能力，人为地增加洪涝灾害，因此，必须予以禁止。

2. 本条第 2 款是对破坏生态环境开垦、围垦的土地的处理。主要措施是根据土地利用总体规划，有计划有步骤地退耕还林、还牧、还湖，这是保护生态环境的客观需要。

第四十一条　开发未确定使用权的国有荒山、荒地、荒滩从事种植业、林业、畜牧业、渔业生产的，经县级以上人民政府依法批准，可以确定给开发单位或者个人长期使用。

【释义】　本条是关于对未确定使用权的国有荒山、荒地、荒滩进行农业开发的规定。

所谓未确定使用权，是指国有土地没有确定给具体的单位或者个人使用；所谓荒山，是指树木郁闭度小于10%，表层为土质，生长杂草的宜林山地；所谓荒地，是指尚未开垦种植或曾开垦而长期废弃的土地；所谓荒滩，是指河滩、海滩等浅滩。开发未确定土地使用权的国有荒山、荒地、荒滩，从事种植业、林业、畜牧业、渔业生产是增加农用地面积，促进后备资源开发的重要途径，经县级以上人民政府批准后，可以确定给开发单位或个人使用，可以依法将土地的使用权确定给土地开发者，明确土地使用权的年限，以及使用期限届满后收回土地使用权等事项。土地使用权可以继承，但是不得用于非农业建设。

第四十二条　国家鼓励土地整理。县、乡（镇）人民政府应当组织农村集体经济组织，按照土地利用总体规划，对田、水、路、林、村综合整治，提高耕地质量，增加有效耕地面积，改善农业生产条件和生态环境。

地方各级人民政府应当采取措施，改造中、低产田，整治闲散地和废弃地。

【释义】　本条是关于土地整理的规定。

土地整理，是指通过采取各种措施，对田、水、路、林、村综合整治，提高耕地质量，增加有效耕地面积，改善农业生态条件和生态环境的行为。依据本条规定：

一是国家鼓励进行土地整理，对进行土地整理的给予政策上的支持，各级人民政府应当协调解决好土地整理中的产权关系、利益分配等问题，保证土地整理有效实现。

二是应当对土地整理作出规划。使土地整理按规划进行，真正达到改善生产条件和生态环境，增加有效耕地面积，改善生产生活条件。2017年1月10日，原国土资源部、国家发改委联合印发了《全国土地整治规划（2016—2020年)》，提出未来五年国家土地整治战略部署，确定土地整治的指导思想、基本原则、目标任务和方针政策，统筹安排各项土地整治活动和高标准农田建设任务，明确土地整治重点区域和重大工程，提出规划实施保障措施。该规划是开展土地整治活动的基本依据和行动指南。

三是土地整理应当由县、乡人民政府组织。土地整理往往涉及几个村或几个村民小组，几十个承包经营权人，没有统一的组织很难进行。

第四十三条　因挖损、塌陷、压占等造成土地破坏，用地单位和个人应当按照国家有关规定负责复垦；没有条件复垦或者复垦不符合要求的，应当缴纳土地复垦费，专项用于土地复垦。复垦的土地应当优先用于农业。

【释义】　本条是关于土地复垦的规定。

1. 土地复垦是指对生产建设活动和自然灾害损毁的土地，采取整治措施，使其达到可供利用状态的活动。

2. 关于土地复垦的责任主体。依据本法和土地复垦条例的规定：一是生产建设活动损毁的土地，按照"谁损毁，谁复垦"的原则，由生产建设单位或者个人（以下称土地复垦义务人）负责复垦。具体包括：（1）露天采矿、烧制砖瓦、挖沙取土等地表挖掘所损毁的土地；（2）地下采矿等造成地表塌陷的土地；（3）堆放采矿剥离物、废石、矿渣、粉煤灰等固体废弃物压占的土地；（4）能源、交通、水利等基础设施建设和其他生产建设活动临时占用所损毁的土地。二是规定由于历史原因无法确定土地复垦义务人的生产建设活动损毁的土地（即历史遗留损毁土地），以及自然灾害损毁土地，由县级以上人民政府负责组织复垦。这一规定主要是为了解决历史遗留损毁土地和自然灾害损毁土地复垦责任主体缺失的问题。

3. 关于督促履行复垦义务的措施。一是土地复垦方案的编制与审查制度。按照规定，土地复垦义务人应当编制土地复垦方案；未编制或者编制不符合要求的，有关政府不得批准建设用地，有关自然资源主管部门不得批准采矿许可证。土地复垦方案编制与审查制度，是推动土地复垦工作的一个重要抓手。不仅可以让土地复垦义务人认识到土地复垦的重要性，更是给土地复垦义务人如何进行复垦指明了方向。二是加强对土地复垦实施环节的监督管理。按照规定，土地复垦义务人应当按照土地复垦方案开展土地复垦工作；生产建设周期长、需要分阶段实施复垦的，土地复垦义务人应当将土地复垦工作与生产建设活动统一规划、统筹实施。同时，土地复垦义务人要定期报告有关土地复垦情况，自然资源主管部门要加强监督。三是建立土地复垦资金保障机制。按照规定，土地复垦义务人应当将土地复垦费用列入生产成本或者建设项目总投资；土地复垦义务人不复垦或者复垦验收经整改仍不合格的，要缴纳土地复垦费，由有关自然资源主管部门代为组织复垦。四是严格履行土地复垦验收程序。按照规定，土地复垦义务人完成土地复垦任务后，应当向所在地县级以上地方人民政府自然资源主管部门申请验收，并明确了验收程序、验收内容和验收结果。其中，为了防止复垦验收中弄虚作假，特别建立了多部门共同验收、专家参与、初步验收结果公开听取意见等制度，加大对验收环节的规范和监督力度。五是对土地复垦义务人不依法履行土地复垦义务的制约手段。土地复垦义务人不依法履行复垦义务的，有关政府和自然资源主管部门不得批准新的建设用地、采矿许可证，也不得批准采矿许可证的延续、变更和注销。这项制度也是一个重要的抓手，对于需要持续进行生产建设活动的土地复垦义务人来说，这项制度的约束力将非常有效。上述五项制度作为一个整体，明确了生产建设活动损毁土地复垦各个环节的要求，形成了比较有约束力的监管措施链条，有力地促进土地复垦义务人自觉履行土地复垦义务。

4. 关于历史遗留损毁土地和自然灾害损毁土地的复垦。一是县级以上人民政府自然资源主管部门应当对历史遗留损毁土地和自然灾害损毁土地进行调查评价，并在此基础上编制土地复垦专项规划，确定复垦的重点区域、目标任务和要求。二是政府应当投入资金进行复垦，或者按照"谁投资，谁受益"的原则，吸引社会投资进行复垦。对于土地权利人自行复垦的，给予相应的扶持、优惠措施。三是对历史遗留损毁土地和自然灾害损毁土地的复垦按项目实施管理，同时对项目管理的各个环节，包括项目的确定、项目设计书的编制、施工单位的确定、项目的实施和验收等作了明确规定。

第五章　建设用地

第四十四条　建设占用土地，涉及农用地转为建设用地的，应当办理农用地转用审批手续。

永久基本农田转为建设用地的，由国务院批准。

在土地利用总体规划确定的城市和村庄、集镇建设用地规模范围内，为实施该规划而将永久基本农田以外的农用地转为建设用地的，按土地利用年度计划分批次按照国务院规定由原批准土地利用总体规划的机关或者其授权的机关批准。在已批准的农用地转用范围内，具体建设项目用地可以由市、县人民政府批准。

在土地利用总体规划确定的城市和村庄、集镇建设用地规模范围外，将永久基本农田以外的农用地转为建设用地的，由国务院或者国务院授权的省、自治区、直辖市人民政府批准。

【释义】本条是关于农用地转用制度的规定，本次修法进行了修改。

1. 农用地转用是土地用途管制制度的关键环节，是控制农用地转为建设用地的重要措施。农用地转用，即农用地转为建设用地，是指现状的农用地按照土地利用总体规划（国土空间规划）和国家规定的批准权限，经过审查批准后转为建设用地的行为。

2. 农用地转用分为批次用地和单独选址项目用地。批次用地，是指在土地利用总体规划确定的城市和村庄、集镇建设用地规模范围内，为实施规划而将农用地转为建设用地的，按照土地利用年度计划分批次由原批准土地利用总体规划的机关批准的一种建设用地审批制度。批次用地按土地利用总体规划确定的土地用途进行审批管理，由城市人民政府提出申请，按照土地利用年度计划分批次向具有批准权限的上级人民政府进行报批，批次用地的申请审批不按照具体建设用地项目而是以城市为单位按照规模和区域报批，批次用地批准后，农用地即转为建设用地，具体建设项目的供地由市县人民政府按照规定办理即可，批次用地制度设计的初衷主要是为了实现建设用地的统一规划、统一征收、统一开发、统一供应和统一管理。与批次用地不同，单独选址项目用地是指在土地利用总体规划确定的城市和村庄、集镇建设用地区以外选址进行建设的建设项目用地，例如能源建设项目，交通建设项目，水利建设项目，矿山建设项目，军事设施建设项目，道路、管线工程等基础设施建设项目等用地，单独选址项目大部分在国土空间规划的建设用地范围外，由用地主体单独申请用地，按照具体项目办理审批。

3. 新土地管理法对农用地转用的审批权限作了调整，调整的主要思路是将原有按照建设项目的层级确定审批权限修改为按照项目是否占用永久基本农田确定审批权限，在严格保护耕地特别是永久基本农田的前提下，为下放农用地转用审批权限预留空间。具体审批权限如下：

（1）永久基本农田转为建设用地的，由国务院批准。只要建设项目用地涉及占用永久基本农田的，整个项目的农用地转用都需要报国务院审批。

（2）建设不占用永久基本农田的，分为批次用地和单独选址项目用地两种，按规定的审批权限分级审批。批次用地按照土地利用年度计划分批次由原批准土地利用总体规划的机关或其授权的机关批准，其中，需要国务院批准规划的主要包括：省、自治区、直辖市，省、自治区人民政府所在地的市，人口在100万以上的城市，以及国务院指定的城市，这些城市的批次用地由国务院或者国务院授权的省、自治区、直辖市人民政府批准，除此之外，其他城市的批次用地由省、自治区、直辖市人民政府及其授权的设区的市、自治州人民政府批准。不占用永久基本农田的单独选址项目用地一律由国务院或者其授权的省（自治区、直辖市）人民政府批准，不再按照建设项目本身的性质和批准层级确定。

（3）本法规定由国务院批准的农用地转用审批事项可以通过授权方式下放。《国务院关于授权和委托用地审批权的决定》（国发〔2020〕4号）规定："将国务院可以授权的永久基本农田以外的农用地转为建设用地审批事项授权各省、自治区、直辖市人民政府批准。自本决定发布之日起，按照《中华人民共和国土地管理法》第四十四条第三款规定，对国务院批准土地利用总体规划的城市在建设用地规模范围内，按土地利用年度计划分批次将永久基本农田以外的农用地转为建设用地的，国务院授权各省、自治区、直辖市人民政府批准;按照《中华人民共和国土地管理法》第四十四条第四款规定,对在土地利用总体规划确定的城市和村庄、集镇建设用地规模范围外,将永久基本农田以外的农用地转为建设用地的,国务院授权各省、自治区、直辖市人民政府批准。"

第四十五条 为了公共利益的需要,有下列情形之一,确需征收农民集体所有的土地的,可以依法实施征收:

(一) 军事和外交需要用地的;

(二) 由政府组织实施的能源、交通、水利、通信、邮政等基础设施建设需要用地的;

(三) 由政府组织实施的科技、教育、文化、卫生、体育、生态环境和资源保护、防灾减灾、文物保护、社区综合服务、社会福利、市政公用、优抚安置、英烈保护等公共事业需要用地的;

(四) 由政府组织实施的扶贫搬迁、保障性安居工程建设需要用地的;

(五) 在土地利用总体规划确定的城镇建设用地范围内,经省级以上人民政府批准由县级以上地方人民政府组织实施的成片开发建设需要用地的;

(六) 法律规定为公共利益需要可以征收农民集体所有的土地的其他情形。

前款规定的建设活动,应当符合国民经济和社会发展规划、土地利用总体规划、城乡规划和专项规划;第(四)项、第(五)项规定的建设活动,还应当纳入国民经济和社会发展年度计划;第(五)项规定的成片开发并应当符合国务院自然资源主管部门规定的标准。

【释义】 本条是关于征地范围的规定,是本次修法新增加的内容。

1. 关于公共利益。宪法第 10 条第 3 款规定:"国家为了公共利益的需要,可以依照法律规定对土地实行征收或者征用并给予补偿。"物权法第 42 条第 1 款规定:"为了公共利益的需要,依照法律规定的权限和程序可以征收集体所有的土地和单位、个人的房屋及其他不动产。"此次修法的一大亮点是在本条确定了公共利益的范围,极大程度解决了一直以来关于"公共利益"如何裁定的争议,在具体表述形式上了采用了列举式与概括式相结合的表述方式,列举了六种情形,对需要征地的公共利益进行了范围上的严格限定，体现征地的公益性和强制性。

（1）军事和外交需要用地的。军事和外交是国家的基础性事务，属于典型公共利益。国防是指国家为防备和抵抗侵略，制止武装颠覆，保卫国家的主权、统一、领土完整和安全所进行的军事活动，以及与军事有关的政治、经济、外交、科技、教育等方面的活动。国防需要主要体现在军事方面，因此军事用地可算作国防需要。一般情况下，军事用地的范围应当严格限制在军事设施用地的范围内，家属住宅等其他与军事有关的非军事设施用地，不宜通过征收方式实现。外交在我国现有立法中并无明确定义，一般指一个国家在国际关系方面的活动，如参加国际组织和会议，跟别的国家互派使节、进行谈判、签订条约和协定等，外交用地主要应满足国家涉外工作需求，包括外国驻华使馆、领事馆、国际机构及其生活设施等用地。

（2）由政府组织实施的能源、交通、水利、通信、邮政等基础设施建设需要用地的。基础设施是指为社会生产和居民生活提供公共服务的物质工程设施，是用于保证国家或地区社会经济活动正常进行的公共服务系统。它是社会赖以生存发展的一般物质条件。一般而言，基础设施包括交通、邮电、供水供电、商业服务、科研与技术服务、园林绿化、环境保护、文化教育、卫生事业等市政公用工程设施和公共生活服务设施等，它们是国民经济各项事业发展的基础。完善的基础设施对加速社会经济活动，促进其空间分布形态演变起着巨大的推动作用。基础设施建设往往需较长时间和巨额投资，用地需求往往也比较大，且由于大多数基础设施选址远离城市，往往需要通过征收集体土地实现供地。根据《划拨用地目录》（国土资源部令第9号），能源、交通、水利等基础设施包括石油天然气设施、煤炭设施、电力设施、水利设施、铁路交通设施、公路交通设施、水路交通设施、民用机场设施等。需要说明的是，由政府组织实施的项目并不限于政府直接实施或者独立投资的项目，也包括了政府主导、市场化运作的项目。

（3）由政府组织实施的科技、教育、文化、卫生、体育、生态环境和资源保护、防灾减灾、文物保护、社区综合服务、社会福利、市政公用、优抚安置、英烈保护等公共事业需要用地的。公共事业是指面向社会，以社会发展和进步为前提，以满足社会公共需要为基本目标、直接或者间接提供公共服务和公共产品或者代表公共利益协调各个方面利益关系的社会活动。由政府组织实施的科技、教育、文化、卫生、体育、生态环境和资源保护、防灾减灾、文物保护、社区综合服务设施建设、社会福利、市政公用、优抚安置、英烈褒扬等公共事业需要用地的，均属于公共事业。

（4）由政府组织实施的扶贫搬迁、保障性安居工程建设需要用地的。由政府组织实施的保障性安居工程是保障居民居住权的重大民生工程，属于公共利益的范畴，根据国务院及其有关部门印发的文件，保障性安居工程大致包括四类：第一类是城市和国有工矿棚户区改造，以及林区、垦区棚户区改造；第二类是廉租住房；第三类是经济适用住房、限价商品住房、公共租赁住房等；第四类是农村危房改造。政府实施上述住房保障类项目的，可以征地。

（5）在土地利用总体规划确定的城镇建设用地范围内，经省级以上人民政府批准由县级以上地方人民政府组织实施的"成片开发"建设需要用地的。政府按照法定程序组织的"成片开发"属于公共利益范畴，可以实施征地。从"成片开发"的内涵来看，主要是政府统一实施规划、统一开发，主要包括对开发区、新区实施规模化开发等。将"成片开发"纳入征地范围主要考虑了以下几方面原因：一是从我国国情看，城市建设过程中征收了大量农村集体所有土地，这种做法保障了经济社会的稳定发展，确保了城市建设需要，在经济社会仍然快速发展的阶段，不宜做较大幅度调整；二是从国外实践情况看，"成片开发"实行统一征收，既符合国际通行做法，也可充分体现规划的公共利益属性，强化规划的科学性、合理性与可操作性。同时有利于在一定范围内，对各类市政基础设施实行统一规划、统一设计、统一建设，提高资金使用效率，降低社会运营成本；三是我国目前正处于工业化城镇化快速推进的阶段，由政府进行"成片开发"有利于统筹城市建设，促进土地集约节约利用，防止建设用地遍地开花、混乱无序。

"成片开发"征地规模大，涉及群众利益广，容易引发争议和纠纷，必须进行严格限制：一是批准和实施层级，必须经省级以上人民政府批准，由县级以上地方人民政府组织实施，通过对批准和实施主体的限制使得"成片开发"不能够被地方政府随意使用。二是区域限制，必须在土地利用总体规划确定的城镇建设用地范围内，体现了规划的严肃性。因此在国土空间编制规划时，应当统筹考虑包括成片开发在内的各项建设需要。三是在该条最后一款规定"成片开发"建设还应当纳入国民经济和社会发展年度计划，这就要求该事项需要经过同级人大的审议，充分体现了人民民主决策，也大大提高了"成片开发"征地的可预见性和透明度。

（6）法律规定为公共利益需要可以征收农民集体所有的土地的其他情形。该项是兜底条款，有利于弥补前5项规定未尽的事宜。需要注意的是，该兜底条款与《国有土地上房屋征收与补偿条例》比较，只有法律授权，没有行政法规授权，体现了更为严格保护农民利益的原则。

2. 此外，为了严格限定征地的公共利益，本条还规定建设活动应当符合国民经济和社会发展规划、土地利用总体规划、城乡规划和专项规划；第4项、第5项规定的建设活动，还应当纳入国民经济和社会发展年度计划；第5项规定的"成片开发"并应当符合国务院自然资源主管部门规定的标准。这是在前款的基础上，从另一个角度进一步明确土地征收的前提和要求，突出规划先行的目的在于既保证国民经济和社会发展需要正常的土地需求，又防止不当或者过度地动用征收权。由于规划制定和实施均需要通过一定方式向公众公开，依法还需要经过一定的民主程序，因此，在规划阶段就明确"成片开发"的区域和实施步骤，有利于提高征地工作的预见性和透明度，保障群众的知情权。

第四十六条　征收下列土地的，由国务院批准：

（一）永久基本农田；

（二）永久基本农田以外的耕地超过三十五公顷的；

（三）其他土地超过七十公顷的。

征收前款规定以外的土地的，由省、自治区、直辖市人民政府批准。

征收农用地的，应当依照本法第四十四条的规定先行办理农用地转用审批。其中，经国务院批准农用地转用的，同时办理征地审批手续，不再另行办理征地审批；经省、自治区、直辖市人民政府在征地批准权限内批准农用地转用的，同时办理征地审批手续，不再另行办理征地审批，超过征地批准权限的，应当依照本条第一款的规定另行办理征地审批。

【释义】　本条是关于征地审批程序的规定，本次修改删去了原法中关于省政府批准征地后向国务院备案的程序性规定。

1. 新法对于征地审批权限和程序未作修改，作出批准决定的法定主体仍然是国务院和省级人民政府，其主要考虑是征地属于国家强制性权力的行使，关系重大社会利益调整和农民的切身利益，必须持高度审慎的态度，避免地方政府因片面追求区域经济建设滥用征地权，损害农民利益。

2. 关于征地审批权限。国务院审批事项突出重点，主要聚焦永久基本农田保护和大规模征地，包括：永久基本农田；永久基本农田以外的耕地超过35公顷的；其他土地超过70公顷的。其他的由省级人民政府审批。涉及永久基本农田的，和农用地转用审批项目一样，都属于国务院审批事项，体现的是严格保护永久基本农田的精神，除此以外，大规模征地的涉及利益较广，容易引发社会矛盾，因此将征地审批权限也规定为国务院，体现审慎的态度，有利于维护群众合法权益。需要说明的是，本次修法删去了原省级人民政府批准征地后向国务院备案的程序性规定，主要是出于权责一致以及减少不必要的政府内部事项的考虑，在具体工作中，中央政府对地方政府批准征地信息的掌握，可以通过其他信息化的手段实现。

3. 关于征地与农用地转用两个审批事项的衔接，分为以下三种情况：一是经国务院批准农用地转用的，同时办理征地审批手续。这主要是指按照新法第44条规定的占用永久基本农田的项目等，国务院批准农用地转用时，同时批准征收土地，无须另行报批。这样可以简化手续，提高办事效率，减轻基层政府和建设单位的负担。二是经省、自治区、直辖市人民政府在征地批准权限内批准农用地转用的，同时办理征地审批手续，不再另行办理征地审批，这主要指农用地转用批准权和征收土地的批准权都属于省级人民政府的，由省级人民政府同时办理农用地转用和征收土地审批手续。三是超过征地批准权限的，应当依照本条第1款的规定另行办理征地审批，例如按照新法第44条的规定其他城市的批次用地由省、自治区、直辖市人民政府及其授权的设区的市、自治州人民政府批准农用地转用的，但是由于土地面积过大等原因超过省级政府批准征地权限的，需要申请国务院办理征地手续。

第四十七条 国家征收土地的，依照法定程序批准后，由县级以上地方人民政府予以公告并组织实施。

县级以上地方人民政府拟申请征收土地的，应当开展拟征收土地现状调查和社会稳定风险评估，并将征收范围、土地现状、征收目的、补偿标准、安置方式和社会保障等在拟征收土地所在的乡（镇）和村、村民小组范围内公告至少三十日，听取被征地的农村集体经济组织及其成员、村民委员会和其他利害关系人的意见。

多数被征地的农村集体经济组织成员认为征地补偿安置方案不符合法律、法规规定的，县级以上地方人民政府应当组织召开听证会，并根据法律、法规的规定和听证会情况修改方案。

拟征收土地的所有权人、使用权人应当在公告规定期限内，持不动产权属证明材料办理补偿登记。县级以上地方人民政府应当组织有关部门测算并落实有关费用，保证足额到位，与拟征收土地的所有权人、使用权人就补偿、安置等签订协议；个别确实难以达成协议的，应当在申请征收土地时如实说明。

相关前期工作完成后，县级以上地方人民政府方可申请征收土地。

【释义】 本条是关于土地征收程序的规定。本次修改合并了原第 46 条、第 48 条的内容，并进行了修改完善。

新土地管理法对土地征收程序作出了较大的调整完善，是本次土地管理法修改的重点之一。原法规定的"两公告一登记"征收程序在多年的实践中反映出一些问题，特别是缺乏批前与被征地群众协商的程序设置，不利于保障被征收人知情权、参与权、表达权、监督权，导致因征地程序不公开、不透明引发的矛盾纠纷频发。《国务院关于深化改革严格土地管理的决定》（国发〔2004〕28 号）为弥补原土地管理法征地批准前程序的空白，提出在征地依法报批前，要将拟征地的用途、位置、补偿标准、安置途径告知被征地农民，在实践中取得了积极效果，许多省份对征地批前协商程序也作出了规定，这些好的做法，有必要通过法律的形式固化下来。此次修法，除吸纳国发〔2004〕28 号文的内容外，还与时俱进地在批前程序增加了社会风险评估的内容，作为申请、批准征地的重要依据，并增加对补偿安置方案召开听证会的规定。按照本条规定，征地批准前需要履行调查、评估、公告、听证、登记、协议六步程序。未完成批前所有程序的，不得申请征地。

1. 拟征收土地现状调查。土地利用现状调查是指以一定行政区域或自然区域（或流域）为单位，查清区内各种土地利用类型面积、分布和利用状况，并自下而上、逐级汇总为省级、全国的土地总面积及土地利用分类面积而进行的调查。土地利用现状调查是土地资源调查中最为基础的调查。土地利用现状调查是征地准备工作的重要基础性工作，土地现状调查核实被征地块的信息，为开展下一步工作提供基础条件。土地现状调查的内容主要包括土地的权属、地类、面积以及农村村民住宅、其他地上附着物等的权属、数量等信息。

2. 社会稳定风险评估。社会稳定风险评估，是指与人民群众利益密切相关的重大决策、重要政策、重大改革措施、重大工程建设项目、与社会公共秩序相关的重大活动等重大事项在制定出台、组织实施或审批审核前，对可能影响社会稳定的因素开展系统的调查，科学的预测、分析和评估，制定风险应对策略和预案。其目的是有效规避、预防、控制重大事项实施过程中可能产生的社会稳定风险，更好地确保重大事项顺利实施。党的十八届三中全会通过的《中共中央关于全面深化改革若干重大问题的决定》（2013 年 11 月 12 日），强调健全重大决策社会稳定风险评估机制。重大行政决策程序暂行条例第 22 条规定，重大行政决策的实施可能对社会稳定、公共安全等方面造成不利影响的，决策承办单位或者负责风险评估工作的其他单位应当组织评估决策草案的风险可控性。第 24 条规定，风险评估结果应当作为重大行政决策的重要依据。决策机关认为风险可控的，可以作出决策；认为风险不可控的，在采取调整决策草案等措施确保风险可控后，可以作出决策。此次土地管理法修改，要求征地必须开展社会稳定风险评估，是因为征地涉及群众的切身利益和基本生活保障，属于必须进行风险评估的事项范围，这对于维持社会稳定、避免社会矛盾十分重要。社会稳定风险评估的实施主体，即提出征地申请的地方人民政府，应当按照规定的程序和内容完成社会稳定风险评估，作为申请征地的重要先决条件。

3. 土地征收公告。为保障被征地群众的合法知情权，拟申请征地的地方人民政府应当按照法律法规等的规定，将征收范围、土地现状、征收目的、补偿标准、安置方式和社会保障等事关被征收土地群众的切身利益的事项，在拟征收土地所在的乡（镇）和村、村民小组范围内进行公告。其中征收范围主要是精确的界址单位，土地现状主要是依土地现状调查获取的土地利用类型面积、分布和利用状况，征收目的主要是本法第 45 条中规定的具体的公共利益目的，补偿标准、安置方式和社会保障主要是一些事关被征地群众日后生活保障的基本信息。上述信息在公示过程中必须听取被征地的农村集体经济组织及其成员、村民委员会和其他利害关系人的意见，本次修法特别增加了"其他利害关系人"，实践中指土地承包经营权人（经营权人）、农业设施所有人、建设用地使用权人等其他与被征地块有关的人员。本次修法明确公告的时间不得少于 30 日，目的是充分保障农民的知情权。需要说明的是，土地征收公告的重要意义还在于，其公告确定的时间节点将作为测算土地征收补偿内容的重要依据，原则上，发布土地征收公告后不允许再抢栽抢建。

4. 听证程序。召开听证会听取利害关系人的意见，是科学民主决策的重要手段，行政许可法和行政处罚法均有听证的内容。《国务院关于加强市县政府依法行政的决定》（国发〔2008〕17 号）等文件提出，涉及重大公共利益和群众切身利益的决策事项都要进行听证，原《国土资源听证规定》将拟定项目补偿安置标准作为依申请听证的内容。这次修改作出规定，多数被征地组织和个人认为征地补偿安置方案不符合法律法规规定的，应当召开听证会并依据听证会情况进行修改，这给予了政府和被征地群众协商的途径和渠道，也是充分保障人民群众合法权利的重要体现。

5. 补偿登记。补偿登记是确定补偿范围和内容的基础性工作，修改后的土地管理法在补偿登记方面延续了旧法的做法，被征地人仍然需要持不动产权属证明进行补偿登记。土地的使用权，包括宅基地使用权，建设用地使用权，对耕地、林地、草原等取得的承包经营权，国有农用土地使用权等都应当办理土地补偿登记。征地补偿登记除对土地所有权、使用权登记外，还应当对被征收土地上的地上物进行清点，并依法进行登记。包括因征地而受到破坏的其他土地上的设施、青苗和其他附着物也应当进行登记，以便能确定恢复或补偿的办法。

6. 签订补偿协议。签订补偿协议是征地工作中的重要环节。协议的签订，意味着政府与被征地农民就补偿问题形成了合意，征地工作才能顺利开展。补偿登记后应当签订安置补偿协议，补偿协议的核心内容应当围绕本法第 48 条的内容进行商议。这里需要说明的是，由于修法前的补偿协议签订于征地决定批准后，因此足额到位是指立即到位，而修法后的补偿协议签订于征地决定批准前，支付补偿款的时间节点可以由协议规定。关于补偿协议无法达成一致的，本法规定，"个别确定难以达成协议的，应当在申请征收土地时如实说明"。作此规定，主要是考虑到实践中存在无法达成协议的情况，应将有关情况报批准机关决策。

7. 所有前期工作完成后，县级以上地方人民政府才可以申请征收土地，依照法定程序由国务院或者省级人民政府批准后，由县级以上地方人民政府予以公告并组织实施。因此，市、县人民政府是组织实施的主体，应当依法履行补偿安置责任，保障被征地农民的合法权益。

第四十八条 征收土地应当给予公平、合理的补偿，保障被征地农民原有生活水平不降低、长远生计有保障。

征收土地应当依法及时足额支付土地补偿费、安置补助费以及农村村民住宅、其他地上附着物和青苗等的补偿费用，并安排被征地农民的社会保障费用。

征收农用地的土地补偿费、安置补助费标准由省、自治区、直辖市通过制定公布区片综合地价确定。制定区片综合地价应当综合考虑土地原用途、土地资源条件、土地产值、土地区位、土地供求关系、人口以及经济社会发展水平等因素，并至少每三年调整或者重新公布一次。

征收农用地以外的其他土地、地上附着物和青苗等的补偿标准，由省、自治区、直辖市制定。对其中的农村村民住宅，应当按照先补偿后搬迁、居住条件有改善的原则，尊重农村村民意愿，采取重新安排宅基地建房、提供安置房或者货币补偿等方式给予公平、合理的补偿，并对因征收造成的搬迁、临时安置等费用予以补偿，保障农村村民居住的权利和合法的住房财产权益。

县级以上地方人民政府应当将被征地农民纳入相应的养老等社会保障体系。被征地农民的社会保障费用主要用于符合条件的被征地农民的养老保险等社会保险缴费补贴。被征地农民社会保障费用的筹集、管理和使用办法，由省、自治区、直辖市制定。

【释义】 本条是关于土地征收补偿安置的规定，在本次修改中进行了较大的修改完善，聚焦农民合法权益保障，确认、巩固了党中央、国务院一系列关于征地补偿方面的部署要求以及改革试点的成果。

1. 补偿原则。土地是农民的基本生产资料，是农民最主要、最可靠的生活保障。征地补偿应当保障被征地农民"原有生活水平不降低、长远生计有保障"是本次土地管理法修改新增的内容。"生活水平不降低、长远生计有保障"最早出现在《国务院关于深化改革严格土地管理的决定》（国发〔2004〕28号），体现两层意思：第一层是生活水平不降低，主要指被征地人当前的生活水平，包括居住条件、收入水平等不会因为土地征收而降低；第二层是长远生计有保障，指的是建立实施长期的保障机制，确保被征地人有持续稳定的生活保障，包括提供就业技能培训和就业机会、纳入社保体系等配套措施。这一补偿原则被纳入新土地管理法，作为征地补偿安置工作的指导思想，必须在土地征收的各个环节予以遵循。

2. 补偿内容。征收土地应当依法及时足额支付土地补偿费、安置补助费以及农村村民住宅、地上附着物和青苗等的补偿费用，并安排被征地农民的社会保障费用。与原土地管理法比较，新法规定土地补偿费和安置补助费由征地区片综合地价确定，这在本条第3款有具体规定；补偿内容将农村村民住宅补偿独立出来，并在第4款有具体规定，补偿内容增加社会保障费用，在本条第5款有规定。这次修法对补偿内容的调整，体现了对公平公正以及"原有生活水平不降低、长远生计有保障"补偿原则的具体落实。

3. 区片综合地价。土地补偿费和安置补助费由征地区片综合地价确定，这是本次修法的一个重要突破，主要目的是使征地补偿标准符合社会主义市场经济发展形势，达到合理利用和保护土地资源，维护农民合法权益和社会安定的目的。省、自治区、直辖市制定区片综合地价应当综合考虑土地原用途、土地资源条件、土地产值、土地区位、土地供求关系、人口以及经济社会发展水平等因素，并至少每3年调整或者重新公布一次。这一规定明确了区片综合地价的制定主体、制定依据以及调整周期。与原法施行的年产值标准比较，区片综合地价的显著优点包括：一是征地区片综合地价是以空间区域划分地理单元，按照均值性区片确定的补偿标准，在同一区域内"同地同价"标准一致，在不同区域内又体现地区差异，体现了公平的原则；二是征地区片综合地价是针对土地确定的综合补偿标准，这种计算方式考虑土地区位、土地供求关系、人口以及经济社会发展水平等动态调整的因素，补偿标准测算比较科学合理；三是征地区片综合地价是一种预设性标准，在征地没有发生时统一制订，刚性较强，也体现了征地补偿标准的严肃性。此外，区片综合地价应当至少每 3 年调整或者重新公布一次，主要是通过对区片综合地价的及时调整，实现对被征地农民合法权益的合理保障。未及时制定或者调整区片综合底价的省级区域，不得申请、批准土地征收。

4. 农民住房安置保障以及其他地上附着物和青苗补偿。地上附着物补偿和农民住宅安置问题是征地拆迁中的重要环节，本次修法在地上附着物补偿的范畴内就农民住宅安置进行了专门的规定，体现了充分保障农民财产权益特别是宅基地用益物权权利，是"原有生活水平不降低、长远生计有保障"补偿原则的具体体现。根据该款规定，地上附着物和青苗等的补偿标准，由省、自治区、直辖市制定，这主要是考虑到各地实际情况不同，由各省（自治区、直辖市）结合情况因地制宜制定标准，能够更好地保障农民利益。其中对于农村村民住宅，应当坚持"先补偿后搬迁、居住条件有改善"原则，这与《国有土地上房屋征收与补偿条例》规定国有土地上房屋征收与补偿的原则一致，明确了搬迁必须以补偿到位为前提。住宅安置的标准和补偿方式方面，在充分尊重农民意愿的前提下，考虑到各地实际情况不同，预留了多种补偿方式，比如，建设用地指标比较充裕的地区，可以重新安排宅基地，土地资源紧张的地区，可以通过建设安置房进行集中安置，对于已经不需要提供住房的农民，可以通过货币化的方式进行补偿，本次修法允许采取多元化的补偿方式对宅基地进行补偿，既可以解决被征地农民的实际需求，也可以促进更好地节约集约利用土地资源。同时，该款明确提出将"因征收造成的搬迁、临时安置等费用"列入补偿内容，这主要是针对农民搬迁和临时安置发生的成本，包括因征地发生的搬家费用和临时租住费用等，周全考虑了农民经济利益的具体情况，体现了公平公正的原则。

5. 社会保障费用安排。将被征地农民纳入社会保障体系，是确保"长远生计有保障"的重要措施手段。社会保障体系包括但不限于社会保险、社会救助等。社会保险法第 96 条规定，征收农村集体所有的土地，应当足额安排被征地农民的社会保险费，按照国务院规定将被征地农民纳入相应的社会保险制度。土地管理法关于社会保障费用安排规定，被征地农民的社会保障费用主要用于符合条件的被征地农民的养老保险等社会保险缴费补贴。需要说明的是，社会保障费用在征地补偿安置中应当单独列支，不得将其纳入区片综合地价确定的土地补偿费和安置补助费中，实践中，各级政府已经逐渐将被征地农民纳入社保体系予以保障，各地采取的做法因地制宜，本法新增加的相关内容主要是作原则性规定，关于社保费用筹集、管理、使用的具体办法，授权各省、自治区、直辖市自行制定，赋予地方更多自主权。

第四十九条 被征地的农村集体经济组织应当将征收土地的补偿费用的收支状况向本集体经济组织的成员公布，接受监督。

禁止侵占、挪用被征收土地单位的征地补偿费用和其他有关费用。

【释义】 本条是关于征地的补偿费用使用的规定。

1. 根据本法第47条、第48条的规定，被征收土地的所有权人、使用权人均能得到补偿。因此，农民集体作为集体土地的所有者，能够取得土地的征收补偿费用。根据宪法和农业法等法律，村集体经济组织是我国农村集体经济制度的主要组织形式，其主要职能是做好集体资产的管理工作，使集体资产得到合理利用和有效保护，并确保集体资产的保值增值。土地补偿费用当然属于集体资产，村集体经济组织有义务对其进行管理。

2. 根据《中华人民共和国村民委员会组织法》第24条规定，征地补偿费的使用、分配方案必须经村民会议讨论决定方可办理。本条规定，被征地的农村集体经济组织应当将征收土地的补偿费用的收支状况向本集体经济组织的成员公布，本集体经济组织的成员有权监督和了解土地的补偿费用使用及收支状况。这一规定，主要是保障农村集体经济组织成员履行民主权利，保护自身合法权益，与村民委员会组织法关于村务公开的规定一致。如不履行上述规定，乡镇人民政府有权责令改正。

3. 禁止侵占、挪用被征收土地单位的征地补偿费用和其他有关费用。征地补偿费用和其他有关费用应当依法及时足额支付给被征地的集体、农民和其他土地使用权人，以及用于安排被征地农民的社会保障等。包括人民政府、集体经济组织在内的任何单位和个人侵占、挪用征地补偿费和其他有关费用都是侵犯被征收人根本利益的违法行为。任何人都可以向有关机关举报、告发。

第五十条 地方各级人民政府应当支持被征地的农村集体经济组织和农民从事开发经营，兴办企业。

【释义】 本条是关于被征地农民安置的倡导性规定，在本次修法过程中未作修改。

地方各级人民政府应当采取多种方式支持被征地的农村集体经济组织和农民从事开发经营，兴办企业。一是提供就业渠道促进因征收土地造成的剩余劳动力和农业人口就业，避免因征地形成新的失业人口。二是支持促进被征地农民从事有关生产活动，体现了切实保障被征地农民"原有生活水平不降低、长远生计有保障"的精神。实践中，支持的方式可以是多种多样的，各地可以结合实际情况采取措施，比如有些地方安排农村集体经济组织和农民对新开垦的耕地进行耕种，有些地方在征地范围内留有建设用地，在符合规划的前提下，供农村集体经济组织和农民兴办乡镇企业，有条件的，还可以协调农村集体经济组织或者农民个人入股用地企业或者参与有关经营活动。三是服务乡村振兴战略，支持被征地的农村集体经济组织和农民从事开发经营。兴办企业有利于促进农民转产转业，优化农村一二三产业结构，为乡村振兴战略提供保障。总之，鼓励采取各种措施为被征地农民提供长远生计方面的保障。

第五十一条　大中型水利、水电工程建设征收土地的补偿费标准和移民安置办法，由国务院另行规定。

【释义】本条是大中型水利、水电工程建设征收土地的补偿和移民安置的规定，本次修法未作修改。

大中型水利、水电工程建设征地、移民与其他建设工程相比，征地的范围大、迁移人口多，且库区的位置多为偏远地区，迁移和就业安置较为复杂，被征地农民往往需要异地重新安置，因此大中型水利、水电工程建设征地安置补偿办法较为特殊，需要授权由国务院另行规定。根据法律授权，2006年国务院制定实施了《大中型水利水电工程建设征地补偿和移民安置条例》（国务院令第471号）。根据该条例，国家实行开发性移民方针，采取前期补偿、补助与后期扶持相结合的办法，使移民生活达到或者超过原有水平。2017年对条例作了修改，对征地补偿安置作了修改完善。关于大中型水利、水电工程建设征地补偿标准，该条例第22条规定，大中型水利水电工程建设征收土地的土地补偿费和安置补助费，实行与铁路等基础设施项目用地同等补偿标准，按照补征收土地所在省、自治区、直辖市规定的标准执行。关于移民安置，该条例第 30 条、第 31 条区分了本县集中安置、本县分散安置、本省其他县安置、跨省安置等多种情况，作出了具体规定。需要说明的是，土地管理法已将补偿标准由年产值改为区片综合地价，关于大中型水利、水电工程建设征收土地的补偿费标准或将进行调整。

第五十二条　建设项目可行性研究论证时，自然资源主管部门可以根据土地利用总体规划、土地利用年度计划和建设用地标准，对建设用地有关事项进行审查，并提出意见。

【释义】　本条是关于建设项目用地预审的规定。

本条所指可行性论证阶段的审查是指用地预审，主要是自然资源主管部门在建设项目审批、核准、备案阶段，根据土地利用方面的规划和计划，依法对建设项目涉及的土地利用事项进行的审查并提出用地预审意见，这是建设用地报批程序第一个环节，其目的是在项目审批、核准、备案阶段对其配套供地方案的合法性、合规性和合理性进行同步审查，确保项目批准后顺利实施。土地管理法实施条例以及部门规章根据本条规定，确立了用地预审制度，建设项目可行性研究论证时，由自然资源主管部门对建设项目用地有关事项进行审查，提出建设项目用地预审报告；可行性研究报告报批时，必须附具自然资源主管部门出具的建设项目用地预审报告。目前，建设项目用地实行分级预审制度，审查的内容包括拟建项目的基本情况、拟选址占地情况、拟用地是否符合土地利用总体规划、拟用地面积是否符合土地使用标准、拟用地是否符合供地政策等。预审应提出结论性意见，该意见是有关部门审批项目可行性研究报告、核准项目申请报告的必备文件。在土地利用总体规划确定的城镇建设用地范围内使用已批准的建设用地进行建设的项目，不涉及新增建设用地，可以不进行建设项目用地预审。

按照"多规合一、多审合一"改革部署，2019 年，自然资源部印发了《关于以"多规合一"为基础推进规划用地"多审合一、多证合一"改革的通知》（自然资规〔2019〕2 号），将建设项目选址意见书、建设项目用地预审意见合并，自然资源主管部门统一核发建设项目用地预审与选址意见书，不再单独核发建设项目选址意见书、建设项目用地预审意见。下一步，建设项目用地预审制度还将进一步改革完善。

第五十三条　经批准的建设项目需要使用国有建设用地的，建设单位应当持法律、行政法规规定的有关文件，向有批准权的县级以上人民政府自然资源主管部门提出建设用地申请，经自然资源主管部门审查，报本级人民政府批准。

【释义】　本条是关于具体建设项目使用国有建设用地的申请和报批的规定。

使用存量国有建设用地包括三种情况：一是已有的国有建设用地，包括城市市区内土地，城市规划区外现有铁路、公路、机场、水利设施、军事设施、工矿企业使用的国有土地，国营农场内的建设用地等。二是经本法规定的农用地转用、征收程序转为国有建设用地的土地，即依法征收、转用的原属于农民集体所有的建设用地、农民集体所有的农用地、未利用地以及国有农用地。三是国有未利用地。土地管理法实施条例以及部门规章对具体项目建设用地审查以及与农用地转用、征收程序的衔接分别进行了规定。

按照以上规定，具体建设项目拟使用存量国有建设用地由建设单位提出，县级以上自然资源主管部门审查，报本级人民政府批准。如果具体建设项目拟使用的土地还涉及农用地转用、征收的，由县级以上自然资源主管部门在办理过程中按法定程序上报上级政府批准。上述程序完成后，由县级以上自然资源主管部门依法与用地人签订出让合同。

"招拍挂"市场化出让取得国有土地的，不采取申请审批制，不适用本条规定。

第五十四条　建设单位使用国有土地，应当以出让等有偿使用方式取得；但是，下列建设用地，经县级以上人民政府依法批准，可以以划拨方式取得：

（一）国家机关用地和军事用地；

（二）城市基础设施用地和公益事业用地；

（三）国家重点扶持的能源、交通、水利等基础设施用地；

（四）法律、行政法规规定的其他用地。

【释义】　本条是关于建设使用国有土地的取得方式的规定，本次修法未作修改。

国有土地使用权采用有偿使用和划拨两种方式。其中，有偿出让是国有土地使用的主要方式，划拨用地主要服务于公共事业等公益性用地的特殊供地途径。

国有土地有偿使用是指国家将一定时期内的土地使用权提供给单位和个人使用，而土地使用者一次或分年度向国家缴纳土地有偿使用费的行为。法律规定应当有偿使用的国有土地，必须有偿使用。目前，国有土地有偿使用的方式主要有三种：一是国有土地出让，方式包括招标、拍卖（挂牌）和协议出让等形式，在土地使用期限内，土地使用者可以按国家规定和合同约定的用途使用土地，也可以依法转让、出租和抵押。土地使用权出让期限的上限为：居住用地70年；工业用地50年；教育、科技、文化、卫生、体育用地50年；商业、旅游、娱乐用地40年；综合或者其他用地50年。土地使用者在土地使用期限内需要改变土地用途的应当经原批准机关批准，并与自然资源主管部门重新签订土地使用权出让合同或土地使用权出让的补充合同。二是国有土地使用权租赁。即国家将一定时期内的土地使用权让与土地使用者使用，而土地使用者按年度向国家缴纳租金的行为。三是国有土地使用权作价出资入股，即将一定时期的国有土地使用权评估作价，作为国家的投资，计作国家的股份。这种方式在目前的国有企业改制改组中采用较多，既解决了国有土地资产的流失问题，又为国有困难企业的改制改组创造了条件。国有土地有偿使用是原则性规定，目前，按照党中央、国务院关于全面实行土地有偿使用制度的决策部署，国有土地有偿使用制度的范围正在进一步扩大。

划拨方式取得国有土地使用权是指经县级以上人民政府依法批准后，在土地使用者依法缴纳了土地补偿费、安置补偿费及其他费用后，国家将土地交付给土地使用者使用，或者国家将土地使用权无偿交付给土地使用者使用的行为。根据投融资体制、国有企事业单位、农垦等相关领域改革要求，划拨用地范围正在逐步缩小，这一改革方向十分明确。划拨土地使用权具有以下特点：一是划拨土地使用权没有期限的规定。二是划拨土地使用权不得转让、出租、抵押，即不得流转。如果需要转让、出租、抵押的，应当经政府批准办理土地出让手续。土地使用者不需要使用时，由政府无偿收回土地使用权。三是划拨土地使用权用途不得改变，改变用途要经批准，并重新签订合同。不再属于划拨范围的，要实行有偿使用。四是取得划拨土地使用权，只需要缴纳国家取得土地的成本和国家规定的税费，不需要缴纳土地有偿使用费。

划拨土地使用权是国家给予的一种特殊政策，因此本条对可以采取划拨土地使用权的范围作出了规定：包括国家机关用地，军事用地，城市基础设施用地，公益事业用地，国家重点扶持的能源、交通、水利等基础设施用地，以及法律和行政法规明确规定可以采用划拨方式供地的其他用地。《划拨用地目录》对划拨用地的具体范围和内容进行了规定。需要说明的是，对国家重点扶持的能源、交通、水利等基础设施用地项目，可以以划拨方式提供土地使用权。而对以营利为目的、非国家重点扶持的能源、交通、水利等基础设施用地项目，应当以有偿方式提供土地使用权。以划拨方式取得的土地使用权，因企业改制、土地使用权转让或者改变土地用途等不再符合该目录的，也应当实行有偿使用。

第五十五条 以出让等有偿使用方式取得国有土地使用权的建设单位，按照国务院规定的标准和办法，缴纳土地使用权出让金等土地有偿使用费和其他费用后，方可使用土地。

自本法施行之日起，新增建设用地的土地有偿使用费，百分之三十上缴中央财政，百分之七十留给有关地方人民政府。具体使用管理办法由国务院财政部门会同有关部门制定，并报国务院批准。

【释义】 本条是关于国有土地有偿使用费收缴及分配办法的规定。本次修法对第2款进行了修改，删去了"专门用于耕地开发"的内容，这主要是财政预算体制改革的要求，目的是优化财政资源配置，提高财政资金使用效益。

1. 土地出让金是指各级人民政府自然资源主管部门将土地使用权出让给土地使用者，按规定向受让人收取的土地出让的全部价款。应当先支付土地出让金等有偿使用费，后使用土地。土地出让金具体的付款方式和付款办法，应当由国有土地使用权有偿使用合同来约定。采用出让方式的，应当先支付土地出让金及其他费用，方可为其核发不动产权属证书，建设单位方可取得土地并依法使用。采用国有土地租赁方式的，应当按国有土地租赁合同约定的需要支付的国有土地有偿使用费和其他费用。采用国有土地入股的，应当先办理国有土地股权持有的有关手续，签订合同或章程后，方可办理土地登记，并使用土地。未按合同的约定支付国有土地有偿使用费的，政府将按合同的规定不予提供土地使用权，建设单位不得使用土地。

2. 新增建设用地土地有偿使用费是指国务院或省级人民政府在批准农用地转用、土地征收时，向取得出让等有偿使用方式的新增建设用地的县、市人民政府收取的平均土地纯收益。它与土地出让金既有区别又有联系。新增建设用地有偿使用费在报批阶段缴纳，土地出让金在用地阶段缴纳；前者是由县市级人民政府上交，具有预付性质，后者是由建设单位缴纳。土地出让金属于政府性基金收入，由地方政府支配。新增建设用地有偿使用费，30%上缴中央财政，70%留给有关地方人民政府。具体使用管理办法由国务院财政部门会同有关部门制定，并报国务院批准。

第五十六条　建设单位使用国有土地的，应当按照土地使用权出让等有偿使用合同的约定或者土地使用权划拨批准文件的规定使用土地；确需改变该幅土地建设用途的，应当经有关人民政府自然资源主管部门同意，报原批准用地的人民政府批准。其中，在城市规划区内改变土地用途的，在报批前，应当先经有关城市规划行政主管部门同意。

【释义】　本条是关于建设单位按照规定使用国有土地要求的规定。

1. 建设单位应当按照土地有偿使用合同或土地使用权划拨批准文件的规定使用土地，主要是指按照规定的用途使用土地，不得擅自改变，这是实施土地用途管制制度的具体体现。

土地用途是土地出让合同的组成部分，按照城乡规划法和城市房地产管理法等规定，出让地块的位置、使用性质、开发强度等规划条件应当作为国有土地使用权出让合同的组成部分。违反合同的约定使用土地一方面涉及违约责任，应当依照合同的约定予以处置，另一方面违反规划管制要求，还应当给予行政处罚。

采用划拨方式提供土地使用权的，政府在批准用地文件中对建设用地的用途及使用要求也都有明确的规定，用地单位必须按照批准的用途使用，不得擅自改变批准的用途。

2. 确需改变该幅土地用途的，应当履行审批程序，该程序与本法第53条规定的申请审批程序是一致的，这主要是考虑到土地用途是土地出让的重要内容，改变土地用途也需要按照原程序履行审查程序。需要说明的是，涉及划拨土地改变用途后，不再符合划拨条件的，法律、法规明确划拨土地改变用途应当收回土地使用权的，或者《国有土地划拨决定书》明确改变用途应当收回土地使用权的，应当由市、县人民政府收回划拨土地。可以继续使用该幅土地的，应当按国有土地有偿使用的有关规定办理有偿使用手续，签订土地有偿使用合同，补缴土地有偿使用费。

第五十七条　建设项目施工和地质勘查需要临时使用国有土地或者农民集体所有的土地的，由县级以上人民政府自然资源主管部门批准。其中，在城市规划区内的临时用地，在报批前，应当先经有关城市规划行政主管部门同意。土地使用者应当根据土地权属，与有关自然资源主管部门或者农村集体经济组织、村民委员会签订临时使用土地合同，并按照合同的约定支付临时使用土地补偿费。

临时使用土地的使用者应当按照临时使用土地合同约定的用途使用土地，并不得修建永久性建筑物。

临时使用土地期限一般不超过二年。

【释义】　本条是关于建设项目临时用地的规定。

临时用地是指建设项目施工过程中或地质勘查过程中一些临时工程和设施临时使用土地的行为。主要有以下几个特点。

1. 临时用地使用范围的特定性。临时用地包括两类：一类是工程建设施工临时用地，包括工程建设施工中设置的临时加工车间、材料堆场、取土弃土用地、运输道路等。另一类是地质勘查过程中的临时用地，包括：厂址、坝址、铁路、公路选址等需要对工程地质、水文地质情况进行勘测，探矿、采矿需要对矿藏情况进行勘查勘探临时使用的土地等。

2. 临时用地不改变土地用途的性质。临时使用土地者应当按照合同约定的用途使用土地，不得建永久性的建筑物及其他设施。使用结束后，将土地上临时建设的设施全部拆除，恢复土地的原貌，并交还给原土地所有权人或使用权人。即原土地的用途属建设用地的仍为建设用地，原来为农用地的仍为农用地。

3. 临时用地不改变土地的权属，即原土地的所有权和使用权都无须改变。使用农民集体土地的不需要办理征用征收手续，使用国有土地的也不必办理划拨或有偿使用手续，只须签订临时使用土地合同，并对土地所有权人和原土地使用权人予以一定的补偿。

4. 临时用地有期限性，临时用地的期限一般不超过 2 年。临时用地不超过 2 年的，使用的具体期限可以在临时使用土地合同中由双方约定。长期用地项目，不宜通过临时用地的方式予以供应，而应当采取出让、租赁、出租等形式。

第五十八条　有下列情形之一的，由有关人民政府自然资源主管部门报经原批准用地的人民政府或者有批准权的人民政府批准，可以收回国有土地使用权：

（一）为实施城市规划进行旧城区改建以及其他公共利益需要，确需使用土地的；

（二）土地出让等有偿使用合同约定的使用期限届满，土地使用者未申请续期或者申请续期未获批准的；

（三）因单位撤销、迁移等原因，停止使用原划拨的国有土地的；

（四）公路、铁路、机场、矿场等经核准报废的。

依照前款第（一）项的规定收回国有土地使用权的，对土地使用权人应当给予适当补偿。

【释义】　本条是关于收回国有土地使用权的规定。本次修改将原第 1 款第 1 项"为公共利益需要使用土地的"和第 2 项"为实施城市规划进行旧城区改建，需要调整使用土地的"合并为"（一）为实施城市规划进行旧城区改建以及其他公共利益需要，确需使用土地的"。这一修改主要是完善表述，因为实施城市规划进行旧城区改建也属于"公共利益"的一种表现形式。

1. 国家依法保障土地使用者的合法权利，对土地使用者依法取得的土地使用权，在出让合同约定的使用年限届满前一般不得收回，特殊情况下，国家可以收回国有土地使用权。

2. 为实施城市规划进行旧城区改建以及其他公共利益需要，确需使用土地的。旧城区改建需要收回国有土地使用权主要是为了集中规划和统一建设，改善市容市貌，改良居民生活环境，有利于集约节约利用土地，更好地实现公共利益。除此以外，其他公共利益需要使用土地的也可以收回国有土地使用权，包括城市基础设施、公益事业建设，国家重点扶持的能源、交通、水利、矿山、军事设施等建设项目需要使用土地的。具体的情形，《国有土地上房屋征收与补偿条例》规定为6项，包括：（1）国防和外交的需要；（2）由政府组织实施的能源、交通、水利等基础设施建设的需要；（3）由政府组织实施的科技、教育、文化、卫生、体育、环境和资源保护、防灾减灾、文物保护、社会福利、市政公用等公共事业的需要；（4）由政府组织实施的保障性安居工程建设的需要；（5）由政府依照城乡规划法有关规定组织实施的对危房集中、基础设施落后等地段进行旧城区改建的需要；（6）法律、行政法规规定的其他公共利益的需要。对于属于这些情形需要收回国有土地使用权的，基于公平合理的原则，国家应当给予国有土地使用权人合理补偿。

3. 土地出让等有偿使用合同约定的使用期限届满，土地使用者未申请续期或者申请续期未获批准的，不再具有使用权人资格，国家作为所有权人有权无偿收回土地。城市房地产管理法与该规定进行了衔接，第22条第1款规定，"土地使用权出让合同约定的使用年限届满，土地使用者需要继续使用土地的，应当至迟于届满前一年申请续期，除根据社会公共利益需要收回该幅土地的，应当予以批准。"由于使用期限届满，原使用权人不再拥有土地使用权，使用权自然回归于国家这个所有权人，因此不存在对土地使用权补偿的问题。

4. 因单位撤销、迁移等原因，停止使用原划拨的国有土地的。按照法律法规的规定，国有划拨土地不得擅自出租、转让等，如果单位撤销，或迁移不再需要使用，应当收回该土地使用权。因划拨土地不是有偿使用的，对土地使用权也不予补偿。如果单位需要将土地和地上建筑物转让，应当补办出让手续，对土地按有偿使用的办法处理。

5. 公路、铁路、机场、矿场等经核准报废的。公路、铁路、机场、矿场等报废的这部分土地不再需要使用，国家应当将这部分土地收回。如果这部分土地是采用划拨方式提供的，对土地使用权也不予补偿。

6. 收回国有土地使用权的批准权限。因收回土地使用权涉及对用地单位权利的剥夺，必须经过一定的法律程序，并经有关人民政府批准。

第五十九条 乡镇企业、乡(镇)村公共设施、公益事业、农村村民住宅等乡(镇)村建设,应当按照村庄和集镇规划,合理布局,综合开发,配套建设;建设用地,应当符合乡(镇)土地利用总体规划和土地利用年度计划,并依照本法第四十四条、第六十条、第六十一条、第六十二条的规定办理审批手续。

【释义】 本条是关于乡镇企业、乡(镇)村公共设施和公益事业、农村村民建住宅使用农民集体所有土地的规定,本次修法未作修改。

1. 该条是原集体建设用地的规定,这一概念需要与"集体经营性建设用地"区分,主要区别在于:一是使用主体不同,本条集体建设用地的使用主体有特殊限制,使用主体是本集体所属乡镇企业和村民个人等,属于农村集体经济组织及其成员自行使用,而集体经营性建设用地的使用主体包括本集体组织之外所有自然人和法人。二是用途不同,本条所指集体建设用地的用途只能用于乡镇企业,乡(镇)村公共设施和公益事业和村民建住宅三种情形,而集体经营性建设用地则可用于工业、商业等经营性用途。本次修改,未对原集体建设用地的内涵、使用主体和使用方式进行修改。

2. 乡镇企业、乡(镇)村公共设施、公益事业、农村村民住宅等乡(镇)村建设用地必须符合五项原则:一是应当符合乡(镇)土地利用总体规划确定的地块用途;二是符合土地利用年度计划,不能突破土地利用年度计划确定的控制指标;三是符合村庄和集镇规划,按照规划许可条件用地;四是坚持合理布局,综合开发,配套建设,节约集约利用土地,服务乡村振兴战略;五是涉及农用地的依法办理农用地转用和用地审批。

第六十条 农村集体经济组织使用乡(镇)土地利用总体规划确定的建设用地兴办企业或者与其他单位、个人以土地使用权入股、联营等形式共同举办企业的,应当持有关批准文件,向县级以上地方人民政府自然资源主管部门提出申请,按照省、自治区、直辖市规定的批准权限,由县级以上地方人民政府批准;其中,涉及占用农用地的,依照本法第四十四条的规定办理审批手续。

按照前款规定兴办企业的建设用地,必须严格控制。省、自治区、直辖市可以按照乡镇企业的不同行业和经营规模,分别规定用地标准。

【释义】 本条是关于集体经济组织兴办企业用地审批的规定。

本条此次未作修改，集体经济组织使用本集体所有土地兴办企业的，仍然按照本条办理。

1. 允许使用本集体所有土地兴办企业，这是土地所有权人行使权利的形式，具体包括两种情形：一是农村集体经济组织利用本集体所有土地办企业；二是与其他单位、个人以土地使用权入股、联营等形式共同举办企业。

2. 集体建设用地实行审批制，这是基于实施土地用途管制的许可制度，用地企业应当持有关批准文件，向县级以上人民政府申请。具体批准的权限由省、自治区、直辖市规定。

3. 涉及占用农用地的，需要按照本法第44条办理农用地转用审批。

4. 省、自治区、直辖市可以制定乡镇企业用地的标准，这主要是考虑到各地土地资源的条件不同，可以因地制宜地制定用地标准，以省级政府名义印发实施。

5. 本条的适用范围仅限于农村集体经济组织使用本集体的土地兴办企业或者与其他单位、个人以土地使用权入股、联营等形式共同举办企业。出让、出租集体经营性建设用地交给其他单位或者个人使用的，不适用本条规定。

第六十一条 乡（镇）村公共设施、公益事业建设，需要使用土地的，经乡（镇）人民政府审核，向县级以上地方人民政府自然资源主管部门提出申请，按照省、自治区、直辖市规定的批准权限，由县级以上地方人民政府批准；其中，涉及占用农用地的，依照本法第四十四条的规定办理审批手续。

【释义】 本条是关于乡（镇）村公共设施、公益事业建设用地审批的规定。

1. 乡（镇）村公共设施、公益事业建设需要用地，必须依法提出申请，并按规定的批准权限取得批准。乡村公共设施和公益事业主要指乡村行政办公、文化科学、医疗卫生、教育设施、生产服务和公用事业等用地。按本法规定，乡村公共设施、公益事业符合土地利用总体规划，经过批准可以使用农村集体的土地。

2. 乡村公共设施、公益事业使用农民集体所有土地，应当首先经乡镇人民政府审核，再报经县级以上自然资源主管部门，按照省、自治区、直辖市规定的批准权限并由县级以上地方人民政府负责审批。

3. 乡村公共设施、公益事业使用农民集体所有土地，涉及占用农用地的，也应当按本法第44条规定的批准权限办理农用地转用审批。

4. 乡村公共设施、公益事业使用的集体建设用地必须严格用途管理，转为集体经营性建设用地改为他用的，必须按照法定手续办理。

第六十二条 农村村民一户只能拥有一处宅基地，其宅基地的面积不得超过省、自治区、直辖市规定的标准。

人均土地少、不能保障一户拥有一处宅基地的地区，县级人民政府在充分尊重农村村民意愿的基础上，可以采取措施，按照省、自治区、直辖市规定的标准保障农村村民实现户有所居。

农村村民建住宅，应当符合乡（镇）土地利用总体规划、村庄规划，不得占用永久基本农田，并尽量使用原有的宅基地和村内空闲地。编制乡（镇）土地利用总体规划、村庄规划应当统筹并合理安排宅基地用地，改善农村村民居住环境和条件。

农村村民住宅用地，由乡（镇）人民政府审核批准；其中，涉及占用农用地的，依照本法第四十四条的规定办理审批手续。

农村村民出卖、出租、赠与住宅后，再申请宅基地的，不予批准。

国家允许进城落户的农村村民依法自愿有偿退出宅基地，鼓励农村集体经济组织及其成员盘活利用闲置宅基地和闲置住宅。

国务院农业农村主管部门负责全国农村宅基地改革和管理有关工作。

【释义】 本条是关于农村宅基地管理的规定。

随着土地资源的日趋紧张和城镇化的快速推进，土地资源供需矛盾日益明显。为促进节约集约利用土地资源，充分发挥宅基地在保障农民生活、促进乡村振兴中的重要作用，在试点基础上，新法对宅基地管理的有关规定进行了修改，共7款。除第1款没有变化外，第2款、第6款、第7款属于新增条款，第3款、第4款、第5款属于修改的条款。总体来看，主要有以下七大变化：

1. 在原来农村宅基地"一户一宅"原则的基础上增加了"户有所居"

的规定。这表明，国家鼓励各地探索农民住房在不同区域实现"户有所居"，健全宅基地权益保障方式。传统农区实行"一户一宅"。人均土地少、不能保障一户拥有一处宅基地的地区，县级人民政府在充分尊重农村村民意愿的基础上，可以采取措施，按照省、自治区、直辖市规定的标准保障农村村民实现"户有所居"。比如，在土地利用总体规划确定的城镇建设用地规模范围内，通过建设新型农村社区、农民公寓和新型住宅小区保障农民"一户一房"。这里"户"的组成人员中必须有集体经济组织成员。

2. 明确农村村民建住宅不得占用永久基本农田。不同时期，我国对于农村宅基地建设限制占用耕地、农用地、永久基本农田等作了明确规定。总体来看，国家对农村宅基地占用农地作出越来越严格的限制。新法第35条规定，永久基本农田经依法划定后，任何单位和个人不得擅自占用或者改变其用途。国家能源、交通、水利、军事设施等重点建设项目选址确实难以避让永久基本农田，涉及农用地转用或者土地征收的，必须经国务院批准。禁止通过擅自调整县级土地利用总体规划、乡（镇）土地利用总体规划等方式规避永久基本农田农用地转用或者土地征收的审批。由此可见，任何情况下，农村村民建住宅都不得占用永久基本农田。

3. 农村村民建房除了要符合土地利用总体规划外，还要符合村庄规划。城乡规划法规定，村庄规划包括住宅的用地布局和建设要求。在乡、村庄规划区内建设农村村民住宅，由市、县人民政府城乡规划主管部门核发乡村建设规划许可证。建设单位或者个人在取得乡村建设规划许可证后，方可办理用地审批手续。涉及占用农用地的，应当依照土地管理法有关规定办理农用地转用审批手续后，由城市、县人民政府城乡规划主管部门核发乡村建设规划许可证。根据机构改革职能调整，城乡规划职责已合并至自然资源主管部门，村庄规划也相应由自然资源主管部门编制审批，将来也将纳入国土空间规划统筹。同时，考虑到有的地方编制了村庄规划却没有统筹并合理安排宅基地用地，新法特别规定，编制乡（镇）土地利用总体规划、村庄规划应当统筹并合理安排宅基地用地，改善农村村民居住环境和条件。

4. 将宅基地审批权限由县级人民政府下放至乡镇人民政府。宅基地审批存在两种情况：一种情况是，农村村民住宅建设不涉及占用农用地的。这类宅基地由乡（镇）人民政府负责审核批准。另一种情况是，农村村民住宅建设涉及占用永久基本农田以外的农用地的，由省级人民政府或者授权的设区的市、自治州人民政府批准。宅基地审批制度这么设计，主要是考虑到农民建住宅应以盘活存量为主，确保耕地保护红线和促进节约集约用地。

关于具体的审批要求，2019 年 12 月 12 日，农业农村部和自然资源部联合印发了《关于规范农村宅基地审批管理的通知》，对申请审查程序、审核批准机制、建房全过程管理进行了详细规定，并附具了农村宅基地和建房（规划许可）申请表、农村宅基地使用承诺书、农村宅基地和建房（规划许可）审批表、乡村建设规划许可证、农村宅基地批准书、农村宅基地和建房（规划许可）验收意见表等表格。一是申请审查程序方面，符合宅基地申请条件的农户，以户为单位向所在村民小组提出宅基地和建房（规划许可）书面申请。村民小组收到申请后，应提交村民小组会议讨论，并将申请理由、拟用地位置和面积、拟建房层高和面积等情况在本小组范围内公示。公示无异议或异议不成立的，村民小组将农户申请、村民小组会议记录等材料交村集体经济组织或村民委员会（以下简称村级组织）审查。村级组织重点审查提交的材料是否真实有效、拟用地建房是否符合村庄规划、是否征求了用地建房相邻权利人意见等。审查通过的，由村级组织签署意见，报送乡镇政府。没有分设村民小组或宅基地和建房申请等事项已统一由村级组织办理的，农户直接向村级组织提出申请，经村民代表会议讨论通过并在本集体经济组织范围内公示后，由村级组织签署意见，报送乡镇政府。二是审核批准机制方面，乡镇政府要探索建立一个窗口对外受理、多部门内部联动运行的农村宅基地用地建房联审联办制度，方便农民群众办事。审批工作中，农业农村部门负责审查申请人是否符合申请条件、拟用地是否符合宅基地合理布局要求和面积标准、宅基地和建房（规划许可）申请是否经过村组审核公示等，并综合各有关部门意见提出审批建议。自然资源部门负责审查用地建房是否符合国土空间规划、用途管制要求，其中涉及占用农用地的，应在办理农用地转用审批手续后，核发乡村建设规划许可证；在乡、村庄规划区内使用原有宅基地进行农村村民住宅建设的，可按照本省（自治区、直辖市）有关规定办理规划许可。涉及林业、水利、电力等部门的要及时征求意见。根据各部门联审结果，由乡镇政府对农民宅基地申请进行审批，出具《农村宅基地批准书》，鼓励地方将乡村建设规划许可证由乡镇一并发放，并以适当方式公开。乡镇要建立宅基地用地建房审批管理台账，有关资料归档留存，并及时将审批情况报县级农业农村、自然资源等部门备案。三是建房全过程管理方面，全面落实"三到场"要求。收到宅基地和建房（规划许可）申请后，乡镇政府要及时组织农业农村、自然资源等部门实地审查申请人是否符合条件、拟用地是否符合规划和地类等。经批准用地建房的农户，应当在开工前向乡镇政府或授权的牵头部门申请划定宅基地用地范围，乡镇政府及时组织农业农村、自然资源等部门到现场进行开工查验，实地丈量批放宅基地，确定建房位置。农户建房完工后，乡镇政府组织相关部门进行验收，实地检查农户是否按照批准面积、"四至"等要求使用宅基地，是否按照批准面积和规划要求建设住房，并出具《农村宅基地和建房（规划许可）验收意见表》。通过验收的农户，可以向不动产登记部门申请办理不动产登记。

5. 住宅流转方式由"出卖、出租"变为"出卖、出租、赠与"。关于"出卖"，可以在集体经济组织内部进行，但是必须符合一定的条件：一是转让人与受让人必须是同一集体经济组织内部的成员；二是受让人没有住房和宅基地，且符合宅基地使用权申请分配的条件；三是转让行为须征得本集体经济组织的同意。关于"出租"，农村村民出租住宅的对象并不受集体经济组织成员身份的限制。其中"赠与"是新法基于实践经验和需要新增加的一种方式，其法律效果和"出卖"基本相同。农村村民出卖、出租、赠与住宅后，再申请宅基地的，不予批准。另外，需要说明的一点是，因房产继承等合法原因形成的多处住宅及宅基地，原则上不作处理，农村村民可以通过出卖等方式处理，也可以维护原状，但房屋不得翻建，房屋损坏后，多余的宅基地应当退出。

6. 探索农村宅基地自愿退出和盘活利用闲置宅基地和住宅。关于自愿有偿退出宅基地、盘活利用闲置宅基地和闲置住宅的条件、方式、程序等，地方在宅基地"三权分置"改革试点中进行了多种有益探索，但由于理论研究和实践经验尚不丰富，还没有形成"可复制、能推广、利修法"的经验，新法没有进行详细规定，只作出倡导性的原则性规定。关于宅基地有偿退出，试点中，有的地方规定，集体经济组织成员自愿有偿退出原有宅基地但未承诺放弃宅基地使用权且未获得放弃宅基地使用权补偿的，保留有限宅基地资格权；有的地方规定，对于全部退出宅基地或放弃宅基地申请资格，现全家搬迁到城镇购房居住的，在规定的面积标准内，给予奖励和补偿等。《中共中央、国务院关于建立健全城乡融合发展体制机制和政策体系的意见》（2019 年 4 月 15 日）提出，探索宅基地所有权、资格权、使用权"三权分置"，落实宅基地集体所有权，保障宅基地农户资格权和农民房屋财产权，适度放活宅基地和农民房屋使用权。鼓励农村集体经济组织及其成员盘活利用闲置宅基地和闲置房屋。推动各地制定省内统一的宅基地面积标准，探索对增量宅基地实行集约有奖、对存量宅基地实行退出有偿。

7. 全国农村宅基地改革和管理的主管部门由自然资源主管部门变为农业农村主管部门。本条第 7 款明确由国务院农业农村主管部门负责全国农村宅基地改革和管理有关工作。2019 年 9 月 11 日，中央农村工作领导小组办公室、农业农村部印发了《关于进一步加强农村宅基地管理的通知》规定，农村宅基地管理和改革是党和国家赋予农业农村部门的重要职责，具体承担指导宅基地分配、使用、流转、纠纷仲裁管理和宅基地合理布局、用地标准、违法用地查处，指导闲置宅基地和闲置农房利用等工作。

第六十三条　土地利用总体规划、城乡规划确定为工业、商业等经营性用途，并经依法登记的集体经营性建设用地，土地所有权人可以通过出让、出租等方式交由单位或者个人使用，并应当签订书面合同，载明土地界址、面积、动工期限、使用期限、土地用途、规划条件和双方其他权利义务。

前款规定的集体经营性建设用地出让、出租等，应当经本集体经济组织成员的村民会议三分之二以上成员或者三分之二以上村民代表的同意。

通过出让等方式取得的集体经营性建设用地使用权可以转让、互换、出资、赠与或者抵押，但法律、行政法规另有规定或者土地所有权人、土地使用权人签订的书面合同另有约定的除外。

集体经营性建设用地的出租，集体建设用地使用权的出让及其最高年限、转让、互换、出资、赠与、抵押等，参照同类用途的国有建设用地执行。具体办法由国务院制定。

【释义】　本条是关于集体经营性建设用地入市流转的规定，是本次修法中新增的条款，取代了原法中关于集体土地不得流转的规定。

1. 集体经营性建设用地入市主体。根据本法第 10 条规定，集体土地所有权人分为三种情况：一是农民集体所有的土地依法属于村农民集体所有的，由村集体经济组织或者村民委员会经营、管理；二是分别属于村内两个以上农村集体经济组织的农民集体所有的，由村内各相应农村集体经济组织或者村民小组经营、管理；三是已经属于乡（镇）农民集体所有的，由乡（镇）农村集体经济组织经营、管理。考虑到入市方案制定和实施过程具有一定专业性，在集体经营性建设用地入市过程中，集体经济组织可以自己直接实施，也可以委托其他主体代为实施。

关于集体经营性建设用地使用权人，并未设置准入门槛，单位和个人均可以适用。因此，我国境内外的自然人、法人，除法律、法规另有规定外，均可取得集体经营性建设用地使用权，依法进行土地开发、利用和经营。

2. 集体经营性建设用地入市条件。集体经营性建设用地不是无条件入市，必须符合以下五个条件：一是符合土地利用总体规划和城乡规划等国土空间规划。本法第 4 条规定"国家实行土地用途管制制度"，确定了土地用途管制的总体原则。在这一原则下，本条规定集体经营性建设用地入市地块必须符合土地利用总体规划和城乡规划。二是符合规定的用途。入市的集体经营性建设用地用途十分明确，仅限于工业和商业等经营性用途，不属于前述经营用途以及国家有关规定的，不得入市流转。三是权属清晰。入市的集体经营性建设用地应当属于"经依法登记的"，必须是权属清晰、没有争议、已经办理所有权登记的，避免在流转过程中出现产权纠纷，影响当事人权利的实现。四是经过集体依法决策。集体经营性建设用地入市必须经土地所有权人的集体决策程序，应当经本集体经济组织成员的村民会议 2/3 以上成员或者 2/3 以上村民代表的同意。本法对村民会议或者代表会议召集形式、参与范围和必要到会人数未作单独规定，可以参照村民委员会组织法的有关规定。五是签订流转合同。集体经营性建设用地入市应当签订合同，载明土地界址、面积、动工期限、使用期限、土地用途、规划条件和双方其他权利义务。除前述法定要素外，一般还应当包括能否提前收回以及提前收回的条件及补偿方式、使用期限届满是否续期及地上建筑物、其他附着物所有权处理方式、违约责任等。集体经营性建设用地入市后，对合同执行产生争议的，由交易双方协商处理，协商不成的，依照合同约定申请仲裁或向人民法院提起诉讼。

3. 集体经营性建设用地流转方式。集体经营性建设用地入市流转的方式，即出让或者出租等进入一级市场方式以及转让、互换、出资、赠与等进入二级市场的方式，均应当参照同类用途的国有建设用地执行，并由国务院制定具体办法。通过这一规定，赋予集体经营性建设用地与国有建设用地同等权能，是实现"同地同权同价"的关键。具体来说，集体经营性建设用地在出让环节需要遵守国有建设用地出让相同的要求，主要包括：一是国有建设用地和集体建设用地的供地渠道和价格形成机制应当保持一致；二是出让方式应当保持一致，原则上应当采取"招拍挂"形式进行出让，防止暗箱操作引发腐败，侵犯农民权益；三是出让年限应当一致，参照《城镇国有土地使用权出让和转让暂行条例》关于国有建设用地出让年限的规定执行。集体经营性建设用地出租也应当参照国有建设用地有关规定，包括协议、挂牌等，出租人与承租人签订租赁合同，约定双方权利义务。

4. 本条授权国务院制定集体经营性建设用地入市、流转方面的具体办法，该办法既可以通过修订土地管理法实施条例制定，也可以单独制定，总的原则是在坚持"同地同权"的基础上，对集体经营性建设用地的出让、出租和流转程序进行规定。在该办法制定前，应当参照有关法律、行政法规以及《国务院办公厅关于完善建设用地使用权转让、出租、抵押二级市场的指导意见》（国办发〔2019〕34号）等文件关于国有建设用地的规定执行。

5. 各级人民政府及自然资源主管部门等，应当依据法律法规和有关规定，将集体经营性建设用地纳入城乡统一的建设用地市场，做好服务、管理和保障，不得擅自增加集体经营性建设用地所有权人和使用人的负担，对于出让、流转和使用等环节出现的违法违规问题，要依法及时制止。

第六十四条　集体建设用地的使用者应当严格按照土地利用总体规划、城乡规划确定的用途使用土地。

【释义】　本条是关于使用集体经营性建设用地的规划管控的规定。与本法第4条、第59条、第63条衔接。

1. 集体建设用地是土地的一部分，其使用也必须符合土地用途管制的总体原则，重申了本法第4条第4款"使用土地的单位和个人必须严格按照土地利用总体规划确定的用途使用土地"的要求。

2. 集体土地在出让环节和使用环节，均需要符合规划和用途管制的要求，这是对第 59 条、第 63 条在集体建设用地和集体经营性建设用地出让环节规划管控要求的衔接和延续。

第六十五条 在土地利用总体规划制定前已建的不符合土地利用总体规划确定的用途的建筑物、构筑物，不得重建、扩建。

【释义】 本条是关于对不符合土地利用总体规划的建筑物、构筑物的限制性规定，本次修法未作修改。

1. 土地利用必须符合土地利用总体规划等空间规划用途管制的要求。

2. 实施土地利用总体规划需要尊重历史，处理好公民的财产权，注意保护公民的利益。根据"法不溯及既往"的原则，合法用地行为在先、规划修改制定在后的，不能因为规划确定的新用途管制要求而责令既有土地用途立即改变。但是，重建、扩建行为，必须按照新用途执行。

3. 本条相应的罚则在土地管理法实施条例有具体规定。

第六十六条 有下列情形之一的，农村集体经济组织报经原批准用地的人民政府批准，可以收回土地使用权：

（一）为乡（镇）村公共设施和公益事业建设，需要使用土地的；

（二）不按照批准的用途使用土地的；

（三）因撤销、迁移等原因而停止使用土地的。

依照前款第（一）项规定收回农民集体所有的土地的，对土地使用权人应当给予适当补偿。

收回集体经营性建设用地使用权，依照双方签订的书面合同办理，法律、行政法规另有规定的除外。

【释义】 本条是关于集体建设用地使用权收回的规定，分为三款，前两款是原法对集体建设用地使用权收回作的规定，本次修法予以保留，第 3 款是关于集体经营性建设用地收回的规定，是此次修法新增加的内容。

1. 关于集体建设用地使用权收回。此次修法没有对原收回乡镇企业等使用的集体建设用地的规定进行修改，可以收回的情形仍然包括原法规定的三种情形。第一种情形是主要考虑乡（镇）村公共设施和公益事业是为了农村村民的共同利益而建设的，是社会公共利益的需要，土地使用者的需要应当服从社会公众共同的需要。第二种情形是对违法使用土地的收回，带有惩罚性质。擅自改变土地用途属违法用地，应当收回。第三种情形是因撤销、迁移等原因而停止使用土地后，实际上已形成了闲置或荒芜的土地，需要收回后重新安排使用。因上述原因需要收回乡镇企业等使用的集体建设用地，必须经原批准用地人民政府批准，这是因为收回土地使用权涉及农民和企业的财产权，不能由土地所有权人任意行使，必须经原批准用地人民政府批准。没有原批准机关的，报县、市人民政府批准。考虑到公平原则，第一种情形下，用地人的合法利益让渡于集体经济组织，因此集体经济组织收回土地使用权的，应当根据土地使用权人的损失情况予以补偿。由于上述规定没有修改，乡镇企业使用的集体建设用地，收回仍按此办理，这与集体经营性建设用地的收回，在程序上有所区别。

2. 关于集体经营性建设用地的收回，这是本次修法新增加的内容，可以从三个方面理解这一款规定。其一，集体经营性建设用地使用权是物权的一种，受到法律严格保护，不得随意变更、收回，农村集体经济组织原则上不得按照本条第 1 款的规定收回。其二，建设用地使用权出让是基于民事合同的物权变动行为，其收回的条件应当是合同的重要内容。实践中，国有建设用地使用权出让合同都对收回条件作了规定。集体经营性建设用地使用权的出让合同也应当就收回条件作出规定。根据合同法的规定，双方当事人约定的收回条件，不得与法律法规相悖，也不得违反公序良俗，否则该部分无效。其三，该款在体现合同意思自治的基础上，作出了"法律、行政法规另有规定的除外"的保留性规定，即除发生双方合同约定的土地收回条件外，法律、行政法规强制性规定的条件发生时，所有权人也可以依此收回土地。

第六章　监督检查

第六十七条　县级以上人民政府自然资源主管部门对违反土地管理法律、法规的行为进行监督检查。

县级以上人民政府农业农村主管部门对违反农村宅基地管理法律、法规的行为进行监督检查的，适用本法关于自然资源主管部门监督检查的规定。

土地管理监督检查人员应当熟悉土地管理法律、法规，忠于职守、秉公执法。

【释义】　本条是关于县级以上人民政府自然资源主管部门和农业农村主管部门的监督检查权及土地管理监督检查人员应当具备的条件的规定。

本条第1款和第3款未对原法第66条进行实质性修改，只将原法第1款中的"土地行政"主管部门改为"自然资源"主管部门，实质性修改是增加一款作为第2款，即农业农村主管部门对违反宅基地管理法律、法规的行为进行监督检查适用本法关于自然资源主管部门监督检查的规定。

1. 县级以上人民政府自然资源主管部门对违反土地管理法律、法规的行为进行监督检查。县级以上人民政府自然资源主管部门对违反土地管理法律、法规的行为进行监督检查，是法律赋予的职权。县级以上人民政府自然资源主管部门依法行使职权受法律保护，不受其他行政部门、社会组织和个人的干涉。根据本条规定，县级以上人民政府自然资源主管部门实施本条规定的职权，必须遵循下列原则：

（1）监督检查的主体要合法。根据本条规定，县级以上人民政府自然资源主管部门是土地管理监督检查的主体，包括自然资源部和省（自治区、直辖市）、设区的市、自治州、不设区的市、县级人民政府自然资源主管部门。非县级以上人民政府自然资源主管部门，如乡（镇）人民政府及基层土地管理所，都不是土地管理监督检查主体，不得行使本法赋予县级以上人民政府自然资源主管部门的监督检查权。乡（镇）人民政府及基层土地管理所，发现违反土地管理法律、法规的行为时，应当及时向县级以上人民政府自然资源主管部门报告，由县级以上人民政府自然资源主管部门依法核实并查处。

（2）监督检查的对象要合法。根据本条规定，监督检查的对象必须是县级以上人民政府自然资源主管部门在履行监督管理职责过程中发现的，或者被检举、控告有违反土地管理法律、法规行为的公民、法人和其他组织，各级政府及其有关部门、公务人员和自然资源主管部门自身的违法行为也包括在内。

（3）监督检查的内容要合法。根据本条规定，监督检查的内容必须是土地管理法律、法规规定，要求当事人遵守或者执行的规定，当事人采取作为或者不作为方式违反这些规范的行为。如关于土地登记管理规范，土地调查规范，土地等级评定规范，土地利用总体规划和年度计划编制、审批、执行规范，土地用途管制规范，农用地转用和征收审批规范，征收补偿安置规范，耕地保护规范，土地使用权出让、转让规范等。

（4）监督检查的程序要合法。如土地管理监督检查人员履行监督检查职责时，应当出示统一制发的土地管理监督检查证件，并且不得少于2人。不依法出示土地管理监督检查证件的，被检查单位和个人有权拒绝接受检查。

（5）监督检查采取的措施要合法，即只能采取土地管理法律、法规允许采取的措施，不得采取土地管理法律、法规未允许采取的措施。采取的措施超出土地管理法律、法规的范围，给当事人造成损失的，要依法赔偿；构成犯罪的，要依法追究刑事责任。

由于土地违法情况复杂，经常牵涉一些地方政府、政府部门的违法行为，查处难度较大。为保障土地管理法律、法规的有效实施，县级以上人民政府自然资源主管部门在依法行使监督检查职权的同时：一是要注意调动一切社会监督力量，及时发现和检举违反土地管理法律、法规的行为；二是要加强与公安、司法、监察等机关的联系和配合，加大查处和打击违反土地管理法律、法规行为的力度；三是要主动向有关人民政府和人大机关报告监督检查情况，争取得到有关人民政府和人大机关的支持，使土地管理法律、法规落到实处。

2. 土地管理监督检查人员应当熟悉土地管理法律、法规，忠于职守、秉公执法。这里所说的土地管理监督检查人员，是县级以上人民政府自然资源主管部门依法任命的从事土地管理法律、法规执法监督检查任务的行政执法人员，代表国家对违反土地管理法律、法规的行为进行监督检查，责任重大。根据本条第3款的规定，土地管理监督检查人员应当具备以下两个条件：

（1）熟悉土地管理法律、法规，这是对土地管理监督检查人员应当具备的专业法律知识的要求。本条规定的土地管理法律、法规，不仅包括土地管理法、国务院制定的土地管理法实施条例和地方人大及其常委会制定的土地管理法实施办法，还包括与土地管理有关的法律，如物权法、森林法、草原法、城市房地产管理法、行政处罚法、行政许可法、监察法、刑法等法律，以及有立法权的地方人大及其常委会制定的有关土地管理方面的地方性法规。土地管理监督检查人员不仅要熟知其中的规定，还要了解各规定之间的关系，并能掌握和运用这些规定正确处理监督检查中碰到的法律问题。土地管理监督检查工作专业性强，它有自己的特点和规律，有自成体系的业务工作。土地监督检查的对象也十分广泛，既有国家行政机关，还有单位和个人，作为一名合格的土地管理监督检查人员，只有熟悉土地管理法律、法规，全面提高业务素质，才能在土地管理监督检查工作中依法办事，及时、敏锐地发现土地违法行为，正确地对违法行为予以定性，提出符合法律、法规要求的处理意见，从而胜任土地管理监督检查工作。

（2）忠于职守、秉公执法，这是对土地管理监督检查人员职业道德和执法能力的要求。忠于职守，就是要忠于自己的职业岗位，遵守自己的职业本分。土地管理监督检查人员作为土地执法人员，要十分珍惜国家和人民赋予的职责，忠于自己的职业，热爱自己的本职工作，在土地管理监督检查工作中，要有高度的责任感、使命感和敬业精神。秉公执法，就是要秉持公正之心，严格执行法律。秉公执法的前提是要自己知法、懂法、守法、不违法；另外，就是要在履行监督检查职责过程中，大公无私，坚持原则，不为利所诱，不为情所动，更不为强权和暴力所慑，做到有法必依、执法必严、违法必究，在法律面前人人平等。

3. 农村宅基地管理的监督检查。根据本条第2款的规定，县级以上人民政府农业农村主管部门对违反农村宅基地管理法律、法规的行为进行监督检查的，适用本法关于自然资源主管部门监督检查的规定。这是本次较为实质性的修改，是根据本届政府机构改革方案确定的农业农村主管部门负责全国农村宅基地改革和管理有关工作而新增加的规定。根据本条规定，县级以上人民政府农业农村主管部门是本法规定的对违反农村宅基地管理法律、法规的行为进行监督检查的主体；监督检查的内容是对违反农村宅基地管理法律、法规的行为进行监督检查。乡镇人民政府、基层农经站无权对违反农村宅基地管理法律、法规的行为行使监督检查权，发现有违反农村宅基地管理法律、法规的行为时，应当及时向县级人民政府农业农村主管部门报告，由县级以上人民政府农业农村主管部门核实并查处。

本条规定的"适用本法关于自然资源主管部门监督检查的规定"，是指本法关于自然资源主管部门监督检查的规定，同样适用于农业农村主管部门，但限定在对违反农村宅基地管理法律、法规的行为的监督检查。如农业农村主管部门在履行监督检查职责时，有权采取的措施适用本法对自然资源主管部门的规定；本法对土地管理监督检查人员应当具备的条件的规定同样适用宅基地监督检查人员；农业农村主管部门在履行监督检查职责时，同样应当出示监督检查证件等。

第六十八条 县级以上人民政府自然资源主管部门履行监督检查职责时，有权采取下列措施：

（一）要求被检查的单位或者个人提供有关土地权利的文件和资料，进行查阅或者予以复制；

（二）要求被检查的单位或者个人就有关土地权利的问题作出说明；

（三）进入被检查单位或者个人非法占用的土地现场进行勘测；

（四）责令非法占用土地的单位或者个人停止违反土地管理法律、法规的行为。

【释义】 本条是关于县级以上人民政府自然资源主管部门履行监督检查职责时有权采取的措施的规定。本条未对原法第 67 条进行实质性修改，只将原法中的"土地行政主管部门"改为"自然资源主管部门"。

1. 履行监督检查职责，纠正和查处违反土地管理法律、法规的行为，是法律赋予自然资源主管部门的职权和责任。为了加大对违反土地管理法律、法规行为的查处力度，提高查处工作效率，保证查处工作质量，有效打击违反土地管理法律、法规的行为，需要赋予县级以上人民政府自然资源主管部门必要的监督检查手段。为此，本条规定，县级以上人民政府自然资源主管部门在履行监督检查职责时，有权采取下列措施：

（1）要求被检查的单位或者个人提供有关土地权利的文件和资料，进行查阅或者予以复制。这是保证县级以上人民政府自然资源主管部门依法履行监督检查职责，查清违法事实，获取书证的重要手段。县级以上人民政府自然资源主管部门依法调查、查阅、复制文件和资料时，被检查的单位或者个人必须如实提供，不得拒绝、转移、销毁有关文件和资料，不得提供虚假的文件和资料。这里所说的被检查的单位或者个人是指与县级以上人民政府自然资源主管部门监督检查的事项有关的单位或者个人，包括土地所有权人和使用权人，土地用途转用审批机关及具体经办人，土地征收审批机关及具体经办人，以及其他与监督检查事项有关的单位或者个人。这里所说的有关土地权利的文件和资料，是指与被检查单位或者个人有关的土地权利的文件和资料，包括土地所有权或者使用权证明，土地用途转用批准文件，土地征收批准文件，以及其他与土地权利有关的文件和资料。县级以上人民政府自然资源主管部门依法履行监督检查职责时，不得随意扩大检查范围和调取、查阅、复制文件和资料的范围。县级以上人民政府自然资源主管部门调取有关土地权利的文件和资料时，应当以原始凭证为据，调取原始凭证有困难的，可以复制，但复制件应当注明"经确认与原件无误"的字样，并由出具该文件、资料的单位或者个人签名或者盖章。

（2）要求被检查的单位或者个人就有关土地权利的问题作出说明。这是保证县级以上人民政府自然资源主管部门依法履行监督检查职责，查清违法事实，获取证人证言的重要手段。县级以上人民政府自然资源主管部门行使该询问权时，被检查单位或者个人必须如实说明情况，不得拒绝或者作与事实不符的虚假陈述。这里所说的被检查单位或者个人与前项措施中的规定相同。县级以上人民政府自然资源主管部门履行监督检查职责时，不得随意扩大被询问对象的范围。县级以上人民政府自然资源主管部门行使询问权时，应当按照法定程序进行。询问时，土地管理监督检查人员一般不得少于2人；询问证人应当个别进行，并告之被询问对象作虚假陈述应承担的法律后果。询问应当制作笔录，并经被询问人核对无误。询问人与被询问人都应当在询问笔录上签名或者盖章。被询问人拒绝签名、盖章的，应当在询问笔录上注明。

（3）进入被检查单位或者个人非法占用的土地现场进行勘测。这是保证县级以上人民政府自然资源主管部门依法履行监督检查职责，直接获取非法占用土地的勘测资料的重要手段。县级以上人民政府自然资源主管部门行使勘测权时，被检查的单位或者个人应当配合并提供便利条件，不得拒绝或者阻挠。县级以上人民政府自然资源主管部门行使勘测权时，应当按照法定程序进行。必要时，可以指派或者聘请有勘测专门知识的技术人员，在县级以上人民政府自然资源主管部门主持下进行勘测。勘测结果应当制作勘测报告，由参加勘测的人员在勘测报告上签名或者盖章。

（4）责令非法占用土地的单位或者个人停止违反土地管理法律、法规的行为。这是保证县级以上人民政府自然资源主管部门有效实施监督检查权的重要手段，也是及时阻止违法行为，保证土地所有权人、使用权人及承包经营权人合法权益的有力措施。这里所说的非法占用土地，主要是指违反土地管理法律、法规的规定，未经合法批准占用土地的行为。非法占用土地严重破坏国家土地管理秩序，侵犯土地所有权人、使用权人及承包经营权人的合法权益，必须严厉查处。在查处过程中，为了尽可能减少被非法占用土地的单位或者个人的损失，由县级以上人民政府自然资源主管部门责令非法占用土地的单位或者个人停止违反土地管理法律、法规的行为，是非常必要的。县级以上人民政府自然资源主管部门在作出责令停止违反土地管理法律、法规行为的决定时，要确实掌握被责令的单位或者个人非法占用土地的事实。

2. 本条赋予县级以上人民政府自然资源主管部门必要的监督检查手段，目的是保证自然资源主管部门及其土地管理监督检查人员对于土地违法行为监督检查工作的顺利进行，及时查清土地违法行为，避免土地权利人的权益遭受更大的损失，使土地违法行为得到及时纠正，使土地违法行为人得到应有的处理。为此，被检查的单位或者个人必须支持与配合自然资源主管部门和土地管理监督检查人员的工作，为其提供工作方便，不得拒绝与阻碍。本条规定的四项措施被检查的单位或者个人必须遵守。县级以上人民政府自然资源主管部门依法履行监督检查职责时，可以根据需要采取这些措施。县级以上人民政府自然资源主管部门及其土地管理监督检查人员，可以采用本条规定的其中一项监督检查措施，也可以同时采用。但是，县级以上人民政府自然资源主管部门及其土地管理监督检查人员，行使本条规定的监督检查权时，必须符合法律规定，不得随意扩大适用范围，不得超越法律赋予的权限采用其他法律未允许采用的措施。

第六十九条　土地管理监督检查人员履行职责，需要进入现场进行勘测、要求有关单位或者个人提供文件、资料和作出说明的，应当出示土地管理监督检查证件。

【释义】　本条是关于土地管理监督检查人员履行职责应当出示土地管理监督检查证件的规定。本条未对原法第 68 条进行实质性修改，只将原法中的"土地行政主管部门"改为"自然资源主管部门"。

为了规范国土资源执法监督行为，依法履行国土资源执法监督职责，切实保护国土资源，维护公民、法人和其他组织的合法权益，原国土资源部于 2017 年年底发布了《国土资源执法监督规定》（国土资源部令第 79 号），对国土资源执法证件作出了明确规定。本条规定的土地管理监督检查证件，目前就是指国土资源执法证件。

1. 土地管理监督检查人员是县级以上人民政府自然资源主管部门依法任命的，代表国家对违反土地管理法律、法规的行为进行监督检查的行政执法人员；土地管理监督检查人员依法履行职责属于执行公务，受法律保护。土地管理监督检查人员依法履行职责时，与管理相对人的关系，是管理者与被管理者之间的行政管理关系，而不是平等的民事主体之间的关系。因此，出于对管理相对人合法权益的保护，土地管理监督检查人员履行职责，需要进入现场进行勘测、要求有关单位或者个人提供文件、资料和作出说明的，应当出示国土资源执法证件。不出示国土资源执法证件的，被检查单位或者个人有权拒绝接受检查，有权拒绝进行勘测、提供有关文件、资料和作出说明。

2. 根据本条规定，在以下三种情况下，土地管理监督检查人员在履行监督检查职责时应当出示国土资源执法证件：

（1）需要进入现场进行勘测。土地管理监督检查人员为了调查土地违法行为的程度、规模、性质、范围等，需要进入被检查单位或者个人非法占用的土地现场进行勘测。在这种情况下，土地管理监督检查人员应当出示国土资源执法证件。

（2）要求有关单位或者个人提供文件、资料。土地管理监督检查人员在履行监督检查职权时，要求被检查单位或者个人提供有关土地权利的文件、资料及其他有关资料，以进行查阅或者复制。在这种情况下，土地管理监督检查人员应当出示国土资源执法证件。

（3）要求有关单位或者个人作出说明。土地管理监督检查人员履行监督检查职责时，要求被检查单位或者个人就有关土地权利的问题作出说明。在这种情况下，土地管理监督检查人员应当出示国土资源执法证件。

3. 国土资源执法证件是自然资源主管部门依法统一制发的，证明土地管理监督检查人员身份和资格的证书，是国家行政权力的一种象征。佩戴国土资源执法证件的人可以代表国家对违反土地管理法律、法规的行为进行监督检查，可以要求被检查的单位和个人提供有关土地权利的文件和资料进行查阅或者复制；可以要求被检查的单位或者个人就有关土地权利的问题作出说明；可以进入被检查单位或者个人非法占用的土地现场进行勘测；可以责令非法占用土地的单位或者个人停止违反土地管理法律、法规的行为。为了防止国家权力被滥用，土地管理监督检查人员履行监督检查职责，需要进入现场进行勘测、要求有关单位或者个人提供有关文件、资料和作出说明的，应当出示国土资源执法证件。

4. 国土资源执法证件，不是任何人都可以佩戴的，只有依法经过严格培训、严格考核，符合法定任职条件的，方可取得国土资源执法证件。未经执法资格考试合格，不得授予执法资格，不得从事执法活动。根据《国土资源执法监督规定》，自然资源部负责省级以上自然资源主管部门执法证件的颁发工作。省级自然资源主管部门负责市、县自然资源主管部门执法证件的颁发工作。国土资源执法证件的样式，由自然资源部规定。单位名称、执法人员信息等发生变化的，应当申领新的执法证件。遗失执法证件的，应当及时向所在自然资源主管部门书面报告，有关自然资源主管部门在门户网站声明作废后，核发新的执法证件。省级自然资源主管部门应当在每年1月底前，通过自然资源执法综合监管平台将上年度执法人员基本信息、培训、发证以及变更、注销、撤销等情况报自然资源部备案。自然资源部和省级自然资源主管部门应当结合备案情况定期审验相关信息。

5. 要求土地管理监督检查人员履行职责时，出示国土资源执法证件，对土地管理监督检查人员依法行政、公正执法，也是一种鞭策和监督。土地管理监督检查人员要珍惜手中的权力，正确运用手中的权力。县级以上人民政府自然资源主管部门要加强对土地管理监督检查人员的监督和管理，要教育土地管理监督检查人员持证上岗，依法行政。要加强对国土资源执法证件的管理。执法人员不得超越法定职权使用执法证件，不得将执法证件用于国土资源执法监督以外的活动。国土资源执法证件只限本人依法使用，不得涂改或者转借。因调离、辞职、退休或者其他情形不再履行国土资源执法监督职责的，有关自然资源主管部门应当收回其执法证件，由发证机关予以注销。国土资源执法人员依法履行执法监督职责时，应当主动出示执法证件，并且不得少于 2 人。

第七十条　有关单位和个人对县级以上人民政府自然资源主管部门就土地违法行为进行的监督检查应当支持与配合，并提供工作方便，不得拒绝与阻碍土地管理监督检查人员依法执行职务。

【释义】　本条是关于土地管理监督检查人员在依法执行职务时，有关单位和个人应当支持配合，不得拒绝与阻碍的规定。本条未对原法第 69 条进行实质性修改，只将原法中的"土地行政主管部门"改为"自然资源主管部门"。

1. 有关单位和个人对土地监督检查行为应当支持与配合。（1）县级以上人民政府自然资源主管部门对违反土地管理法律、法规的行为进行监督检查，是法律赋予县级以上人民政府自然资源主管部门的职权，是代表国家行使法律赋予的土地管理监督检查职能。县级以上人民政府自然资源主管部门依法行使监督检查权，查处违反土地管理法律、法规的行为，维护的是国家土地管理秩序，保护的是土地所有权人和使用权人的合法权益。国家法律保障土地管理监督检查人员依法执行职务，有关单位和个人应当支持与配合，并提供工作方便，不得拒绝与阻碍。（2）县级以上人民政府自然资源主管部门对违反土地管理法律、法规的行为进行监督检查，依法查处违反土地管理法律、法规的行为，有可能会遇到违法行为人的抵制，特别是当违法行为涉及地方政府、政府部门或有关领导人员时，其违法行为常被罩上一层"合法外衣"，还可能有利害关系人的包庇、纵容等，往往使监督检查工作受阻，从而加大查处违法行为难度。因此,本条规定有关单位和个人应当支持与配合,并提供工作方便,这是对有关单位和个人所作的义务性规定,即有关单位和个人有义务支持与配合,并提供工作方便,为自然资源主管部门维护国家的土地资源管理秩序从权利义务方面提供了保障。(3)土地管理涉及方方面面、各行各业,单靠县级以上人民政府自然资源主管部门对违反土地管理法律、法规的行为进行监督检查是不够的,为了保障土地管理法律、法规的有效实施,加大对违法行为的查处力度,有关单位和个人对县级以上人民政府自然资源主管部门就土地违法行为进行监督检查应当支持与配合,并提供工作方便。

本条所讲的支持可以是政策上的支持、道义上的支持、舆论上的支持,也可以是人力、物力、财力上的支持。本条所讲的配合主要是指工作上的配合和执行上的配合,如检举、控告、提供查处线索、联合办案、协助执行等。本条所讲的提供工作方便,主要是指被检查的单位或者个人应当为土地管理监督检查人员依法执行职务,如查阅或者复制有关的文件和资料、询问当事人等提供便利条件。有关单位和个人可以根据自身的条件和可能,对县级以上人民政府自然资源主管部门就土地违法行为进行监督检查给予支持和配合,并提供工作方便。

2. 被检查的单位和个人不得拒绝与阻碍土地管理监督检查人员依法执行职务。本条规定的有关单位和个人,包括各级人民政府、政府部门、司法机关、社会团体、企事业单位和任何人。只要有违反土地管理法律、法规的,就必须依法接受县级以上人民政府自然资源主管部门的监督检查,不得拒绝与阻碍土地管理监督检查人员依法执行职务。土地管理监督检查人员依法履行监督检查职责,需要查阅或者复制有关文件或资料时,被检查单位或者个人必须提供;需要了解土地占用情况时,被检查单位或者个人必须就有关情况作出说明;需要进行现场勘测时,被检查单位或者个人必须为土地管理监督检查人员进入非法占用的土地现场进行勘测提供工作方便;当自然资源主管部门责令停止违反土地管理法律、法规的行为时,被检查单位或者个人必须服从自然资源主管部门的决定,停止违反土地管理法律、法规的行为。对于土地管理监督检查人员的以上要求,被检查单位或者个人不得以任何借口予以拒绝或者阻碍。拒绝或者阻碍土地管理监督检查人员依法执行职务,构成犯罪的,依法追究刑事责任;尚不构成犯罪的,由公安机关依法给予处罚。

3. 县级以上人民政府自然资源主管部门应当严格依法行政。土地管理涉及的问题较复杂,范围很广,领域很宽,但是,就土地管理的复杂性及监督检查的艰巨性来讲并非人人皆知。县级以上人民政府自然资源主管部门仅靠自己的力量要做到土地管理法律、法规的全面有效实施是很困难的。县级以上人民政府自然资源主管部门一方面要严格依法行政,做到有法必依,执法必严,违法必究,不徇私情,秉公执法。另一方面要主动向有关领导机关如各级政府、人大及其常委会汇报土地监督检查工作,争取有关领导机关的支持。经常向公安、司法、监察等机关通报监督检查情况,加强工作联系与配合,争取公安、司法、监察等机关的支持。同时就查处土地违法行为的情况适时向社会公布,争取社会舆论的支持,将违反土地管理法律、法规的行为置于全社会监督之下。

第七十一条 县级以上人民政府自然资源主管部门在监督检查工作中发现国家工作人员的违法行为,依法应当给予处分的,应当依法予以处理;自己无权处理的,应当依法移送监察机关或者有关机关处理。

【释义】 本条是对国家工作人员的土地违法行为,依法应当如何给予处分的规定。这次修法:一是将本条中的"行政处分"统一修改为"处分",二是将"自己无权处理的应当向同级或者上级人民政府的行政监察机关提出行政处分建议书,有关行政监察机关应当依法予以处理"修改为"自己无权处理的,应当依法移送监察机关或者有关机关处理"。

1. 国家工作人员的范围。依据我国刑法的规定,国家工作人员,是指国家机关中从事公务的人员。国有公司、企业、事业单位、人民团体中从事公务的人员和国家机关、国有公司、企业、事业单位委派到非国有公司、企业、事业单位、社会团体从事公务的人员,以及其他依照法律从事公务的人员,以国家工作人员论。法律规定的国家工作人员的范围,任何单位和个人都不得随意扩大或者随意缩小。

2. 依法应当给予处分的违法行为。县级以上人民政府自然资源主管部门在监督检查工作中发现的国家工作人员的违法行为,依法应当给予处分的情况有以下两种:

(1) 直接违反土地管理法律、法规的行为。根据本法第74条、第75条、

第78条、第80条、第81条、第85条的规定，有下列违法行为之一尚不构成犯罪的，对其直接负责的主管人员和其他直接责任人员，应当给予处分：第一，买卖或者以其他形式非法转让土地的；第二，未经批准或者采取欺骗手段骗取批准，非法占用土地的；第三，超过批准的数量占用土地的；第四，无权批准征收、使用土地的单位或者个人非法批准占用土地的；第五，超越批准权限非法批准占用土地的；第六，不按照土地利用总体规划确定的用途批准用地的；第七，违反法律规定的程序批准占用、征收土地的；第八，侵占、挪用被征收土地单位的征地补偿费用和其他有关费用的；第九，自然资源主管部门及其工作人员玩忽职守、滥用职权、徇私舞弊的。

（2）以土地问题为起因引发的违反其他法律、法规的行为。如利用职权在审批土地或者办理土地权属登记等工作中索贿、受贿，尚不构成犯罪的等。这些违法行为虽未直接违反土地管理法律、法规，但是违反了公务员法等法律、法规的规定。

3. 处分和处分决定机关。处分是国家机关根据法律或者法规对因违纪违法应当承担纪律责任的公职人员给予的一种制裁。在国家监察体制改革以前，由任免机关和原行政监察部门依据公务员法、行政机关公务员处分条例和行政监察法的规定，依据管理权限作出。国家监察体制改革后，根据监察法、新修订的公务员法和公职人员政务处分暂行规定，公务员因违纪违法应当承担纪律责任的，依照公务员法给予处分或者政务处分。任免机关、单位可以以履行主体责任，依照公务员法等规定，对公职人员给予处分。所以，国家监察体制改革后，处分分为一般处分和政务处分两类。本法中的"处分"应为广义上的处分，包括一般处分和政务处分。虽然两种处分都包括警告、记过、记大过、撤职和开除五种，但两者却属于两种不同类型的处分：一是从作出主体看，前者由违法人员所在单位或任免机关作出，后者由监察机关作出；二是从法律依据和程序看，前者依照公务员法、行政机关公务员处分条例等法律法规规定的程序作出，后者依照公务员法、监察法、公职人员政务处分暂行规定等法律法规规定的程序作出；三是两种处分不重复适用，即以相关处分决定是否已经作出为标准择一适用，对同一公职人员的同一违法行为，监察机关已经给予政务处分的任免机关、单位不再给予处分；反之亦然。本条为衔接性规定，县级以上自然资源主管部门在监督检查中发现国家工作人员的违法行为，依法应当给予处分的，应根据有关法律法规的规定分别作出处理：违法的工作人员为本单位或者由其任免的工作人员的，可依照公务员法和行政机关公务员处分条例的有关规定作出处分；违法的工作人员为其他单位的工作人员的，应依照有关法律法规的规定移送监察机关或者其他有关机关处理。具体应当给予哪一种处分，由有权作出处分决定的机关根据违法性质、情节及认错表现决定。

第七十二条　县级以上人民政府自然资源主管部门在监督检查工作中发现土地违法行为构成犯罪的，应当将案件移送有关机关，依法追究刑事责任；尚不构成犯罪的，应当依法给予行政处罚。

【释义】　本条是对土地违法行为应当分别移送司法机关给予刑事处罚或者依法给予行政处罚的规定。

1. 行政处罚与刑事处罚的共性与区别。行政处罚，行政主体依照法定职权和程序对违反行政法规范尚未构成犯罪的行政相对人给予行政制裁的具体行政行为。刑事处罚，是指司法机关对违反国家刑事法律的犯罪行为人，依法给予的刑事制裁。行政处罚与刑事处罚是我国法律责任制度的重要组成部分，二者之间有共性，也有区别。行政处罚与刑事处罚的共同点主要在于实施处罚的主体都是国家权力的代表者，代表国家对违法行为实施处罚；处罚所遵循的原则相同，包括"过罚相当"、"惩罚与教育相结合"、"公平、公正"和"法律面前人人平等"。二者的主要区别是：

（1）处罚的执行机关不同。在我国，行政处罚属于行政权范畴，由行政机关执行；刑事处罚属于司法权范畴，由人民法院、司法行政机关等执行。

（2）处罚的适用对象不同。行政处罚的适用对象是违反法律、法规，依法应当承担行政法律责任的非罪行为；刑事处罚的适用对象是违反法律、法规，依法应当承担刑事法律责任的犯罪行为。

（3）处罚的依据不同，行政处罚依据有关法律、行政法规、地方性法规的规定执行；刑事处罚依据全国人大及其常委会通过的刑法（包括刑法修正案）和刑法有关规定的解释。任何行政法规、地方性法规都无权规定刑罚。

（4）处罚的种类不同。依据我国刑法规定，刑事处罚由主刑和附加刑两部分构成。主刑有：管制、拘役、有期徒刑、无期徒刑和死刑。附加刑有：

罚金、剥夺政治权利和没收财产。附加刑可以单独适用。对犯罪的外国人可以独立适用或者附加适用驱逐出境。刑事处罚包括了人身罚和财产罚，但主体是人身罚。依据我国行政处罚法的规定，行政处罚包括：警告、罚款、责令停产停业、暂扣或者吊销许可证、暂扣或者吊销执照、没收非法财物、没收违法所得、行政拘留等。从处罚的种类上说，行政处罚包括了人身罚、财产罚、申诫罚和行为罚，但人身罚只是其中一小部分，并且较之刑事处罚中的人身罚要轻得多。

（5）处罚惩戒的侧重点不同。行政处罚是对违反国家土地管理制度的违法行为人应承担的行政法律责任，依法给予的行政制裁。其惩戒的侧重点在于纠正违法行为，处罚只是教育的一种方式，只要达到了纠正违法行为的目的，处罚的任务就完成了。刑事处罚是对违反国家刑事法律的犯罪行为人应承担的刑事法律责任，依法给予的刑事制裁。其惩戒的侧重点在于严厉打击严重危害社会的刑事犯罪。对犯罪行为不仅要予以制止和纠正，而且要使犯罪分子依法得到应有的制裁。

行政处罚与刑事处罚的共性，要求行政机关与司法机关相互支持，加强工作联系与配合。行政处罚与刑事处罚的区别，要求行政机关与司法机关忠于职守，严格依法办案。

2. 依法应当移送司法机关处理的土地违法案件。县级以上人民政府自然资源主管部门在监督检查中发现土地违法行为构成犯罪的，应当移送司法机关，依法追究刑事责任。土地违法行为是否构成犯罪取决于：一是行为人是否具有权利能力和行为能力；二是行为人在主观上是否有犯罪的故意；三是行为人是否实施了违反土地管理法律、法规的行为；四是行为人的违法行为是否侵犯了国家的土地管理制度，并且在情节和对社会造成的危害后果上达到了刑法规定的定罪标准。根据本法第74条、第75条、第77条、第79条、第80条、第84条的规定，有下列违法行为之一，构成犯罪的，应当将案件移送司法机关，依法追究刑事责任：（1）买卖或者以其他形式非法转让土地的；（2）非法占用耕地建窑、建坟或者擅自在耕地上建房、挖砂、采石、采矿、取土等，破坏种植条件的；（3）因开发土地造成土地荒漠化、盐渍化的；（4）未经批准或者采取欺骗手段骗取批准，非法占用土地的；（5）超过批准的数量占用土地的；（6）无权批准征收、使用土地的单位或者个人非法批准占用土地的；（7）超越批准权限非法批准占用土地的；（8）不按照土地利用总体规划确定的用途批准用地的；（9）违反法律规定的程序批准占用、征收土地的；（10）侵占、挪用被征收土地单位的征地补偿费用和其他有关费用的；（11）自然资源主管部门的工作人员玩忽职守、滥用职权、徇私舞弊的。

3. 上述违法行为经查，不构成犯罪的，由县级以上人民政府自然资源主管部门依法给予行政处罚。主要的处罚有：（1）罚款；（2）没收违法所得；（3）没收在非法转让或者占用的土地上新建的建筑物和其他设施；（4）责令限期改正或者治理；（5）责令缴纳复垦费；（6）责令退还或者交还非法占用的土地；（7）责令限期拆除在非法占用的土地上新建的建筑物和其他设施等。

4. 县级以上人民政府自然资源主管部门就土地违法行为进行监督检查，不得以罚代刑。所谓以罚代刑，是指依法应当移送司法机关处理的案件，不依法移送司法机关处理，以罚款代之。即用行政处罚代替刑事处罚。出现以罚代刑有两种情况：一是由于行政违法行为在构成要件上与刑事犯罪有相似之处，有的只是造成的危害程度不同，使一些业务素质较低的行政执法人员在执法过程中，不能准确把握罪与非罪的界限，出现以罚代刑。二是有的行政执法机关出于本部门利益考虑，对依法应当移送司法机关处理的案件不移送，以罚款代之。

以罚代刑危害严重，不仅给犯罪分子逃避刑事制裁提供了方便，同时使法律的正确实施及威严大打折扣，更增添了社会的不安定因素。因此，必须对以罚代刑加以纠正和制止。根据我国法律制度，行政案件与刑事案件的管辖机关是不同的。应受行政处罚的行政违法案件，由行政机关管辖；应受刑事处罚的刑事案件，由司法机关管辖。我国行政处罚法规定，违法行为构成犯罪的，行政机关必须将案件移送司法机关，依法追究刑事责任，不得用行政处罚代替刑事处罚。县级以上人民政府自然资源主管部门就土地违法行为进行监督检查时，发现违法行为构成犯罪的，应当依法将该案件移送司法机关处理，不得以罚代刑。对依法应当移送司法机关追究刑事责任而不移送，情节严重，构成犯罪的，也要依法追究刑事责任。

第七十三条 依照本法规定应当给予行政处罚，而有关自然资源主管部门不给予行政处罚的，上级人民政府自然资源主管部门有权责令有关自然资源主管部门作出行政处罚决定或者直接给予行政处罚，并给予有关自然资源主管部门的负责人处分。

【释义】 本条是对有关自然资源主管部门不履行法定职责的处置办法的规定。这次修改主要是将"土地行政主管部门"改为"自然资源主管部门"，同时将"行政处分"改为了"处分"。

1. 依法查处土地违法行为是县级以上人民政府自然资源主管部门的职责。根据本法第 67 条规定，县级以上人民政府自然资源主管部门对违反土地管理法律、法规的行为进行监督检查。土地管理监督检查人员应当熟悉土地管理法律、法规，忠于职守、秉公执法。另根据本法第 7 章 "法律责任"第74 条—第 79 条，第 82 条和第 83 条的规定，有下列土地违法行为之一，尚不构成犯罪的，由县级以上人民政府自然资源主管部门，依法给予行政处罚：（1）买卖或者以其他形式非法转让土地的；（2）非法占用耕地建窑、建坟或者擅自在耕地上建房、挖砂、采石、采矿、取土等，破坏种植条件的；（3）因开发土地造成土地荒漠化、盐渍化的；（4）违反本法规定，拒不履行土地复垦义务的；（5）未经批准或者采取欺骗手段骗取批准，非法占用土地的；（6）超过批准的数量或者规定的标准占用土地的；（7）无权批准征收、使用土地的单位或者个人非法批准占用土地的；（8）超越批准权限非法批准占用土地的；（9）不按照土地利用总体规划确定的用途批准用地的；（10）违反法律规定的程序批准占用、征收土地的；（11）依法收回国有土地使用权当事人拒不交出土地的；（12）临时使用土地期满拒不归还的；（13）不按批准的用途使用国有土地的；（14）擅自将农民集体所有的土地的使用权出让、转让或者出租用于非农业建设的；（15）不依法办理土地变更登记的。

2. 有关自然资源主管部门不履行法定职责应当依法受到追究。有关自然资源主管部门不履行法定职责，是指依照土地管理法律、法规的规定，应当给予行政处罚，而有关自然资源主管部门不给予行政处罚的事实。这里讲的依法应当给予行政处罚，而有关自然资源主管部门不给予行政处罚，是指在违法事实清楚、案件管辖明确的前提下，有处罚权的自然资源主管部门对依法应当给予行政处罚的行为，不给予行政处罚的做法。有关自然资源主管部门不依法行使行政处罚权的危害很大：一是放纵违法行为人继续违法，破坏国家土地管理秩序；二是使受害人的合法权益得不到法律保护并继续遭受损害；三是严重败坏行政执法机关形象和法律的尊严。对有关自然资源主管部门的这种渎职枉法行为，人民不允许、国家不允许、法律也不允许，必然要依法追究。

3. 对有关自然资源主管部门不履行法定职责的处置。为了捍卫法律的尊严，维护国家土地管理秩序，依法查处土地违法行为，有效保护土地所有权人、使用权人及承包经营人的合法权益，本条对有关自然资源主管部门不履行法定职责的行为，规定了三项处置办法：

（1）对依法应当给予行政处罚，而有关自然资源主管部门不给予行政处罚的土地违法事项，由上级人民政府行政主管部门责令有关自然资源主管部门作出行政处罚决定。有关自然资源主管部门应当依法作出行政处罚决定。

（2）上级人民政府自然资源主管部门对依法应当给予行政处罚，而有关自然资源主管部门不给予行政处罚的土地违法行为，认为有必要自行处理的，可以直接给予行政处罚，及时制止违法行为继续发生。

（3）对依法应当给予行政处罚，而有关自然资源主管部门不给予行政处罚的，由上级人民政府自然资源主管部门，对该自然资源主管部门的负责人，依其应负的责任，给予警告、记过、记大过、降级、降职、撤职、开除留用察看或者开除的行政处分。

4. 本条规定的宗旨在于加强和完善自然资源主管部门系统内部的监督制约机制，增强执法人员的法制观念，防止和纠正有关自然资源主管部门和有关土地管理监督检查人员可能发生的不法行为，保障土地管理法律、法规得到全面、正确和有效的实施。有关自然资源主管部门应当依法履行自己的职责，上级人民政府自然资源主管部门应当加强对有关自然资源主管部门的执法监督。

第七章　法律责任

第七十四条　买卖或者以其他形式非法转让土地的，由县级以上人民政府自然资源主管部门没收违法所得；对违反土地利用总体规划擅自将农用地改为建设用地的，限期拆除在非法转让的土地上新建的建筑物和其他设施，恢复土地原状，对符合土地利用总体规划的，没收在非法转让的土地上新建的建筑物和其他设施；可以并处罚款；对直接负责的主管人员和其他直接责任人员，依法给予处分；构成犯罪的，依法追究刑事责任。

【释义】　本条是对买卖和以其他形式非法转让土地行为的处罚规定。

1. 本条规定的买卖或者以其他形式非法转让土地的违法行为，依据其非法转让的土地权利内容的不同，概括起来，主要表现为以下三种情况：

（1）买卖、非法转让国有土地、农民集体所有土地所有权的行为。根据我国宪法和本法第 2 条的规定，国家实行土地的社会主义公有制，即全民所有制和劳动群众集体所有制；除土地使用权可以依法转让以外，任何单位和个人不得侵占、买卖或者以其他形式非法转让土地。根据本法第 2 章关于土地的所有权和使用权的规定，我国的土地所有权依法由国家或农民集体所有。因此，任何单位或者个人，只能依法取得土地的使用权，而不得对其使用的土地进行买卖或者以其他形式转让土地所有权。

（2）非法转让国有土地使用权的行为。城市房地产管理法对国有土地使用权的转让作出了具体的规定。转让土地使用权，是指土地使用者将土地使用权再转移的行为，包括出售、交换和赠与等。为了维护土地市场秩序和国家利益，城市房地产管理法、城镇国有土地使用权出让和转让暂行条例等法律、法规规定，以下情况土地使用权不得转让，违法转让的，即构成本法规定的非法转让土地使用权的行为。具体讲，以出让方式取得的土地使用权不得转让的情况包括：第一，未按照出让合同的约定支付全部土地使用权出让金，并取得土地使用权证书的；第二，司法机关和行政机关依法裁定、决定查封或者以其他形式限制房地产权利的；第三，依法收回土地使用权的；第四，共有房地产，未经其他共有人书面同意的；第五，未按照土地使用权出让合同规定的期限和条件投资开发、利用土地的；第六，土地权属有争议的；第七，未依法登记，领取权属证书的；第八，有关法律、行政法规规定的禁止转让的其他情形。以划拨方式取得的土地使用权不得转让的情况包括：第一，转让房地产时，未按照国务院的规定报有批准权的人民政府批准的；第二，有批准权的人民政府根据国务院的规定，决定可以不办理土地使用权出让手续，但转让方未按照国务院规定将转让房地产所获得的收益中的土地收益上缴国家或者作其他处理的。

（3）非法转让农民集体所有土地使用权的行为，系指违反本法第 63 条的规定，转让农民集体所有土地的使用权用于非农业建设的行为。

2. 对本条规定的违法行为的处罚措施，主要有以下几种：

（1）对违法行为人处以没收其违法所得的处罚。这里的违法所得，是指买卖或者非法转让土地时所获得的全部价款。但不包括土地本身，即不包含没收土地。根据本条规定，没收违法所得的处罚决定，由县级以上人民政府自然资源主管部门作出。该处罚的相对人，是在买卖或者非法转让土地的活动中，取得违法所得的当事人。对没有违法所得的，不适用该处罚措施。

（2）对违反土地利用总体规划擅自将农用地改为建设用地的，限期拆除在非法转让的土地上新建的建筑物和其他设施，恢复土地原状，对符合土地利用总体规划的，没收在非法转让的土地上新建的建筑物和其他设施。这是对在非法取得的土地上新建建筑物行为的处罚规定。这项处罚措施是针对非法转让的土地的受让方作出的，取得非法转让的土地，往往是从事某项建设活动，其建设活动根据本条的规定是违法的，但对其在非法转让的土地上新建设的建筑物或者其他设施，应当根据有关土地利用总体规划的要求，分情况处理：第一，对于违反土地利用总体规划新建的建筑物和其他设施，应当予以拆除。由有关自然资源主管部门对其作出限期拆除、恢复土地原状的处罚决定，即确定一定的期限，要求违法者在规定的期限内拆除违法建筑物和其他设施，并保证在该期限内将占用的土地恢复原状。要求违法者拆除违法建筑的目的，是要将违法占用的土地恢复到被占用前的状态。第二，符合土地利用总体规划要求的，可以不拆除，由自然资源主管部门予以没收。

（3）罚款。根据本条的规定，自然资源主管部门在对非法转让土地的双方当事人分别作出前述处罚决定的同时，可以作出并处罚款的决定。是否并处罚款，由自然资源主管部门根据具体案件的情节决定。例如，非法转让土地的行为没有违法所得时，为了达到对违法者的教育、惩戒作用，可以决定给予其罚款的处罚。或者当违法行为具体情节较为严重等，也可以作出并处罚款的决定。

（4）处分。此项处罚，是针对违法者为单位的情况作出的规定。对单位违法，在依据本条规定作出有关行政处罚的同时，还应当对该单位直接负责的主管人员和其他直接责任人员由其所在单位或者任免机关，或者监察机关依法给予处分。

（5）刑事处罚。本条规定，买卖或者以其他形式非法转让土地，构成犯罪的，应当依法追究刑事责任。根据我国刑法第 228 条规定，以牟利为目的，违反土地管理法规，非法转让、倒卖土地使用权，情节严重的，构成犯罪。根据这一规定，非法转让土地的违法行为构成犯罪，必须符合以下条件：

第一，主观方面是出于故意，并以牟利为目的，即以获取经济上的利益为目的。

第二，犯罪主体既可以是企业、事业单位，也可以是个人。

第三，客观上必须是实施了倒卖、非法转让土地使用权的行为。对于买卖、非法转让土地所有权的，刑法并未作出明确规定，由于使用权基于所有权而产生，从非法转让土地的实质上看，非法转让土地所有权，其使用权也随之转移，也应当构成本罪。

第四，行为的危害后果情节严重。根据刑法的有关规定，情节显著轻微的，不构成犯罪。所谓"情节严重的"，主要是指非法转让、倒卖土地面积、数量大；非法转让的所得巨大或者因非法转让使土地，尤其是耕地受到严重破坏，造成其他恶劣影响的等。根据刑法第 228 条的规定，对犯罪视情节分两档适用具体的刑罚：一是情节严重的，处 3 年以下有期徒刑或者拘役，并处或者单处非法转让、倒卖土地使用权价额 5% 以上 20% 以下罚金。罚金的数额，以非法转让土地使用权的价额为计算依据。二是情节特别严重的，处 3 年以上 7 年以下有期徒刑，并处非法转让、倒卖土地使用权价额 5% 以上 20% 以下罚金。单位犯罪的，单位判处罚金，并对单位的直接负责的主管人员和其他直接责任人员判处该条规定的刑罚。

第七十五条 违反本法规定，占用耕地建窑、建坟或者擅自在耕地上建房、挖砂、采石、采矿、取土等，破坏种植条件的，或者因开发土地造成土地荒漠化、盐渍化的，由县级以上人民政府自然资源主管部门、农业农村主管部门等按照职责责令限期改正或者治理，可以并处罚款；构成犯罪的，依法追究刑事责任。

【释义】 本条是关于破坏耕地种植条件或者造成土地荒漠化、盐渍化的法律责任的规定。

本条是在原法第74条的基础上修改而来的，将行政处罚的执法部门由"土地行政主管部门"改为"自然资源主管部门、农业农村主管部门等"。

1. 破坏耕地种植条件的行为。破坏耕地种植条件的行为主要分两种情况：一是违法占用耕地的行为，主要包括违法占用耕地建窑、建坟或者建房等；二是违法破坏耕地的行为，主要包括擅自在耕地上挖砂、采石、采矿、取土等。这两种行为的直接后果就是使耕地失去了种植农作物的功能。具体来讲，在有的地方，为了一些局部的、眼前的利益，有的在耕地上违法建设砖窑、瓷窑、煤窑；有的违反宅基地管理的规定，在耕地上违法建设农村住房；还有的借土地流转搞非农建设，在流转来的耕地上违法建设旅馆、农家乐、别墅甚至私人会所等；有的把耕地上的土壤作为工业原料直接挖取，用于烧砖、烧陶器、烧瓷器，或者把耕地上的土壤作为商品进行出售；有的在耕地上进行挖砂、采石、采矿作业，上述违法占用耕地和破坏耕地的行为，对耕地耕作层的土壤条件、水利条件、光照条件等造成了较大影响，使得耕地失去了原有的种植条件，从而丧失了种植农作物的功能，也影响了粮食等农产品的生产和供应。为切实保护耕地这一宝贵的资源，本法第37条第2款明确规定：禁止占用耕地建窑、建坟或者擅自在耕地上建房、挖砂、采石、采矿、取土等。需要注意的是，该规定区分了两种情形：一种是完全禁止的，即只要实施了在耕地上建窑、建坟的行为，就构成了违法行为。另一种是以"擅自"为前提，即在耕地上建房、挖砂、采石、采矿、取土等行为，如果符合有关法律规定的条件，经过法定程序来实施，虽然客观上导致了占用耕地或者破坏耕地的后果，但并不构成违法行为。如根据防洪法第45条的规定，在紧急防汛期，防汛指挥机构根据防汛抗洪的需要，有权在其管辖范围内决定采取取土占地等必要的紧急措施；取土占地的，在汛期结束后依法向有关部门补办手续；有关地方人民政府对取土后的土地组织复垦。由于这些活动对耕地破坏较为严重，属于应当严格限制的行为，依据本法及其他有关法律的规定，这类活动必须依法经批准后才能进行；未经批准或者骗取批准，擅自从事这类活动，使耕地种植条件受到破坏的，即是本条规定的擅自在耕地上建房、挖砂、采石、采矿、取土等违法行为。

2. 因开发土地造成土地荒漠化、盐渍化的行为。我国是一个人多地少、土地资源分布不平衡、人均耕地资源不足的国家。为了满足农业生产以及各类开发建设的需要，必须在切实保护耕地、大力促进节约集约用地的基础上，科学合理地做好土地开发工作。因此，为推动未利用地的开发，更好地合理利用土地，本法第 39 条规定，国家鼓励单位和个人按照土地利用总体规划，在保护和改善生态环境、防止水土流失和土地荒漠化的前提下，开发未利用的土地；适宜开发为农用地的，应当优先开发成农用地。第 40 条规定，开垦未利用的土地，必须经过科学论证和评估，在土地利用总体规划划定的可开垦的区域内，经依法批准后进行。禁止毁坏森林、草原开垦耕地，禁止围湖造田和侵占江河滩地。根据上述规定，以下几种开发土地的行为也属于本法规定的违法行为，即不符合土地利用总体规划，未在规划划定的可开垦区域内的；未经科学论证和评估的；未在保护和改善生态环境、防止水土流失和土地荒漠化的前提下开发的；未经依法批准后进行的；毁坏森林、草原开垦耕地的；围湖造田和侵占江河滩地的等。上述行为以及其他开发土地的行为如果造成了土地荒漠化、盐渍化的后果，就要承担本条规定的法律责任。此外，其他有关法律也对开发土地的行为作出了一些限制性规定，如根据水土保持法的规定，禁止在 25 度以上陡坡地开垦种植农作物；在禁止开垦坡度以下、5 度以上的荒坡地开垦种植农作物，应当采取水土保持措施；同时，对上述行为规定了相应的法律责任。由此可见，土地开发活动应当依法进行，坚持科学、合理的方法，符合保护和改善生态环境的要求，避免造成土地荒漠化、盐渍化的后果，否则就要承担相应的法律责任。

3. 破坏耕地种植条件或者造成土地荒漠化、盐渍化的行政法律责任。本条规定的行政法律责任包括以下两种：

（1）由县级以上人民政府自然资源主管部门、农业农村主管部门等按照职责责令限期改正或者治理。"责令"是常用的表示命令的用语，责令行为也被认为是典型的行政命令行为。行政命令，是指行政主体依法要求行政相对人为或者不为一定行为（作为或者不作为）的意思表示，常用于带有强制性的行政决定。所谓限期改正，根据本条规定的违法行为的特点，是指责令违法者在确定的期限内，停止违法活动，包括清除砖窑、瓷窑、煤窑等违法建筑物，停止挖砂、采石、采矿、取土等活动，也包括停止开发、开垦土地的活动。限期治理，是指在清除砖窑、瓷窑、煤窑等违法建筑物，停止挖砂、采石、采矿、取土等活动的同时，对造成耕地破坏的，采取措施恢复土地原状，达到耕地相应的种植条件等。对开发、开垦造成土地荒漠化、盐渍化的，责令负责、组织开发的单位和个人采取补救措施或者其他必要措施，根据土地破坏的状态和自然条件进行整治，恢复土地原来状态，总之，通过治理，应当使土地达到某一可以利用的条件，宜农则农，宜林则林，宜牧则牧。

（2）罚款。有关执法部门在作出责令限期改正或者治理的决定的同时，依据具体情节，可以作出并处罚款的决定。罚款是一种财产罚，是指行政处罚机关依法强制违法行为人当场或在一定期限内缴纳一定数额货币的处罚行为。土地管理法实施条例对依照本条的规定处以罚款的数额进行了细化规定，即"罚款额为耕地开垦费的2倍以下"。本条规定"可以"处以罚款，即授予了执法部门行政处罚的自由裁量权。执法部门根据违法行为的性质、情节、危害等多种因素，可以对违法行为人处以罚款，也可以不处以罚款。如果违法行为人及时、积极地采取了恢复土地原状或种植条件等补救措施，且恢复效果良好的，执法部门就可以不处或少处罚款。

4. 破坏耕地种植条件或者造成土地荒漠化、盐渍化的执法主体。此次修法，将本条规定的行政处罚的执法部门由"土地行政主管部门"改为"自然资源主管部门、农业农村主管部门等"，这是因为根据中央有关党和国家机构改革的决策部署，农村宅基地的改革和管理有关工作由原来的自然资源主管部门负责改为农业农村主管部门负责。土地管理法第62条第7款规定："国务院农业农村主管部门负责全国农村宅基地改革和管理有关工作。"目前，农业农村主管部门正在牵头探索建立各部门、县乡人民政府等相关主体参与的宅基地联合监管机制，如果涉及宅基地管理和执法，则由农业农村主管部门等相关执法部门追究责任。

5. 破坏耕地种植条件或者造成土地荒漠化、盐渍化的刑事责任。根据本条规定，上述违法行为构成犯罪的，应当依法追究刑事责任。其中，对于非法占用耕地建窑、建坟或者擅自在耕地上建房、挖砂、采石、采矿、取土等，破坏种植条件的行为，情节严重，构成犯罪的，应当依照刑法第342 条的规定处罚，即：违反土地管理法规，非法占用耕地、林地等农用地，改变被占用土地用途，数量较大，造成耕地、林地等农用地大量毁坏的，处五年以下有期徒刑或者拘役，并处或者单处罚金。根据刑法这一条的规定，本条规定的违法行为构成犯罪，要具备以下两个要件：一是非法占用耕地，改变被占用土地用途；二是占用耕地数量较大，并造成耕地大量毁坏的。因此，对于本条规定中，没有占用耕地的，以及占用耕地数量较小，对耕地未造成大量毁坏的，不构成刑法第342 条规定的非法占用农用地罪。根据《最高人民法院关于审理破坏土地资源刑事案件具体应用法律若干问题的解释》（法释〔2000〕14 号），非法占用耕地"数量较大"，是指非法占用基本农田5 亩以上或者非法占用基本农田以外的耕地10 亩以上；非法占用耕地"造成耕地大量毁坏"，是指行为人非法占用耕地建窑、建坟、建房、挖砂、采石、采矿、取土、堆放固体废弃物或者进行其他非农业建设，造成基本农田5 亩以上或者基本农田以外的耕地10 亩以上种植条件严重毁坏或者严重污染。

关于本条规定的开发土地造成土地荒漠化、盐渍化的行为是否构成犯罪的问题，根据我国刑法规定的罪刑法定原则，开发、开垦的土地，多属未利用地，因此，这类行为不会构成刑法第342 条规定的犯罪。虽然我国刑法对开发、开垦土地造成土地破坏行为未作刑事处罚的规定，但是，这不等于这类违法行为与有关犯罪无关。根据刑法第397 条的规定，国家机关工作人员滥用职权或者玩忽职守，致使公共财产、国家和人民利益遭受重大损失的，处3 年以下有期徒刑或者拘役；情节特别严重的，处3 年以上7 年以下有期徒刑。因此，在开发土地活动中，有关负责的国家机关工作人员在决定、组织工作过程中，违反土地利用总体规划的要求，不进行必要的科学论证或者评估，盲目开发等，直接造成土地严重破坏的，有关工作人员对其渎职的行为负有不可推卸的责任。对其渎职行为，情节严重的，应当依法追究相应的刑事责任。

第七十六条　违反本法规定，拒不履行土地复垦义务的，由县级以上人民政府自然资源主管部门责令限期改正；逾期不改正的，责令缴纳复垦费，专项用于土地复垦，可以处以罚款。

【释义】　本条是关于不履行土地复垦义务的法律责任的规定。

本条是在原法第 75 条的基础上修改而来的，将"土地行政主管部门"改为"自然资源主管部门"。

1. 不履行土地复垦义务的行为。土地复垦义务，是指用地单位或者个人，对生产建设活动造成土地破坏的，应当按照"谁损毁，谁复垦"的原则，对破坏的土地采取整治措施，或者缴纳土地复垦费由有关部门代为组织复垦，使土地达到可供利用状态。本法第 43 条规定，因挖损、塌陷、压占等造成土地破坏，用地单位和个人应当按照国家有关规定负责复垦；没有条件复垦或者复垦不符合要求的，应当缴纳土地复垦费，专项用于土地复垦。复垦的土地应当优先用于农业。根据这一条的规定，负有土地复垦义务的人，指造成土地破坏的用地单位或者个人。任何单位或者个人依法取得土地使用权，从事生产经营活动，其合法权益受法律保护，同时也承担保护土地的义务。在生产经营活动中，特别是挖砂、采石、采矿等活动，可能造成土地塌陷等破坏性后果，使得部分或者全部土地处于不可利用的状态。根据本法及土地复垦条例的规定，土地复垦义务人履行土地复垦义务的方式主要有两种：一是有条件复垦的，由用地单位或者个人自行复垦，或者将复垦工作交由他人完成复垦；二是没有条件复垦或者复垦不符合要求的，用地单位或者个人应当缴纳土地复垦费，由政府有关部门代为组织复垦。因此，土地复垦义务人不履行复垦义务的违法行为主要有两种：一是有条件复垦而拒绝复垦的；二是没有条件复垦或者复垦不符合要求，又拒绝缴纳土地复垦费或者不及时足额缴纳土地复垦费的。此外土地复垦条例还对具体的复垦工作提出了要求，包括制定土地复垦方案、建立土地复垦质量控制制度、遵守土地复垦标准和环境保护标准、保护土壤质量与生态环境、避免污染土壤和地下水等。违反上述具体要求的，依照土地复垦条例的规定承担责任。

2. 不履行土地复垦义务的法律责任。(1) 责令限期改正。拒不履行土地复垦义务的，由县级以上人民政府自然资源主管部门责令限期改正。土地复垦义务人必须依照主管部门规定的期限，按照土地复垦条例的要求，制定土地复垦方案、建立土地复垦质量控制制度，开展土地复垦工作，同时应当遵守有关土地复垦的国家标准和行业标准。只有按照规定的期限和要求完成土地复垦工作，并经有关主管部门验收合格，才算达到了限期改正的要求，否则还要承担其他的法律责任。(2) 责令缴纳复垦费。对拒不履行土地复垦义务，被责令限期改正后，逾期不改正的，由县级以上人民政府自然资源主管部门责令缴纳复垦费。土地复垦费是有关主管部门代为组织土地复垦工作的费用，其主要用途是完成土地复垦的任务，不是针对拒不履行土地复垦义务的罚款。土地复垦义务人缴纳的土地复垦费专项用于土地复垦。任何单位和个人不得截留、挤占、挪用。确定土地复垦费的数额，应当综合考虑损毁前的土地类型、实际损毁面积、损毁程度、复垦标准、复垦用途和完成复垦任务所需的工程量等因素。土地复垦费的具体征收使用管理办法，由国务院财政、价格主管部门商国务院有关部门制定。(3) 罚款。对拒不履行土地复垦义务，被责令限期改正后逾期不改正的，县级以上人民政府自然资源主管部门在责令其缴纳土地复垦费的同时，可以处以罚款。处以罚款和责令缴纳土地复垦费性质不同，在具体执法过程中必须予以区别，不能混为一谈。土地管理法实施条例对依照本条的规定处以罚款的数额进行了细化规定，即"罚款额为耕地复垦费的 2 倍以下"。本条规定"可以"处以罚款，即是授予了执法部门对该行政处罚的自由裁量权。根据违法行为的性质、情节、危害等多种因素，执法部门可以对违法行为人处以罚款，也可以不处以罚款。如果违法行为人及时、积极地采取了补救措施，且复垦效果良好的，执法部门可以不处或少处罚款。

第七十七条　未经批准或者采取欺骗手段骗取批准，非法占用土地的，由县级以上人民政府自然资源主管部门责令退还非法占用的土地，对违反土地利用总体规划擅自将农用地改为建设用地的，限期拆除在非法占用的土地上新建的建筑物和其他设施，恢复土地原状，对符合土地利用总体规划的，没收在非法占用的土地上新建的建筑物和其他设施，可以并处罚款；对非法占用土地单位的直接负责的主管人员和其他直接责任人员，依法给予处分；构成犯罪的，依法追究刑事责任。

超过批准的数量占用土地，多占的土地以非法占用土地论处。

【释义】 本条是关于未经批准或者采取欺骗手段骗取批准，或者超过批准的数量，非法占用土地的法律责任的规定。

本条是在原法第76条的基础上修改而来的，将行政处罚的执法部门由"土地行政主管部门"改为"自然资源主管部门"。同时，将对非法占用土地单位的直接负责的主管人员和其他直接责任人员的"行政处分"改为"处分"。

1. 未经批准或者采取欺骗手段骗取批准，或者超过批准的数量，非法占用土地的行为。根据本法及有关法律规定，占用土地的，必须经具有相应审批权限的主管部门审批后实施。未经批准或者采取欺骗手段骗取批准，非法占用土地的，即为本条规定的违法行为，具体来讲，主要包括两个方面：一是未经审批或者采取欺骗手段骗取用地审批而占用土地的。主要包括以下情形：（1）建设单位或者个人未经用地审批或者采取欺骗手段骗取批准而占用土地的；（2）举办乡镇企业未经批准使用农民集体所有的土地的；（3）乡（镇）、村公共设施和公益事业建设未经批准或者采取欺骗手段骗取批准，占用农民集体所有的土地进行建设的；（4）建设项目施工和地质勘查未经批准或者采取欺骗手段骗取批准，临时使用国有土地或者农民集体所有的土地的；（5）其他未经用地审批占用土地的行为。二是占用土地涉及农用地改为建设用地，未取得农用地转用审批或者采取欺骗手段骗取农用地转用审批的。具体来讲，永久基本农田转为建设用地的，由国务院批准。在土地利用总体规划确定的城市和村庄、集镇建设用地规模范围内，为实施该规划而将永久基本农田以外的农用地转为建设用地的，按土地利用年度计划分批次按照国务院规定由原批准土地利用总体规划的机关或者其授权的机关批准。在已批准的农用地转用范围内，具体建设项目用地可以由市、县人民政府批准。在土地利用总体规划确定的城市和村庄、集镇建设用地规模范围外，将永久基本农田以外的农用地转为建设用地的，由国务院或者国务院授权的省、自治区、直辖市人民政府批准。

此外，根据本条第2款的规定，属于超过批准的数量占用土地的，多占的土地以非法占用土地论处。因而，建设单位或者个人的这种超占行为，也构成本条规定的违法行为。

2. 未经批准或者采取欺骗手段骗取批准，或者超过批准的数量，非法占用土地的行为的行政法律责任。本条规定的行政法律责任包括以下两种：

（1）责令退还非法占用的土地。即由县级以上人民政府自然资源主管部门责令非法占用土地的单位或者个人将非法占用的土地返还给土地的合法所有者或者使用者。非法占用土地的单位或者个人应当及时解除对所占用土地的实际控制状态。

（2）对在非法占用的土地上新建的建筑物和其他设施，本法区分两种不同的情形规定了不同的处理方式。一是对违反土地利用总体规划擅自将农用地改为建设用地的，由县级以上人民政府自然资源主管部门责令非法占用土地的单位或者个人限期拆除在非法占用的土地上新建的建筑物和其他设施，恢复土地原状。二是对符合土地利用总体规划的，由县级以上人民政府自然资源主管部门没收在非法占用的土地上新建的建筑物和其他设施。这里的处罚措施与本法第74条关于对非法转让土地的违法行为处罚中的有关措施是一致的，只是适用的违法行为不同。

（3）罚款。有关自然资源主管部门在作出有关行政处罚决定的同时，依据具体情节，可以作出并处罚款的决定。本条规定"可以"处以罚款，即是授予了执法部门行政处罚的自由裁量权。执法部门根据违法行为的性质、情节、危害等多种因素，可以对违法行为人处以罚款，也可以不处以罚款。如果违法行为人及时、积极地退还其违法占用的土地，配合有关方面办理有关手续，在执法部门规定的期限内拆除其在非法占用的土地上新建的建筑物和其他设施，能够恢复土地原状的，执法部门就可以不处或少处罚款。

（4）处分。适用于单位违法，即对非法占用土地单位的直接负责的主管人员和其他直接责任人员，由其所在单位或者任免机关或者监察机关，依法给予处分。根据公务员法的规定，处分分为：警告、记过、记大过、降级、撤职、开除。

3. 未经批准或者采取欺骗手段骗取批准，或者超过批准的数量，非法占用土地的行为的刑事责任。根据本条规定，未经批准或者采取欺骗手段骗取批准，或者超过批准的数量，非法占用土地，构成犯罪的，应当依照刑法第

342 条的规定处罚，即违反土地管理法规，非法占用耕地、林地等农用地，改变被占用土地用途，数量较大，造成耕地、林地等农用地大量毁坏的，处 5 年以下有期徒刑或者拘役，并处或者单处罚金。根据刑法这一条的规定，本条规定的违法行为构成非法占用农用地罪，要具备以下两个要件：一是非法占用耕地、林地等农用地，改变被占用土地用途；二是占用耕地、林地等农用地数量较大，并造成土地大量毁坏的。因此，对于本条规定中，没有占用耕地、林地等农用地的，以及占用耕地、林地等农用地数量较小，未造成农用地大量毁坏的，不构成刑法第 342 条规定的非法占用农用地罪。

此外，有关单位非法占用土地的，其直接负责的主管人员和其他直接责任人员还可能构成根据刑法第 397 条规定的滥用职权罪或者玩忽职守罪，即国家机关工作人员滥用职权或者玩忽职守，致使公共财产、国家和人民利益遭受重大损失的，处 3 年以下有期徒刑或者拘役；情节特别严重的，处 3 年以上 7 年以下有期徒刑。

第七十八条 农村村民未经批准或者采取欺骗手段骗取批准，非法占用土地建住宅的，由县级以上人民政府农业农村主管部门责令退还非法占用的土地，限期拆除在非法占用的土地上新建的房屋。

超过省、自治区、直辖市规定的标准，多占的土地以非法占用土地论处。

【释义】 本条是关于农村村民未经批准或者采取欺骗手段骗取批准，非法占用土地建住宅的法律责任的规定。

本条是在原法第 77 条的基础上修改而来的，将行政处罚的执法部门由"土地行政主管部门"改为"农业农村主管部门"。

1. 农村村民未经批准或者采取欺骗手段骗取批准，非法占用土地建住宅的行为。根据本法第 62 条的规定，农村村民一户只能拥有一处宅基地，其宅基地的面积不得超过省、自治区、直辖市规定的标准。农村村民建住宅，应当符合乡（镇）土地利用总体规划、村庄规划，不得占用永久基本农田，并尽量使用原有的宅基地和村内空闲地。农村村民住宅用地，由乡（镇）人民政府审核批准；其中，涉及占用农用地的，依照本法第 44 条的规定办理审批手续。农村村民出卖、出租、赠与住宅后，再申请宅基地的，不予批准。农村村民违反上述规定的，按照本条规定处罚。需要注意的是的，本条的违法主体仅限于农村村民，处罚的是违反农村宅基地管理方面的违法行为。对于非农村村民非法占用土地建住宅的，适用本法第77条非法占用土地的法律责任。

2. 农村村民未经批准或者采取欺骗手段骗取批准，非法占用土地建住宅的行政法律责任。本条规定的行政法律责任包括以下两种：

（1）责令退还非法占用的土地。农村村民未经批准或者采取欺骗手段骗取批准，非法占用土地建住宅的，由县级以上人民政府农业农村主管部门责令退还非法占用的土地。违法建住宅的农村村民应当及时将非法占用的土地归还给该土地所有权人或者使用权人。根据本条第2款的规定，超过省、自治区、直辖市规定的标准占用的土地，应当将超占的部分退还。

（2）限期拆除在非法占用的土地上新建的房屋。农村村民未经批准或者采取欺骗手段骗取批准，非法占用土地建住宅的，应当在县级以上人民政府农业农村主管部门要求的期限内，将在非法占用的土地上新建的房屋拆除。

需要注意的是，农民合法的住房权利受法律保护，各级人民政府应当采取措施依法保障每一位农村村民实现户有所居。多年来，各地在宅基地管理方面进行了一些探索，积累了一些经验，但在管理方式和多年形成的风俗习惯上，东西部差异、南北部差异，以及城市近郊区和其他区域之间的差异仍然存在，还有许多地方存在历史遗留问题。因此，在宅基地管理特别是执法过程中必须严格依照法律法规的规定，充分尊重当地实际情况，不可操之过急。目前，各地正在开展宅基地管理体制的改革和探索，根据有关文件要求，农业农村主管部门要加强与自然资源主管部门、住房和城乡建设主管部门等有关方面的协调，乡镇政府要因地制宜探索宅基地统一管理机制，共同做好农村宅基地管理和执法工作。

第七十九条　无权批准征收、使用土地的单位或者个人非法批准占用土地的，超越批准权限非法批准占用土地的，不按照土地利用总体规划确定的用途批准用地的，或者违反法律规定的程序批准占用、征收土地的，其批准文件无效，对非法批准征收、使用土地的直接负责的主管人员和其他直接责任人员，依法给予处分；构成犯罪的，依法追究刑事责任。非法批准、使用的土地应当收回，有关当事人拒不归还的，以非法占用土地论处。

非法批准征收、使用土地，对当事人造成损失的，依法应当承担赔偿责任。

【释义】 本条是关于非法批准征收、使用土地的法律责任的规定。

本条是在原法第78条的基础上修改而来的，将对非法批准征收、使用土地的直接负责的主管人员和其他直接责任人员，依法给予"行政处分"改为"处分"。

加强土地管理是本法第1条规定的主要立法目的之一。本法第3条规定，各级人民政府应当采取措施，全面规划，严格管理，保护、开发土地资源，制止非法占用土地的行为。本法第4条规定，国家实行土地用途管制制度。因此，各级人民政府及其有关部门能否依法行使本法赋予的职权，很大程度上决定了本法的立法目的能否实现。行政机关依法行使职权，必须做到严格依照法定权限和程序履行职责，确保法律、行政法规有效执行，否则就应当承担相应的法律责任。

1. 非法批准征收、使用土地的行为。非法批准征收、使用土地的行为主要包括以下四种情况：

（1）无批准权而非法批准占用土地的行为。根据本法第44条规定，建设占用土地，涉及农用地转为建设用地的，应当办理农用地转用审批手续。具体来讲，永久基本农田转为建设用地的，由国务院批准；在土地利用总体规划确定的城市和村庄、集镇建设用地规模范围内，为实施该规划而将永久基本农田以外的农用地转为建设用地的，按土地利用年度计划分批次按照国务院规定由原批准土地利用总体规划的机关或者其授权的机关批准。在已批准的农用地转用范围内，具体建设项目用地可以由市、县人民政府批准；在土地利用总体规划确定的城市和村庄、集镇建设用地规模范围外，将永久基本农田以外的农用地转为建设用地的，由国务院或者国务院授权的省、自治区、直辖市人民政府批准。违反上述规定，由其他有关各级政府批准用地的，即是本条规定的无权批准而非法批准占用土地的行为。根据本法第46条规定，征收永久基本农田的，由国务院批准。地方各级人民政府批准征收永久基本农田的，即是本条规定的无权批准而非法批准征收土地的行为。根据本法第57条规定，临时用地应当由县级以上人民政府自然资源主管部门批准。因此，没有该批准权的乡镇人民政府批准临时用地的，也是本条规定的无权批准而非法批准占用土地的行为。此外，本法未授予有关土地征收、使用审批权限的各级人民政府的其他部门或者单位，无权批准占用土地，如果批地，也属于无权批准而非法批地的行为。

（2）超越批准权限非法批地的行为。这是指下级地方人民政府越权批准应当依法由上一级人民政府或者国务院审批的占用土地的行为。例如，根据本法第46条的规定，省、自治区、直辖市人民政府批准征收永久基本农田以外的其他耕地超过35公顷的，或者征收其他土地超过70公顷的，即为越权批准。

（3）依照本法规定，拥有有关土地批准权的各级人民政府不按照土地利用总体规划确定的土地用途批准用地的行为。例如，根据本法第44条的规定，市、县级人民政府批准的具体建设项目用地违反土地利用总体规划要求的用途的，即是本条规定的不按照土地利用总体规划确定的土地用途批准用地的行为。

（4）违反法律规定的程序批准占用、征收土地的行为。例如，违反本法第46条规定，未依法先行办理农用地转用审批手续而批准征收农用地的；违反本法第57条规定，在城市规划区内的临时用地，未经有关城市规划行政主管部门同意而批准的。

2. 非法批准征收、使用土地的行为的法律责任。非法批准征收、使用土地的，除其批准的文件无效外，还应当依法追究行政法律责任、刑事法律责任以及行政赔偿责任。主要包括：

（1）处分。对非法批准征收、使用土地的直接负责的主管人员和其他直接责任人员，由其所在单位或者任免机关或者监察机关，依法给予处分。

（2）构成犯罪的，依法追究刑事责任。根据刑法第410条的规定，国家机关工作人员徇私舞弊，违反土地管理法规，滥用职权，非法批准征收、占用土地，或者低价出让国有土地使用权，情节严重的，处3年以下有期徒刑或者拘役；致使国家或者集体利益遭受特别重大损失的，处3年以上7年以下有期徒刑。需要说明的是，刑法第397条规定了国家机关工作人员滥用职权或者玩忽职守，以及徇私舞弊的法律责任，同时规定，"本法另有规定的，依照规定"。刑法第410条关于国家机关工作人员徇私舞弊，违反土地管理法规滥用职权，非法批准征收、占用土地的规定，即是刑法关于徇私舞弊和滥用职权罪的特殊规定。

（3）行政赔偿责任。根据本条第2款的规定，对非法批地的，除依法给予行政处分和追究刑事责任以外，对当事人造成损失的，还应当由非法批地的机关依法赔偿。这里的赔偿属于行政赔偿。所谓行政赔偿，是国家赔偿的一种，是指国家行政机关或者其工作人员违法行使行政职权，侵犯公民、法人或者其他组织的合法权益（包括人身权利和财产权利）并造成损害的，由国家给予赔偿的法律制度。国家赔偿法对这项法律制度作出了具体的规定，目的在于保障公民、法人和其他组织享有依法取得国家赔偿的权利，促进国家机关及其工作人员依法行使职权。根据国家赔偿法的规定，构成行政赔偿责任，应当具备以下条件：一是国家行政机关或者其工作人员违法行使行政职权，即侵权主体是国家行政机关，包括各级人民政府及其职能部门和公务员，并且侵权主体实施了违法行使职权的行为，即未按照法律、行政法规规定的程序、方法等行使法定的权力，履行法定的职责。二是造成公民、法人或者其他组织的合法权益的损害，并且该损害与侵权行为有因果关系。三是法律规定由国家赔偿的情形下，国家予以赔偿。在具体案件中，一些地方政府或部门为追求经济利益，盲目招商引资，非法批准征收、使用土地，上马建设项目，当非法批地的违法行为被依法查处和纠正后，已投资从事建设的企业因土地被收回而受到财产损失。因非法批地而受到财产权利损害的当事人，有权请求国家对其作出经济赔偿。赔偿义务机关应当自收到申请之日起2个月内，作出是否赔偿的决定。逾期作出是否赔偿的决定，或者赔偿请求人对赔偿数额有异议的，赔偿请求人对赔偿的方式、项目、数额有异议的，或者赔偿义务机关作出不予赔偿决定的，赔偿请求人可以自赔偿义务机关作出赔偿或者不予赔偿决定之日起3个月内，向人民法院提起诉讼。国家赔偿法同时规定了行政追偿制度，即赔偿义务机关赔偿损失后，应当责令有故意或者重大过失的工作人员或者受委托的组织或者个人承担部分或者全部赔偿费用。

此外，根据本条的规定，非法批准、使用的土地应当收回，有关当事人拒不归还的，以非法占用土地论处，即依据本法第77条或者第78条的有关规定处罚。

第八十条　侵占、挪用被征收土地单位的征地补偿费用和其他有关费用，构成犯罪的，依法追究刑事责任；尚不构成犯罪的，依法给予处分。

【释义】　本条是关于侵占、挪用被征用土地单位的征地补偿费用和其他有关费用的法律责任的规定。

1. 禁止侵占、挪用被征收土地单位的征地补偿费用和其他有关费用。征地补偿费用对被征地村集体和农民影响重大，应当依法分配给被征地村集体和农民，尤其是被征地农民失去了赖以生存的土地后，征地补偿费用是其未来生活的重要保障。实践中，有些单位和人员，依据职权将本应属于被征地村集体的征地补偿费用挪作他用或据为己有，严重影响村集体和农民的合法权益，影响社会稳定，对这种行为应当予以严惩。本法第49条第2款专门规定，禁止侵占、挪用被征收土地单位的征地补偿费用和其他有关费用，本条对违反这一禁止行为的法律责任作出规定。所谓侵占，是指侵吞、盗窃、骗取或者以其他非法手段将公共财物占为己有的行为。所谓挪用，是指将公共财物挪作他用的行为。本条所规定的侵占、挪用的对象为被征收土地单位的征地补偿费用和其他有关费用。征地补偿费用包括征收农用地的土地补偿费、安置补助费以及征收农用地以外的其他土地、地上附着物和青苗等的补偿费。其他有关费用是指与征收集体土地有关的其他费用，例如征收农村村民住宅，对征收造成的搬迁、临时安置等给予的补偿费用。只有非法占为己有或者挪作他用的财产为公共财产，才能构成本条所称的侵占和挪用，既包括按照规定将来分配给被征地农民等个人的财产，也包括按照规定将来分配给村集体的财产。如果征地补偿费用和其他有关费用已发放至被征地农民手中，已确定为个人所有，即使被他人盗窃、骗取或者以其他非法手段占有或者挪作他用，也不构成本条所称的侵占和挪用，只能依据其他有关规定追究法律责任。

2. 侵占、挪用被征收土地单位的征地补偿费用和其他有关费用的法律责任。

（1）刑事责任。根据刑法的有关规定，侵占、挪用被征收土地单位的征地补偿费用和其他有关费用的行为，可能构成贪污罪、挪用公款罪、侵占罪及挪用公司、企业或者其他单位资金罪。

第一，贪污罪及其处罚。根据刑法第382条、第383条的规定和全国人大常委会的立法解释，国家工作人员利用职务上的便利，侵吞、窃取、骗取或者以其他手段非法占有公共财物的，是贪污罪。受国家机关、国有公司、企业、事业单位、人民团体委托管理、经营国有财产的人员，利用职务上的便利，侵吞、窃取、骗取或者以其他手段非法占有国有财物的，以贪污论。与上述人员勾结，伙同贪污的，以共犯论处。村民委员会等村基层组织人员协助人民政府从事土地征收、征用补偿费用的管理，利用职务上的便利，非法占有公共财物、挪用公款，构成犯罪的，适用刑法贪污罪、挪用公款罪的规定。

对犯贪污罪的，根据情节轻重，分别依照下列规定处罚：一是贪污数额较大或者有其他较重情节的，处3年以下有期徒刑或者拘役，并处罚金。二是贪污数额巨大或者有其他严重情节的，处3年以上10年以下有期徒刑，并处罚金或者没收财产。三是贪污数额特别巨大或者有其他特别严重情节的，处10年以上有期徒刑或者无期徒刑，并处罚金或者没收财产；数额特别巨大，并使国家和人民利益遭受特别重大损失的，处无期徒刑或者死刑，并处没收财产。对多次贪污未经处理的，按照累计贪污数额处罚。犯贪污罪，在提起公诉前如实供述自己罪行、真诚悔罪、积极退赃，避免、减少损害结果的发生，有第1项规定情形的，可以从轻、减轻或者免除处罚；有第2项、第3项规定情形的，可以从轻处罚。犯贪污罪，有第3项规定情形被判处死刑缓期执行的，人民法院根据犯罪情节等情况可以同时决定在其死刑缓期执行2年期满依法减为无期徒刑后，终身监禁，不得减刑、假释。

第二，挪用公款罪及其处罚。根据刑法第384条的规定和全国人大常委会的立法解释，国家工作人员利用职务上的便利，挪用公款归个人使用，进行非法活动的，或者挪用公款数额较大、进行营利活动的，或者挪用公款数额较大、超过3个月未还的，是挪用公款罪。"归个人使用"包括：一是将公款供本人、亲友或者其他自然人使用的；二是以个人名义将公款供其他单位使用的；三是个人决定以单位名义将公款供其他单位使用，谋取个人利益的。

对犯挪用公款罪的，处5年以下有期徒刑或者拘役；情节严重的，处5年以上有期徒刑。挪用公款数额巨大不退还的，处10年以上有期徒刑或者无期徒刑。挪用用于救灾、抢险、防汛、优抚、扶贫、移民、救济款物归个人使用的，从重处罚。

第三，侵占罪及其处罚。根据刑法第271条的规定，公司、企业或者其他单位的人员，利用职务上的便利，将本单位财物非法占为己有，数额较大的，构成侵占罪。如果农村集体经济组织和村民委员会中非从事公务的人员，利用职务上的便利，将本单位的征地补偿费用和其他有关费用非法占为己有，数额较大的，即构成侵占罪，应当根据刑法第 271 条的规定，处 5 年以下有期徒刑或者拘役；数额巨大的，处 5 年以上有期徒刑，可以并处没收财产。

第四，挪用公司、企业或者其他单位资金罪及其处罚。根据刑法第 272 条的规定，农村集体经济组织和村民委员会中非从事公务的人员，利用职务上的便利，挪用本单位的征地补偿费用和其他有关费用归个人使用或者借贷给他人，数额较大、超过 3 个月未还的，或者虽未超过 3 个月，但数额较大、进行营利活动的，或者进行非法活动的，处 3 年以下有期徒刑或者拘役；挪用本单位资金数额巨大的，或者数额较大不退还的，处 3 年以上 10 年以下有期徒刑。

（2）行政责任。侵占、挪用被征地单位的征地补偿费用和其他有关费用的行为，情节显著轻微，危害不大，按照刑法的有关规定，不构成犯罪的，应当依照有关法律、法规的规定，给予处分。所谓处分，是指有关国家机关根据法律或者法规，对违法违纪的公务人员给予的制裁。处分包括任免机关给予的处分和监察机关给予的政务处分。根据公务员法和监察法的规定，处分包括警告、记过、记大过、降级、撤职、开除等。

第八十一条　依法收回国有土地使用权当事人拒不交出土地的，临时使用土地期满拒不归还的，或者不按照批准的用途使用国有土地的，由县级以上人民政府自然资源主管部门责令交还土地，处以罚款。

【释义】　本条是关于当事人拒不交出、拒不归还土地，不按照批准用途使用国有土地行为的法律责任的规定。

1. 当事人拒不交出、拒不归还土地，不按照批准用途使用国有土地行为的违法行为。（1）依法收回国有土地使用权当事人拒不交出土地。本法第 58 条对收回国有土地使用权的四种情形作了规定。第 38 条对已经办理审批手续的非农业建设占用耕地连续 2 年未使用，规定由县级以上人民政府无偿收回用地单位土地使用权。对上述收回国有土地使用权的情形，当事人拒不交出该幅土地，可以依据本条规定予以处罚。需要指出的是，收回土地使用权对土地使用权人及其他利害关系人影响重大，应当谨慎适用。一是政府应当按照信赖保护原则，不得随意违背土地出让合同的约定，只有在有明确法律依据并且确有必要的情况下才能收回土地使用权。二是在收回土地使用权之前，政府及其有关部门应当依法履行法律规定的义务，不能违法损害当事人的合法权益。例如，本法第58条第2款规定，为实施城市规划进行旧城区改建以及其他公共利益需要确需使用土地而收回国有土地使用权的，对土地使用权人应当给予适当补偿。（2）临时使用土地期满拒不归还。本法第57条规定，建设项目施工和地质勘查临时使用国有土地或者农民集体所有的土地，应当与有关自然资源主管部门或者农村集体经济组织、村民委员会签订临时使用土地合同，并按照合同的约定支付临时使用土地补偿费，临时使用土地期限一般不超过2年。临时用地期满，用地人应当按照临时使用土地合同的规定，将土地交还该土地的所有权人或者管理人。（3）不按照批准的用途使用国有土地。按照本法第19条的规定，县级土地利用总体规划应当划分土地利用区，明确土地用途，乡（镇）土地利用总体规划应当确定每一块土地的用途。国有土地在确定给有关单位或者个人使用时，都应当依据土地利用总体规划的要求明确土地用途。例如，本法第56条规定，建设单位使用国有土地的，应当按照土地使用权出让等有偿使用合同的约定或者土地使用权划拨批准文件的规定使用土地；第57条规定，临时使用土地的使用者应当按照临时使用土地合同约定的用途使用土地。如果土地使用权人不按合同约定或者批准文件规定的用途使用土地，可以依据本条规定给予处罚。

2. 上述违法行为的法律责任。（1）责令交还土地。由县级以上人民政府自然资源主管部门作出决定，要求当事人在一定期限内将土地使用权交土地所有者。为了减少土地使用权人不必要的损失，县级以上人民政府自然资源主管部门在责令土地使用权人交还土地时，应当为土地使用权人留出必要的时间。（2）罚款。罚款由县级以上人民政府自然资源主管部门作出，本条未规定罚款的具体数额，主要是考虑我国幅员辽阔，各地经济社会发展水平有很大差异，上述三种行为在实践中情节严重程度、社会危害程度差别也很大，很难确定一个合适的处罚标准，因此未规定具体的处罚数额，由国务院和各省、自治区、直辖市人大制定具体规定。例如，土地管理法实施条例规定，违反本条规定处以罚款的，罚款额为非法占用土地每平方米10元以上30元以下。县级以上自然资源主管部门应当依据本法和相关法规的规定，根据违法行为的情节轻重、危害程度，确定罚款的具体数额。

第八十二条 擅自将农民集体所有的土地通过出让、转让使用权或者出租等方式用于非农业建设，或者违反本法规定，将集体经营性建设用地通过出让、出租等方式交由单位或者个人使用的，由县级以上人民政府自然资源主管部门责令限期改正，没收违法所得，并处罚款。

【释义】 本条是关于擅自将集体土地用于非农业建设和集体经营性建设用地违法入市的法律责任的规定。

1. 本条规定的违法行为。（1）擅自将农民集体所有的土地通过出让、转让使用权或者出租等方式用于非农业建设。是指没有法律依据或者未经法律规定的程序，通过出让、转让或者出租等方式将集体土地用于非农业建设。十分珍惜、合理利用土地和切实保护耕地是我国的基本国策，国家对集体所有的土地进入市场流通是严格限制的，一般不得通过出让、转让、出租方式进入市场流通。但同时，农村经济社会发展需要在一定程度上使土地流通使用，以促进乡村振兴和城乡融合发展。本法相关条款对农民集体所有的土地的使用权出让、转让或者出租等作了规定，主要有以下几种情形：

第一，根据本法第60条的规定，农村集体经济组织使用乡（镇）土地利用总体规划确定的建设用地兴办企业或者与其他单位、个人以土地使用权入股、联营等形式共同举办企业的，由县级以上地方人民政府批准后取得建设用地使用权；其中，涉及占用农用地的，依照本法第44条的规定办理审批手续。

第二，根据本法第61条的规定，乡（镇）村公共设施、公益事业建设需要使用土地的，按照省、自治区、直辖市规定的批准权限，由县级以上地方人民政府批准取得建设用地使用权；其中，涉及占用农用地的，依照本法第44条的规定办理审批手续。

第三，根据本法第62条的规定，农村村民建设住宅使用本集体所有的土地，依据该条的规定办理相关审批手续后，取得建设用地使用权。

第四，依法取得建设用地的企业，因破产、兼并等情形致使土地使用权依法发生转移的。依照本法第60条、第61条的规定，依法使用农村建设用地的农村集体经济组织、企业发生破产、兼并，建设用地使用权依法发生转移的。

违反上述规定，未办理相关手续即将集体土地交给他人用于非农业建设的，对转让方给予本条规定的处罚。

（2）违法将集体经营性建设用地通过出让、出租等方式交由单位或者个人使用。本法此次修改增加了农村集体经营性建设用地入市制度，但并非农村集体经营性建设用地都可以入市，而是需要符合一定的条件才能入市，如果违反这些条件入市则是违法的，应当承担本条规定的法律责任。集体经营性建设用地违法入市的行为主要有以下几种：

第一，不符合土地利用总体规划、城乡规划规定的土地用途。根据本法第 63 条的规定，只有土地利用总体规划、城乡规划确定为工业、商业等经营性用途的土地才可以入市，农村其他土地，如农用地、宅基地、公益性用地等土地利用总体规划、城乡规划确定的非经营性建设用地，则不能入市。根据国家有关规定，允许村集体在农民自愿前提下依法把有偿收回的闲置宅基地、废弃的集体公益性建设用地转变为集体经营性建设用地入市，推动城中村、城边村、村级工业园等可连片开发区域土地依法合规整治入市。这些农村集体土地如果要入市，也需要先转为集体经营性建设用地才可以依据本法规定入市。

第二，未经依法登记。根据本法第 63 条的规定，只有经过依法登记的集体经营性建设用地才可以入市。集体经营性建设用地使用权属于物权，根据物权法的规定，不动产物权的设立、变更、转让和消灭，经依法登记，发生效力；未经登记，不发生效力，但法律另有规定的除外。集体经营性建设用地应当依照不动产登记暂行条例的规定进行登记后才能入市。

第三，入市主体不符合法律规定。根据本法第 63 条的规定，集体经营性建设用地入市的主体只能是土地所有权人。根据本法第 11 条的规定，农民集体所有的土地依法属于村农民集体所有的，由村集体经济组织或者村民委员会经营、管理；已经分别属于村内两个以上农村集体经济组织的农民集体所有的，由村内各该农村集体经济组织或者村民小组经营、管理；已经属于乡（镇）农民集体所有的，由乡（镇）农村集体经济组织经营、管理。只有符合上述规定的集体经营性建设用地的所有权人才能作为入市主体，土地所有权人也可以依法授权或委托第三方进行土地使用权入市。

第四，未签订书面合同明确权利义务。根据本法第 63 条的规定，集体经营性建设用地入市应当签订书面合同，载明土地界址、面积、动工期限、使用期限、土地用途、规划条件和双方其他权利义务。入市双方应当按照上述规定签订书面合同，并对双方的权利义务作出明确规定。

第五，未经村集体民主决策。根据本法第63条的规定，集体经营性建设用地入市，应当经本集体经济组织成员的村民会议2/3以上成员或者2/3以上村民代表的同意，以保障本集体经济组织成员的合法权益。集体经营性建设用地入市应当按照上述规定由村集体民主决策才能入市。

第六，不符合土地利用年度计划。本法第23条规定，土地利用年度计划应当对本法第63条规定的集体经营性建设用地作出合理安排。根据这一规定，集体经营性建设用地只有符合土地利用年度计划才能入市，不符合土地利用年度计划的不能入市。

2. 上述违法行为的法律责任。（1）责令限期改正。对于上述违法行为，应当由县级以上人民政府自然资源主管部门责令限期改正，将违法行为恢复到合法状态，给其他主体造成损失的，应由有过错的一方依法承担民事责任。（2）没收违法所得和罚款。根据本条的规定，没收违法所得和罚款的处罚必须同时适用。本条未对罚款的数额和幅度作出规定，应当根据相关法规的规定确定罚款数额，例如，土地管理法实施条例规定，罚款额为非法所得的5%以上20%以下。县级以上人民政府自然资源主管部门可以根据违法行为的情节轻重、危害程度等，在法规规定的罚款幅度范围内确定罚款的具体数额。

第八十三条　依照本法规定，责令限期拆除在非法占用的土地上新建的建筑物和其他设施的，建设单位或者个人必须立即停止施工，自行拆除；对继续施工的，作出处罚决定的机关有权制止。建设单位或者个人对责令限期拆除的行政处罚决定不服的，可以在接到责令限期拆除决定之日起十五日内，向人民法院起诉；期满不起诉又不自行拆除的，由作出处罚决定的机关依法申请人民法院强制执行，费用由违法者承担。

【释义】本条是关于责令限期拆除如何执行的规定。

1. 责令限期拆除的适用情形。（1）本法第74条规定，买卖或者以其他形式非法转让土地的，由县级以上人民政府自然资源主管部门没收违法所得；

对违反土地利用总体规划擅自将农用地改为建设用地的，限期拆除在非法转让的土地上新建的建筑物和其他设施，恢复土地原状。（2）本法第77条规定，未经批准或者采取欺骗手段骗取批准，非法占用土地的，由县级以上人民政府自然资源主管部门责令退还非法占用的土地，对违反土地利用总体规划擅自将农用地改为建设用地的，限期拆除在非法占用的土地上新建的建筑物和其他设施，恢复土地原状。（3）本法第78条规定，农村村民未经批准或者采取欺骗手段骗取批准，非法占用土地建住宅的，由县级以上人民政府农业农村主管部门责令退还非法占用的土地，限期拆除在非法占用的土地上新建的房屋。

2. 责令限期拆除的执行。（1）当事人自行拆除违法建筑。当事人在接到责令限期拆除的处罚决定后，应当立即停止施工，自行拆除建筑物和其他设施。如果当事人不服该行政处罚决定，在停止施工的同时，可以向作出处罚决定的机关说明情况，要求其撤销处罚决定，也可以依法向上一级行政机关申请行政复议，或者在规定的期限内向人民法院提起行政诉讼。（2）行政机关制止违法建设行为。对当事人继续施工的，作出处罚决定的行政机关有权制止。这里所说的制止是指作出处罚决定的机关以口头命令、书面通知、查封用以继续施工的设备、建筑材料等方式促使有关单位或者个人停止继续施工，以减轻以后强制执行的难度，减少有关当事人可能受到的损失。（3）当事人依法提起行政诉讼。被处罚的建设单位或者个人对责令限期拆除的行政处罚决定不服的，可以在接到处罚决定之日起15日内，向人民法院提起行政诉讼。责令限期拆除的行政处罚是行政机关的具体行政行为，当事人对该决定不服，可以依法向人民法院提起行政诉讼。本条规定的提起行政诉讼的期间为接到责令限期拆除决定之日起15日内，是特殊的提起行政诉讼的期间，而不是行政诉讼法规定的从当事人知道行政机关作出具体行政行为之日起的6个月。超过上述期限提起行政诉讼的，人民法院可以不予受理。（4）行政机关申请人民法院强制执行。本法未赋予行政机关强制执行的权力，如果当事人拒不执行其行政处罚决定，作出行政处罚的机关可以向人民法院提出申请，由人民法院强制执行。根据本条的规定，强制执行的费用由违法者承担。行政机关责令限期拆除的行政处罚决定对当事人具有拘束力，当事人拒不履行该处罚决定，由此产生的后果应当由当事人承担。行政机关依法强制拆除违法建筑，旨在将违法行为造成的损害恢复到原来的状态，因此执行费用应当由违法者承担。

第八十四条　自然资源主管部门、农业农村主管部门的工作人员玩忽职守、滥用职权、徇私舞弊，构成犯罪的，依法追究刑事责任；尚不构成犯罪的，依法给予处分。

【释义】　本条是关于自然资源主管部门、农业农村主管部门工作人员法律责任的规定。

1. 自然资源主管部门、农业农村主管部门工作人员的违法行为。根据本法第 5 条、第 62 条、第 67 条等的规定，自然资源主管部门负有对土地进行管理和监督的职责，对违反土地管理法律、法规的行为负有监督检查的职责；农业农村主管部门负责农村宅基地管理的职责，对违反农村宅基地管理法律、法规的行为负有监督检查的职责。本法明确规定，土地管理监督检查人员应当熟悉土地管理法律、法规，忠于职守、秉公执法。但是，也有可能出现有些工作人员不履行、不正当履行职责或者超越职权等行为，致使公共财产、国家和人民利益遭受不同程度的损失，这些违法行为的表现形式多种多样，本条将其概括为三种，即玩忽职守、滥用职权、徇私舞弊。所谓玩忽职守，是指自然资源主管部门、农业农村主管部门的工作人员不履行、不正确履行或者放弃履行职责的行为。所谓滥用职权，是指自然资源主管部门、农业农村主管部门的工作人员违反法律规定的权限和程序，滥用职权或者超越职权的行为。所谓徇私舞弊，是指自然资源主管部门、农业农村主管部门的工作人员为徇个人私利或者亲友私情而玩忽职守、滥用职权的行为。对于自然资源主管部门、农业农村主管部门工作人员的上述违法行为，任何单位和个人都有权检举和控告，有关部门应当严肃查处，并依法追究其法律责任。

2. 自然资源主管部门、农业农村主管部门的工作人员违法行为的法律责任。

（1）刑事责任。第一，刑法第三百九十七条规定："国家机关工作人员滥用职权或者玩忽职守，致使公共财产、国家和人民利益遭受重大损失的，处三年以下有期徒刑或者拘役；情节特别严重的，处三年以上七年以下有期徒刑。本法另有规定的，依照规定。国家机关工作人员徇私舞弊，犯前款罪的，处五年以下有期徒刑或者拘役；情节特别严重的，处五年以上十年以下有期徒刑。本法另有规定的，依照规定。"第二，根据刑法的有关规定，刑法对国家机关工作人员的一些渎职犯罪有特别规定的，适用其规定，而不按照刑法第397条对渎职犯罪的一般规定进行处罚。刑法第410条规定，国家机关工作人员徇私舞弊，违反土地管理法规，滥用职权，非法批准征用、占用土地，或者非法低价出让国有土地使用权，情节严重的，处3年以下有期徒刑或者拘役；致使国家或者集体利益遭受特别重大损失的，处3年以上7年以下有期徒刑。根据全国人大常委会的立法解释，刑法第410条规定的"违反土地管理法规"，是指违反土地管理法、森林法、草原法等法律以及有关行政法规中关于土地管理的规定；"非法批准征用、占用土地"，是指非法批准征用、占用耕地、林地等农用地以及其他土地。

（2）行政责任。自然资源主管部门、农业农村主管部门工作人员虽有玩忽职守、滥用职权、徇私舞弊的行为，但情节显著轻微，危害性不大，按照刑法的有关规定，不构成犯罪的，应当依照有关法律、法规的规定，给予处分。处分是指国家机关根据法律或者法规，按行政隶属关系，对犯有轻微违法失职行为或者违反内部纪律的人员给予的一种制裁，包括任免机关给予的处分和监察机关给予的政务处分。根据公务员法和监察法的规定，处分包括警告、记过、记大过、降级、撤职、开除等。

第八章 附 则

第八十五条 外商投资企业使用土地的，适用本法；法律另有规定的，从其规定。

【释义】 本条是关于外商投资企业使用土地适用法律的规定。

此次修改将中外合资经营企业、中外合作经营企业、外资企业修改为外商投资企业，主要是因为 2019 年 3 月 15 日第十三届全国人民代表大会第二次会议通过的外商投资法的适用范围已涵盖了中外合资经营企业、中外合作经营企业、外资企业，外商投资法于 2020 年 1 月 1 日施行后，中外合资经营企业法、外资企业法、中外合作经营企业法同时废止。本条的这一修改，不影响中外合资经营企业、中外合作经营企业、外资企业此前已经依法取得的土地使用权等相关权益。根据外商投资法的规定，对外商投资实行准入前国民待遇加负面清单管理制度，对负面清单之外的外商投资，给予国民待遇，明确按照内外资一致的原则对外商投资实施监督管理。本条规定外商投资企业使用土地适用本法，即外商投资企业在准入后享受国民待遇，在土地管理制度中与内资企业适用相同的法律制度，本法规定的土地管理制度平等适用于外商投资企业，与内资企业没有差别，这也是坚持内外资一致原则的体现。但是，本条还规定，法律另有规定的从其规定，有关法律可以根据经济社会发展需要，对外资企业在土地管理方面的法律适用问题作出特别规定。

第八十六条 在根据本法第十八条的规定编制国土空间规划前，经依法批准的土地利用总体规划和城乡规划继续执行。

【释义】 本条是关于土地利用总体规划和城乡规划与国土空间规划在过渡期间适用问题的规定。

编制国土空间规划，推动实现"多规合一"是党中央提出的明确要求。

《中共中央、国务院关于建立国土空间规划体系并监督实施的若干意见》明确提出，将主体功能区规划、土地利用规划、城乡规划等空间规划融合为统一的国土空间规划，实现"多规合一"，强化国土空间规划对各专项规划的指导约束作用；并提出，到2020年，基本建立国土空间规划体系，逐步建立"多规合一"的规划编制审批体系、实施监督体系、法规政策体系和技术标准体系；基本完成市县以上各级国土空间总体规划编制，初步形成全国国土空间开发保护"一张图"。落实党中央要求，各地区和有关部门需要加快推进国土空间规划编制工作。本法第18条对国土空间规划编制要求作出规定，明确了国土空间规划的法律地位，并规定已经编制国土空间规划的，不再编制土地利用总体规划和城乡规划。这一规定为下一步开展国土空间规划编制和实施提供了法律保障。目前，国家层面和地方都正在开展国土空间规划编制工作。在国土空间规划编制和实施前，土地利用总体规划和城乡规划应当继续执行，依然是土地管理的重要依据，有关行政审批、监督检查等工作应当严格按照土地利用总体规划和城乡规划的要求进行。各地方和有关部门在土地管理工作中，要切实做好土地利用总体规划和城乡规划与国土空间规划在过渡期间的衔接，防止出现执法空白。

第八十七条　本法自1999年1月1日起施行。

【释义】　本条是关于本法生效日期的规定。

法律生效日期的问题，是任何一部法律都要涉及的问题。一部法律通过以后，就产生了从什么时候开始起生效、在什么地域范围内生效、对什么人有效的问题，这些问题就是法律的效力范围问题。法律效力范围包括时间效力、空间效力和对人的效力三个方面。法律的生效日期是法律的时间效力问题的规定。本次修改采取修正形式，只对原土地管理法的部分条文进行修改，修改内容有限，全国人大常委会的修改决定中也仅涉及修改的内容，修改后的条文根据全国人大常委会的修改决定自2020年1月1日起施行。其他在此次修改中未修改的条文仍然自1999年1月1日起施行，不受此次修改决定的影响。

考虑到全国人大常委会作出的关于授权国务院在北京市大兴区等三十三个试点县（市、区）开展农村土地征收、集体经营性建设用地入市、宅基地管理制度改革的试点的授权决定将于 2019 年年底到期，为做好本法与该授权决定的衔接，并为有关部门和地方开展法律宣传、制定完善配套规定等留出一定的时间，做好本法的实施相关工作，全国人大常委会的修改决定自 2020 年 1 月 1 日起施行。

第三部分

附　录

中华人民共和国城市房地产管理法

(1994年7月5日第八届全国人民代表大会常务委员会第八次会议通过 根据2007年8月30日第十届全国人民代表大会常务委员会第二十九次会议《关于修改〈中华人民共和国城市房地产管理法〉的决定》第一次修正 根据2009年8月27日第十一届全国人民代表大会常务委员会第十次会议《关于修改部分法律的决定》第二次修正 根据2019年8月26日第十三届全国人民代表大会常务委员会第十二次会议《关于修改〈中华人民共和国土地管理法〉、〈中华人民共和国城市房地产管理法〉的决定》第三次修正)

目　　录

第一章 总 则

第一条 为了加强对城市房地产的管理，维护房地产市场秩序，保障房地产权利人的合法权益，促进房地产业的健康发展，制定本法。

第二条 在中华人民共和国城市规划区国有土地（以下简称国有土地）范围内取得房地产开发用地的土地使用权，从事房地产开发、房地产交易，实施房地产管理，应当遵守本法。

本法所称房屋，是指土地上的房屋等建筑物及构筑物。

本法所称房地产开发，是指在依据本法取得国有土地使用权的土地上进行基础设施、房屋建设的行为。

本法所称房地产交易，包括房地产转让、房地产抵押和房屋租赁。

第三条 国家依法实行国有土地有偿、有限期使用制度。但是，国家在本法规定的范围内划拨国有土地使用权的除外。

第四条 国家根据社会、经济发展水平，扶持发展居民住宅建设，逐步改善居民的居住条件。

第五条 房地产权利人应当遵守法律和行政法规，依法纳税。房地产权利人的合法权益受法律保护，任何单位和个人不得侵犯。

第六条 为了公共利益的需要，国家可以征收国有土地上单位和个人的房屋，并依法给予拆迁补偿，维护被征收人的合法权益；征收个人住宅的，还应当保障被征收人的居住条件。具体办法由国务院规定。

第七条 国务院建设行政主管部门、土地管理部门依照国务院规定的职权划分，各司其职，密切配合，管理全国房地产工作。

县级以上地方人民政府房产管理、土地管理部门的机构设置及其职权由省、自治区、直辖市人民政府确定。

第二章 房地产开发用地

第一节 土地使用权出让

第八条 土地使用权出让，是指国家将国有土地使用权（以下简称土地使用权）在一定年限内出让给土地使用者，由土地使用者向国家支付土地使用权出让金的行为。

第九条　城市规划区内的集体所有的土地，经依法征收转为国有土地后，该幅国有土地的使用权方可有偿出让，但法律另有规定的除外。

第十条　土地使用权出让，必须符合土地利用总体规划、城市规划和年度建设用地计划。

第十一条　县级以上地方人民政府出让土地使用权用于房地产开发的，须根据省级以上人民政府下达的控制指标拟订年度出让土地使用权总面积方案，按照国务院规定，报国务院或者省级人民政府批准。

第十二条　土地使用权出让，由市、县人民政府有计划、有步骤地进行。出让的每幅地块、用途、年限和其他条件，由市、县人民政府土地管理部门会同城市规划、建设、房产管理部门共同拟定方案，按照国务院规定，报经有批准权的人民政府批准后，由市、县人民政府土地管理部门实施。

直辖市的县人民政府及其有关部门行使前款规定的权限，由直辖市人民政府规定。

第十三条　土地使用权出让，可以采取拍卖、招标或者双方协议的方式。

商业、旅游、娱乐和豪华住宅用地，有条件的，必须采取拍卖、招标方式；没有条件，不能采取拍卖、招标方式的，可以采取双方协议的方式。

采取双方协议方式出让土地使用权的出让金不得低于按国家规定所确定的最低价。

第十四条　土地使用权出让最高年限由国务院规定。

第十五条　土地使用权出让，应当签订书面出让合同。

土地使用权出让合同由市、县人民政府土地管理部门与土地使用者签订。

第十六条　土地使用者必须按照出让合同约定，支付土地使用权出让金；未按照出让合同约定支付土地使用权出让金的，土地管理部门有权解除合同，并可以请求违约赔偿。

第十七条　土地使用者按照出让合同约定支付土地使用权出让金的，市、县人民政府土地管理部门必须按照出让合同约定，提供出让的土地；未按照出让合同约定提供出让的土地的，土地使用者有权解除合同，由土地管理部门返还土地使用权出让金，土地使用者并可以请求违约赔偿。

第十八条　土地使用者需要改变土地使用权出让合同约定的土地用途的，

必须取得出让方和市、县人民政府城市规划行政主管部门的同意，签订土地使用权出让合同变更协议或者重新签订土地使用权出让合同，相应调整土地使用权出让金。

第十九条 土地使用权出让金应当全部上缴财政，列入预算，用于城市基础设施建设和土地开发。土地使用权出让金上缴和使用的具体办法由国务院规定。

第二十条 国家对土地使用者依法取得的土地使用权，在出让合同约定的使用年限届满前不收回；在特殊情况下，根据社会公共利益的需要，可以依照法律程序提前收回，并根据土地使用者使用土地的实际年限和开发土地的实际情况给予相应的补偿。

第二十一条 土地使用权因土地灭失而终止。

第二十二条 土地使用权出让合同约定的使用年限届满，土地使用者需要继续使用土地的，应当至迟于届满前一年申请续期，除根据社会公共利益需要收回该幅土地的，应当予以批准。经批准准予续期的，应当重新签订土地使用权出让合同，依照规定支付土地使用权出让金。

土地使用权出让合同约定的使用年限届满，土地使用者未申请续期或者虽申请续期但依照前款规定未获批准的，土地使用权由国家无偿收回。

第二节 土地使用权划拨

第二十三条 土地使用权划拨，是指县级以上人民政府依法批准，在土地使用者缴纳补偿、安置等费用后将该幅土地交付其使用，或者将土地使用权无偿交付给土地使用者使用的行为。

依照本法规定以划拨方式取得土地使用权的，除法律、行政法规另有规定外，没有使用期限的限制。

第二十四条 下列建设用地的土地使用权，确属必需的，可以由县级以上人民政府依法批准划拨：

（一）国家机关用地和军事用地；

（二）城市基础设施用地和公益事业用地；

（三）国家重点扶持的能源、交通、水利等项目用地；

（四）法律、行政法规规定的其他用地。

第三章 房地产开发

第二十五条 房地产开发必须严格执行城市规划,按照经济效益、社会效益、环境效益相统一的原则,实行全面规划、合理布局、综合开发、配套建设。

第二十六条 以出让方式取得土地使用权进行房地产开发的,必须按照土地使用权出让合同约定的土地用途、动工开发期限开发土地。超过出让合同约定的动工开发日期满一年未动工开发的,可以征收相当于土地使用权出让金百分之二十以下的土地闲置费;满二年未动工开发的,可以无偿收回土地使用权;但是,因不可抗力或者政府、政府有关部门的行为或者动工开发必需的前期工作造成动工开发迟延的除外。

第二十七条 房地产开发项目的设计、施工,必须符合国家的有关标准和规范。

房地产开发项目竣工,经验收合格后,方可交付使用。

第二十八条 依法取得的土地使用权,可以依照本法和有关法律、行政法规的规定,作价入股,合资、合作开发经营房地产。

第二十九条 国家采取税收等方面的优惠措施鼓励和扶持房地产开发企业开发建设居民住宅。

第三十条 房地产开发企业是以营利为目的,从事房地产开发和经营的企业。设立房地产开发企业,应当具备下列条件:

(一)有自己的名称和组织机构;

(二)有固定的经营场所;

(三)有符合国务院规定的注册资本;

(四)有足够的专业技术人员;

(五)法律、行政法规规定的其他条件。

设立房地产开发企业,应当向工商行政管理部门申请设立登记。工商行政管理部门对符合本法规定条件的,应当予以登记,发给营业执照;对不符合本法规定条件的,不予登记。

设立有限责任公司、股份有限公司,从事房地产开发经营的,还应当执行公司法的有关规定。

房地产开发企业在领取营业执照后的一个月内，应当到登记机关所在地的县级以上地方人民政府规定的部门备案。

第三十一条 房地产开发企业的注册资本与投资总额的比例应当符合国家有关规定。

房地产开发企业分期开发房地产的，分期投资额应当与项目规模相适应，并按照土地使用权出让合同的约定，按期投入资金，用于项目建设。

第四章　房地产交易

第一节　一般规定

第三十二条 房地产转让、抵押时，房屋的所有权和该房屋占用范围内的土地使用权同时转让、抵押。

第三十三条 基准地价、标定地价和各类房屋的重置价格应当定期确定并公布。具体办法由国务院规定。

第三十四条 国家实行房地产价格评估制度。

房地产价格评估，应当遵循公正、公平、公开的原则，按照国家规定的技术标准和评估程序，以基准地价、标定地价和各类房屋的重置价格为基础，参照当地的市场价格进行评估。

第三十五条 国家实行房地产成交价格申报制度。

房地产权利人转让房地产，应当向县级以上地方人民政府规定的部门如实申报成交价，不得瞒报或者作不实的申报。

第三十六条 房地产转让、抵押，当事人应当依照本法第五章的规定办理权属登记。

第二节　房地产转让

第三十七条 房地产转让，是指房地产权利人通过买卖、赠与或者其他合法方式将其房地产转移给他人的行为。

第三十八条 下列房地产，不得转让：

（一）以出让方式取得土地使用权的，不符合本法第三十九条规定的条件的；

（二）司法机关和行政机关依法裁定、决定查封或者以其他形式限制房地产权利的；

（三）依法收回土地使用权的；

（四）共有房地产，未经其他共有人书面同意的；

（五）权属有争议的；

（六）未依法登记领取权属证书的；

（七）法律、行政法规规定禁止转让的其他情形。

第三十九条 以出让方式取得土地使用权的，转让房地产时，应当符合下列条件：

（一）按照出让合同约定已经支付全部土地使用权出让金，并取得土地使用权证书；

（二）按照出让合同约定进行投资开发，属于房屋建设工程的，完成开发投资总额的百分之二十五以上，属于成片开发土地的，形成工业用地或者其他建设用地条件。

转让房地产时房屋已经建成的，还应当持有房屋所有权证书。

第四十条 以划拨方式取得土地使用权的，转让房地产时，应当按照国务院规定，报有批准权的人民政府审批。有批准权的人民政府准予转让的，应当由受让方办理土地使用权出让手续，并依照国家有关规定缴纳土地使用权出让金。

以划拨方式取得土地使用权的，转让房地产报批时，有批准权的人民政府按照国务院规定决定可以不办理土地使用权出让手续的，转让方应当按照国务院规定将转让房地产所获收益中的土地收益上缴国家或者作其他处理。

第四十一条 房地产转让，应当签订书面转让合同，合同中应当载明土地使用权取得的方式。

第四十二条 房地产转让时，土地使用权出让合同载明的权利、义务随之转移。

第四十三条 以出让方式取得土地使用权的，转让房地产后，其土地使用权的使用年限为原土地使用权出让合同约定的使用年限减去原土地使用者已经使用年限后的剩余年限。

第四十四条 以出让方式取得土地使用权的，转让房地产后，受让人改变原土地使用权出让合同约定的土地用途的，必须取得原出让方和市、县人民政府城市规划行政主管部门的同意，签订土地使用权出让合同变更协议或者重新签订土地使用权出让合同，相应调整土地使用权出让金。

第四十五条 商品房预售，应当符合下列条件：

（一）已交付全部土地使用权出让金，取得土地使用权证书；

（二）持有建设工程规划许可证；

（三）按提供预售的商品房计算，投入开发建设的资金达到工程建设总投资的百分之二十五以上，并已经确定施工进度和竣工交付日期；

（四）向县级以上人民政府房产管理部门办理预售登记，取得商品房预售许可证明。

商品房预售人应当按照国家有关规定将预售合同报县级以上人民政府房产管理部门和土地管理部门登记备案。

商品房预售所得款项，必须用于有关的工程建设。

第四十六条 商品房预售的，商品房预购人将购买的未竣工的预售商品房再行转让的问题，由国务院规定。

第三节 房地产抵押

第四十七条 房地产抵押，是指抵押人以其合法的房地产以不转移占有的方式向抵押权人提供债务履行担保的行为。债务人不履行债务时，抵押权人有权依法以抵押的房地产拍卖所得的价款优先受偿。

第四十八条 依法取得的房屋所有权连同该房屋占用范围内的土地使用权，可以设定抵押权。

以出让方式取得的土地使用权，可以设定抵押权。

第四十九条 房地产抵押，应当凭土地使用权证书、房屋所有权证书办理。

第五十条 房地产抵押，抵押人和抵押权人应当签订书面抵押合同。

第五十一条 设定房地产抵押权的土地使用权是以划拨方式取得的，依法拍卖该房地产后，应当从拍卖所得的价款中缴纳相当于应缴纳的土地使用权出让金的款额后，抵押权人方可优先受偿。

第五十二条 房地产抵押合同签订后，土地上新增的房屋不属于抵押财产。需要拍卖该抵押的房地产时，可以依法将土地上新增的房屋与抵押财产一同拍卖，但对拍卖新增房屋所得，抵押权人无权优先受偿。

第四节 房屋租赁

第五十三条 房屋租赁，是指房屋所有权人作为出租人将其房屋出租给承租人使用，由承租人向出租人支付租金的行为。

第五十四条 房屋租赁，出租人和承租人应当签订书面租赁合同，约定租赁期限、租赁用途、租赁价格、修缮责任等条款，以及双方的其他权利和义务，并向房产管理部门登记备案。

第五十五条 住宅用房的租赁，应当执行国家和房屋所在城市人民政府规定的租赁政策。租用房屋从事生产、经营活动的，由租赁双方协商议定租金和其他租赁条款。

第五十六条 以营利为目的，房屋所有权人将以划拨方式取得使用权的国有土地上建成的房屋出租的，应当将租金中所含土地收益上缴国家。具体办法由国务院规定。

第五节 中介服务机构

第五十七条 房地产中介服务机构包括房地产咨询机构、房地产价格评估机构、房地产经纪机构等。

第五十八条 房地产中介服务机构应当具备下列条件：

（一）有自己的名称和组织机构；

（二）有固定的服务场所；

（三）有必要的财产和经费；

（四）有足够数量的专业人员；

（五）法律、行政法规规定的其他条件。

设立房地产中介服务机构，应当向工商行政管理部门申请设立登记，领取营业执照后，方可开业。

第五十九条 国家实行房地产价格评估人员资格认证制度。

第五章 房地产权属登记管理

第六十条 国家实行土地使用权和房屋所有权登记发证制度。

第六十一条 以出让或者划拨方式取得土地使用权，应当向县级以上地方人民政府土地管理部门申请登记，经县级以上地方人民政府土地管理部门核实，由同级人民政府颁发土地使用权证书。

在依法取得的房地产开发用地上建成房屋的，应当凭土地使用权证书向县级以上地方人民政府房产管理部门申请登记，由县级以上地方人民政府房产管理部门核实并颁发房屋所有权证书。

房地产转让或者变更时，应当向县级以上地方人民政府房产管理部门申请房产变更登记，并凭变更后的房屋所有权证书向同级人民政府土地管理部门申请土地使用权变更登记，经同级人民政府土地管理部门核实，由同级人民政府更换或者更改土地使用权证书。

法律另有规定的，依照有关法律的规定办理。

第六十二条 房地产抵押时，应当向县级以上地方人民政府规定的部门办理抵押登记。

因处分抵押房地产而取得土地使用权和房屋所有权的，应当依照本章规定办理过户登记。

第六十三条 经省、自治区、直辖市人民政府确定，县级以上地方人民政府由一个部门统一负责房产管理和土地管理工作的，可以制作、颁发统一的房地产权证书，依照本法第六十一条的规定，将房屋的所有权和该房屋占用范围内的土地使用权的确认和变更，分别载入房地产权证书。

第六章 法律责任

第六十四条 违反本法第十一条、第十二条的规定，擅自批准出让或者擅自出让土地使用权用于房地产开发的，由上级机关或者所在单位给予有关责任人员行政处分。

第六十五条 违反本法第三十条的规定，未取得营业执照擅自从事房地产开发业务的，由县级以上人民政府工商行政管理部门责令停止房地产开发业务活动，没收违法所得，可以并处罚款。

第六十六条　违反本法第三十九条第一款的规定转让土地使用权的，由县级以上人民政府土地管理部门没收违法所得，可以并处罚款。

第六十七条　违反本法第四十条第一款的规定转让房地产的，由县级以上人民政府土地管理部门责令缴纳土地使用权出让金，没收违法所得，可以并处罚款。

第六十八条　违反本法第四十五条第一款的规定预售商品房的，由县级以上人民政府房产管理部门责令停止预售活动，没收违法所得，可以并处罚款。

第六十九条　违反本法第五十八条的规定，未取得营业执照擅自从事房地产中介服务业务的，由县级以上人民政府工商行政管理部门责令停止房地产中介服务业务活动，没收违法所得，可以并处罚款。

第七十条　没有法律、法规的依据，向房地产开发企业收费的，上级机关应当责令退回所收取的钱款；情节严重的，由上级机关或者所在单位给予直接责任人员行政处分。

第七十一条　房产管理部门、土地管理部门工作人员玩忽职守、滥用职权，构成犯罪的，依法追究刑事责任；不构成犯罪的，给予行政处分。

房产管理部门、土地管理部门工作人员利用职务上的便利，索取他人财物，或者非法收受他人财物为他人谋取利益，构成犯罪的，依法追究刑事责任；不构成犯罪的，给予行政处分。

第七章　附　　则

第七十二条　在城市规划区外的国有土地范围内取得房地产开发用地的土地使用权，从事房地产开发、交易活动以及实施房地产管理，参照本法执行。

第七十三条　本法自 1995 年 1 月 1 日起施行。

相关立法资料

《中华人民共和国土地管理法》、《中华人民共和国城市房地产管理法》修正案（草案）

一、中华人民共和国土地管理法修正案（草案）

（一）增加一条，作为第六条："国务院授权的机构对省、自治区、直辖市人民政府以及国务院确定的城市人民政府土地利用和土地管理情况进行督察。"

（二）将第十一条、第十二条合并，作为第十二条，修改为："土地所有权和使用权的登记，依照有关不动产登记的法律、行政法规执行。"

（三）将第十四条、第十五条合并，作为第十四条，修改为："农民集体所有的土地由本集体经济组织的成员承包经营，从事种植业、林业、畜牧业、渔业生产。耕地的承包期为三十年。草地的承包期为三十年至五十年。林地的承包期为三十年至七十年。耕地承包期届满后再延长三十年，草地、林地承包期届满后依法相应延长。发包方和承包方应当依法订立承包合同，约定双方的权利和义务。承包经营土地的农民有保护和按照承包合同约定的用途合理利用土地的义务。农民的土地承包经营权受法律保护。

"国有土地可以由单位或者个人承包经营，从事种植业、林业、畜牧业、渔业生产。农民集体所有的土地，可以由本集体经济组织以外的单位或者个人承包经营，从事种植业、林业、畜牧业、渔业生产。发包方和承包方应当依法订立承包合同，约定双方的权利和义务。土地承包经营的期限由承包合同约定。承包经营土地的单位和个人，有保护和按照承包合同约定的用途合理利用土地的义务。"

（四）将第十九条改为第十八条，修改为："土地利用总体规划按照下列原则编制：

"（一）落实国土空间开发保护要求，严格土地用途管制；

"（二）严格保护永久基本农田，控制非农业建设占用农用地；

"（三）提高土地节约集约利用水平；

"（四）统筹安排城乡生产、生活、生态用地；

"（五）保护和改善生态环境，保障土地的可持续利用；

"（六）占用耕地与开发复垦耕地数量平衡、质量相当。

"经依法批准的国土空间规划是各类开发建设活动的基本依据。已经编制国土空间规划的，不再编制土地利用总体规划和城市总体规划。"

（五）将第二十九条改为第二十八条，第二款修改为："县级以上人民政府统计机构和自然资源主管部门依法进行土地统计调查，定期发布土地统计资料。土地所有者或者使用者应当提供有关资料，不得提供不真实、不完整统计资料，不得拒报、迟报统计资料。"

（六）将第三十一条改为第三十条，删去第二款中的"专款用于开垦新的耕地"。

（七）将第三十三条改为第三十二条，修改为："省、自治区、直辖市人民政府应当严格执行土地利用总体规划和土地利用年度计划，采取措施，确保本行政区域内耕地总量不减少、质量不降低；耕地总量减少的，由国务院责令在规定期限内组织开垦与所减少耕地的数量与质量相当的耕地，耕地质量降低的，由国务院责令在规定期限内组织整改，并由国务院自然资源主管部门会同农业农村主管部门验收。个别省、直辖市确因土地后备资源匮乏，新增建设用地后，新开垦耕地的数量不足以补偿所占用耕地的数量的，必须报经国务院批准减免本行政区域内开垦耕地的数量，进行易地开垦。"

（八）将第三十四条改为第三十三条，修改为："国家实行永久基本农田保护制度。下列耕地应当根据土地利用总体规划划为永久基本农田，实行严格保护：

"（一）经国务院农业农村主管部门或者县级以上地方人民政府批准确定的粮、棉、油、糖等重要农产品生产基地内的耕地；

"（二）有良好的水利与水土保持设施的耕地，正在实施改造计划以及可以改造的中、低产田；

"（三）蔬菜生产基地；

"（四）农业科研、教学试验田；

"（五）国务院规定应当划为永久基本农田的其他耕地。

"各省、自治区、直辖市划定的永久基本农田一般应当占本行政区域内耕地的百分之八十以上，具体比例由国务院根据各省、自治区、直辖市耕地实际情况另行规定。"

（九）增加一条，作为第三十四条："永久基本农田划定以乡（镇）为单位进行，由县级人民政府自然资源主管部门会同同级农业农村主管部门组织实施。

"永久基本农田应当落实到地块，设立保护标志，纳入国家永久基本农田数据库严格管理，并由乡（镇）人民政府将其位置、范围向社会公告。"

（十）增加一条，作为第三十五条："永久基本农田经依法划定后，任何单位和个人不得擅自占用或者改变其用途。国家能源、交通、水利、军事设施等重点建设项目选址确实难以避让永久基本农田，涉及农用地转用或者土地征收的，必须经国务院批准。

"禁止通过擅自调整县级土地利用总体规划、乡（镇）土地利用总体规划的方式规避永久基本农田农用地转用或者土地征收的审批。"

（十一）将第三十七条改为第三十八条，删去该条第三款。

（十二）删去第四十三条。

（十三）将第四十四条第二款、第三款修改为："永久基本农田转为建设用地的，由国务院批准。省、自治区、直辖市人民政府批准的道路、管线工程和大型基础设施建设项目、国务院批准的建设项目占用土地，涉及农用地转为建设用地的，由国务院或者国务院授权的省、自治区、直辖市人民政府批准。

"在土地利用总体规划确定的城市和村庄、集镇建设用地规模范围内，为实施该规划而将农用地转为建设用地的，按土地利用年度计划分批次按照国务院规定由原批准土地利用总体规划的机关或者其授权的机关批准。在已批准的农用地转用范围内，具体建设项目用地可以由市、县人民政府批准。"

（十四）增加一条，作为第四十五条："有下列情形之一，确需征收农民集体所有土地的，可以依法实施征收：

　　"（一）军事和外交需要用地的；

　　"（二）由政府组织实施的能源、交通、水利、通信、邮政等基础设施建设需要用地的；

　　"（三）由政府组织实施的科技、教育、文化、卫生、体育、生态环境和资源保护、防灾减灾、文物保护、社区综合服务设施建设、社会福利、市政公用、优抚安置、英烈褒扬等公共事业需要用地的；

　　"（四）由政府组织实施的保障性安居工程建设需要用地的；

　　"（五）由政府在土地利用总体规划确定的城镇建设用地范围内组织实施成片开发建设需要用地的；

　　"（六）法律规定可以征收农民集体所有土地的其他情形。

　　"前款第五项规定的成片开发应当符合国务院自然资源主管部门规定的标准。"

　　（十五）将第四十五条改为第四十六条，删去第二款中的"并报国务院备案"。

　　（十六）将第四十六条、第四十八条合并，作为第四十七条，修改为："市、县人民政府拟申请征收土地的，应当开展拟征收土地现状调查和社会稳定风险评估，并将征收范围、土地现状、征收目的、补偿标准、安置方式和社会保障等在拟征收土地所在的乡（镇）和村、村民小组范围内进行公告，听取被征地的农村集体经济组织及其成员、村民委员会和其他利害关系人的意见。

　　"拟征收土地的所有权人、使用权人应当在公告规定期限内，持不动产权属证书办理补偿登记。市、县人民政府应当组织有关部门与拟征收土地的所有权人、使用权人就补偿安置等签订协议，测算并落实有关费用，保证足额到位；个别确实难以达成协议的，应当在申请征收土地时如实说明。

　　"相关前期工作完成后，市、县人民政府方可申请征收土地。

　　"国家征收土地的，依照法定程序批准后，由县级以上地方人民政府予以公告并组织实施。"

　　（十七）将第四十七条改为第四十八条，修改为："征收土地应当给予公平、合理的补偿，保障被征地农民原有生活水平不降低、长远生计有保障。

"征收土地应当依法及时足额支付土地补偿费、安置补助费以及农村村民住宅、地上附着物和青苗等的补偿费用，并安排被征地农民的社会保障费用。

"征收农用地的土地补偿费、安置补助费标准由省、自治区、直辖市制定公布区片综合地价确定。制定区片综合地价应当综合考虑土地原用途、土地资源条件、土地产值、安置人口、区位、供求关系以及经济社会发展水平等因素，并根据社会、经济发展水平适时调整。

"征收农村村民住宅的，应当按照先补偿后搬迁、居住条件有改善的原则，尊重农村村民意愿，采取重新安排宅基地建房、提供安置房或者货币补偿等方式给予公平合理补偿，保障其居住权和农村村民合法的住房财产权益。具体办法由省、自治区、直辖市制定。

"市、县人民政府应当将被征地农民纳入相应的养老等社会保障体系。被征地农民的社会保障费用主要用于符合条件的被征地农民的养老保险等社会保险缴费补贴。

"征收农用地以外的其他土地、地上附着物和青苗等的补偿标准以及被征地农民社会保障费用的筹集、管理和使用办法，由省、自治区、直辖市制定。"

（十八）删去第五十五条第二款中的"都专项用于耕地开发"。

（十九）将第六十二条修改为："农村村民一户只能拥有一处宅基地，其宅基地的面积不得超过省、自治区、直辖市规定的标准。

"人均土地少、不能保障一户一宅的地区，县级人民政府在充分尊重农村村民意愿的基础上，可以采取措施，按照省、自治区、直辖市规定的标准保障农村村民实现户有所居的权利。

"农村村民建住宅，应当符合乡（镇）土地利用总体规划，不得占用永久基本农田，并尽量使用原有的宅基地和村内空闲地。

"农村村民住宅用地，由乡（镇）人民政府审核批准；其中，涉及占用农用地的，依照本法第四十四条的规定办理农用地转用审批手续。

"农村村民出卖、出租住宅后，再申请宅基地的，不予批准。

"国家鼓励进城落户的农村村民依法自愿有偿退出宅基地。

"国务院农业农村主管部门负责全国农村宅基地改革和管理有关工作。"

（二十）将第六十三条修改为："县级土地利用总体规划、乡（镇）土地利用总体规划确定为工业、商业等经营性用途，并经依法登记的集体建设用地，土地所有权人可以通过出让、出租等方式交由单位或者个人使用，并应当签订书面合同，明确用地供应、动工期限、使用期限、规划用途和双方其他权利义务。

"按照前款规定取得的集体建设用地使用权可以转让、互换、出资、赠与或者抵押，但法律、法规另有规定或者土地所有权人、土地使用权人签订的书面合同另有约定的除外。"

（二十一）增加一条，作为第六十四条："依法取得集体建设用地使用权的，土地使用权人应当严格按照土地利用总体规划确定的用途使用土地。

"集体建设用地使用权的出让、出租、转让、互换、出资、赠与、抵押，其最高年限、登记等参照同类用途的国有建设用地执行。具体办法由国务院自然资源主管部门制定。"

（二十二）将第六十五条改为第六十六条，增加一款，作为第三款："收回出让、出租、转让、互换、出资、赠与、抵押的集体建设用地使用权，依照双方签订的书面合同办理，法律、法规另有规定的除外。"

（二十三）将第六十六条改为第六十七条，增加一款，作为第二款："县级以上人民政府农业农村主管部门对违反农村宅基地管理法律、法规的行为进行监督检查的，适用本法关于自然资源主管部门的规定。"

（二十四）将第七十条改为第七十一条，修改为："县级以上人民政府自然资源主管部门在监督检查工作中发现国家工作人员的违法行为，依法应当给予处分的，应当依法予以处理；自己无权处理的，应当依法转送有关监察机关处理。"

（二十五）将第七十四条改为第七十五条，并将其中的"土地行政主管部门"修改为"自然资源主管部门、农业农村主管部门等按照职责"。

（二十六）将第七十七条改为第七十八条，并将其中的"土地行政主管部门"修改为"农业农村主管部门"。

（二十七）将第八十一条改为第八十二条，修改为："非法将农民集体所有的土地的使用权通过出让、出租、转让、互换、出资、赠与、抵押等方式交由单位或者个人使用的，由县级以上人民政府自然资源主管部门责令限期改正，没收违法所得，并处罚款。"

（二十八）删去第八十二条。

（二十九）将第八十四条中的"土地行政主管部门"修改为"自然资源主管部门、农业农村主管部门"。

此外，将有关条款中的"土地行政主管部门"修改为"自然资源主管部门"，"基本农田"修改为"永久基本农田"，"行政处分"修改为"处分"。

本修正案自　年　月　日起施行。

《中华人民共和国土地管理法》根据本修正案作相应修改并对条文序号作相应调整，重新公布。

二、中华人民共和国城市房地产管理法修正案（草案）

将第九条修改为："城市规划区内的集体所有的土地，经依法征收转为国有土地后，该幅国有土地的使用权方可有偿出让，但法律另有规定的除外。"

本修正案自　年　月　日起施行。

《中华人民共和国城市房地产管理法》根据本修正案作相应修改，重新公布。

关于《〈中华人民共和国土地管理法〉、〈中华人民共和国城市房地产管理法〉修正案（草案）》的说明

党中央、国务院高度重视农村土地制度改革。习近平总书记指出，土地制度是国家的基础性制度，农村土地制度改革是个大事，涉及的主体、包含的利益关系十分复杂，必须审慎稳妥推进。李克强总理强调，要坚持从实际出发，因地制宜，深化农村土地制度改革试点，赋予农民更多财产权利，更好保护农民合法权益。按照党中央、国务院决策部署，在认真总结农村土地制度改革试点成果基础上，自然资源部会同有关方面起草了《〈中华人民共和国土地管理法〉、〈中华人民共和国城市房地产管理法〉修正案（草案）》

（以下简称草案）。草案已经国务院同意。现说明如下：

一、修改工作情况

根据党中央关于农村土地制度改革的决策部署，全国人大常委会于 2015 年通过决定，授权国务院在试点地区暂时调整实施土地管理法、城市房地产管理法有关规定，并要求在总结试点经验基础上，对实践证明可行的，修改完善有关法律，授权期限至 2017 年 12 月 31 日。2017 年，全国人大常委会决定将授权期限延长至 2018 年 12 月 31 日。

按照党中央、国务院统一部署，原国土资源部在总结农村土地征收、集体经营性建设用地入市、宅基地制度改革试点经验的基础上起草了土地管理法修正案（征求意见稿），向社会公开征求了意见，于 2017 年 8 月报送国务院。司法部先后两次征求农业农村部等有关部门、地方人民政府、研究机构和企业的意见，赴实地调研，召开专家论证会和有关部门座谈会，会同自然资源部反复研究修改，形成了草案。草案已经国务院常务会议讨论通过。

二、修改的基本原则

土地制度是国家的基础性制度，事关经济社会发展和国家长治久安。在修改过程中坚持了以下原则：

一是坚持正确方向。按照习近平总书记关于"不能把农村土地集体所有制改垮了，不能把耕地改少了，不能把粮食生产能力改弱了，不能把农民利益损害了"的重要指示和李克强总理关于"任何时候都要守住耕地红线"、"要坚持数量与质量并重，严格划定永久基本农田"的要求，坚持现行土地管理法关于土地所有制的规定，全面强化对永久基本农田的管理和保护，在征地补偿标准、宅基地审批等直接关系农民利益的问题上只做加法、不做减法，确保法律修改方向正确。

二是坚持问题导向。为破解集体经营性建设用地入市的法律障碍，删去了从事非农业建设必须使用国有土地或者征为国有的原集体土地的规定；为缩小土地征收范围、规范土地征收程序，限定了可以征收集体土地的具体情形，补充了社会稳定风险评估、先签协议再上报征地审批等程序；为完善对被征地农民保障机制，修改征收土地按照年产值倍数补偿的规定，强化了对被征地农民的社会保障、住宅补偿等制度。

三是坚持制度创新。在全面总结农村土地制度改革三项试点经验的基础上，落实党的十九大精神和中央有关政策文件，将依法经过试点、各方面认识比较一致的土地征收、集体经营性建设用地入市、宅基地管理方面的制度创新经验及时上升为法律制度；对经过实践检验比较成熟的永久基本农田保护、土地督察等制度通过法律予以明确；同时，为"多规合一"、国土空间规划体系建设等预留了法律空间。

四是坚持稳妥推进。按照习近平总书记关于"要采取稳妥的办法，既要做一些积极的探索，又要可控、不失控、不引起混乱"的重要指示和李克强总理关于"坚定不移实行最严格的耕地保护制度、最严格的节约用地制度，将良田沃土、绿色田园留给子孙后代"的要求，综合考虑我国城镇化的实际需求，兼顾不同省份经济社会发展的差异性，在征地补偿标准上将平均年产值倍数标准修改为区片综合地价标准并授权省、自治区、直辖市制定公布；在征地范围上与经实践检验比较可行的《国有土地上房屋征收与补偿条例》相衔接，同时将成片开发纳入可以征地的情形，以免对经济社会发展影响过大。

三、修改的主要内容

土地管理法修正案（草案）共二十九条，主要内容包括：

（一）关于土地征收

一是缩小土地征收范围。删去现行土地管理法关于从事非农业建设使用土地的，必须使用国有土地或者征为国有的原集体土地的规定；明确因政府组织实施基础设施建设、公共事业、成片开发建设等六种情形需要用地的，可以征收集体土地。其中成片开发可以征收土地的范围限定在土地利用总体规划确定的城镇建设用地范围内，此外不能再实施"成片开发"征地，为集体经营性建设用地入市预留空间。（第十二条、第十四条）

二是规范土地征收程序。要求市、县人民政府申请征收土地前进行土地现状调查、公告听取被征地的农村集体经济组织及其成员意见、组织开展社会稳定风险评估等前期工作，与拟征收土地的所有权人、使用权人就补偿安置等签订协议，测算并落实有关费用，保证足额到位，方可申请征收土地。

个别确实难以达成协议的，应当在申请征收土地时如实说明，供审批机关决策参考。（第十六条）

三是完善对被征地农民合理、规范、多元保障机制。在总结试点经验的基础上，将公平合理补偿，保障被征地农民原有生活水平不降低、长远生计有保障作为基本要求；明确征收农用地的土地补偿费、安置补助费标准由省、自治区、直辖市制定公布区片综合地价确定，制定区片综合地价要综合考虑土地原用途、土地资源条件、土地产值、安置人口、区位、供求关系以及经济社会发展水平等因素；考虑到农村村民住宅补偿、被征地农民社会保障费用对被征地农民住有所居和长远生计的重要性，将这两项费用单列，明确征收农村村民住宅要按照先补偿后搬迁、居住条件有改善的原则，尊重农村村民意愿，采取重新安排宅基地建房、提供安置房等方式，保障其居住权，并将被征地农民纳入相应的养老等社会保障体系。（第十七条）

（二）关于集体经营性建设用地入市

一是明确入市的条件。对土地利用总体规划确定为工业、商业等经营性用途，并经依法登记的集体建设用地，允许土地所有权人通过出让、出租等方式交由单位或者个人使用，并应当签订书面合同，明确用地供应、动工期限、使用期限、规划用途和双方其他权利义务；相关建设用地使用权的收回依照双方签订的书面合同办理。（第二十条、第二十二条）

二是明确集体经营性建设用地入市后的管理措施。为维护土地管理秩序，明确要求集体建设用地使用权人严格按照土地利用总体规划确定的用途使用土地；集体建设用地使用权的最高年限、登记等，参照同类用途的国有建设用地执行。具体办法由国务院自然资源主管部门制定。（第二十一条）

（三）关于宅基地制度

一是健全宅基地权益保障方式。根据乡村振兴的现实需求和各地宅基地现状，规定对人均土地少、不能保障一户一宅的地区，允许县级人民政府在尊重农村村民意愿的基础上采取措施，保障农村村民实现户有所居的权利。（第十九条第二款）

二是完善宅基地管理制度。下放宅基地审批权，明确农村村民申请宅基地的，由乡（镇）人民政府审核批准，但涉及占用农用地的，应当依法办理农用地转用审批手续；落实深化党和国家机构改革精神，明确国务院农业农村主管部门负责全国农村宅基地改革和管理有关工作，赋予农业农村主管部门在宅基地监督管理和行政执法等方面相应职责。（第十九条第四款和第七款、第二十三条、第二十六条）

三是探索宅基地自愿有偿退出机制。原则规定允许进城落户的农村村民依法自愿有偿退出宅基地。（第十九条第六款）

（四）其他修改

一是强化耕地尤其是永久基本农田保护。要求地方人民政府确保规划确定的本行政区域内耕地保有量不减少、质量不降低。明确永久基本农田要落实到地块，设立保护标志，纳入国家永久基本农田数据库严格管理，并由乡（镇）人民政府将其位置、范围向社会公告；任何单位和个人不得擅自占用永久基本农田或者改变其用途；国家重点建设项目选址确实难以避让永久基本农田，涉及农用地转用或者土地征收的，必须经国务院批准；禁止通过擅自调整县、乡（镇）土地利用总体规划的方式规避永久基本农田农用地转用或者土地征收的审批。（第七条至第十条、第十三条）

二是为"多规合一"预留空间。将落实国土空间开发保护要求作为土地利用总体规划的编制原则，规定经依法批准的国土空间规划是各类开发建设活动的基本依据，已经编制国土空间规划的，不再编制土地利用总体规划和城市总体规划。（第四条）

三是适当下放农用地转用审批权限。按照现行法律规定，凡是省级人民政府批准的道路、管线工程和大型基础设施建设项目、国务院批准的建设项目，其农用地转用都由国务院批准。为深化"放管服"改革和改善营商环境，需要在严格保护耕地特别是永久基本农田的前提下，适当下放农用地转用审批权限。草案规定，永久基本农田转为建设用地的，由国务院批准；其他原由国务院批准的情形，改为"由国务院或者国务院授权的省、自治区、直辖市人民政府批准"。分批次用地，原规定由"原批准土地利用总体规划的机关批准"，改为"按照国务院规定由原批准土地利用总体规划的机关或者其授权的机关批准"。（第十三条）

四是删去了省级人民政府批准征地报国务院备案的规定。现行法律规定，省、自治区、直辖市人民政府批准征地，需报国务院备案。草案删去了"并报国务院备案"的规定，主要考虑：按照"谁的事权谁负责"的原则，省级人民政府决定征收的事项，由该人民政府负责。取消备案后，更有利于压实地方责任。自然资源部拟通过督察、用地审批监管平台等行政、技术手段加强对地方的监管。（第十五条）

同时，根据土地管理实践经验，结合机构改革、财政管理制度等方面的需要，对土地督察制度、部门名称、相关费用使用、部分法律责任条款等一并作了修改。

此外，为与土地管理法修改做好衔接，扫清集体经营性建设用地入市的法律障碍，对城市房地产管理法第九条关于城市规划区内的集体土地必须先征收为国有后才能出让的规定一并作出修改，城市房地产管理法修正案（草案）规定："城市规划区内的集体所有的土地，经依法征收转为国有土地后，该幅国有土地的使用权方可有偿出让，但法律另有规定的除外。"

《中华人民共和国土地管理法》、《中华人民共和国城市房地产管理法》修正案（草案）

（二次审议稿）

一、中华人民共和国土地管理法修正案（草案）

（一）增加一条，作为第六条："国务院授权的机构对省、自治区、直辖市人民政府以及国务院确定的城市人民政府土地利用和土地管理情况进行督察。"

（二）将第十一条、第十二条合并，作为第十二条，修改为："土地所有权和土地承包经营权、宅基地使用权、建设用地使用权等的登记，依照有关不动产登记的法律、行政法规执行。"

（三）将第十四条、第十五条合并，作为第十四条，修改为："农民集体所有的土地由本集体经济组织的成员承包经营，从事种植业、林业、畜牧业、渔业生产。耕地的承包期为三十年。草地的承包期为三十年至五十年。林地的承包期为三十年至七十年。耕地承包期届满后再延长三十年，草地、林地承包期届满后依法相应延长。发包方和承包方应当依法订立承包合同，约定双方的权利和义务。承包经营土地的农民有保护和按照承包合同约定的用途合理利用土地的义务。农民的土地承包经营权受法律保护。

"国有土地可以由单位或者个人承包经营，从事种植业、林业、畜牧业、渔业生产。农民集体所有的土地，可以由本集体经济组织以外的单位或者个人承包经营，从事种植业、林业、畜牧业、渔业生产。发包方和承包方应当依法订立承包合同，约定双方的权利和义务。土地承包经营的期限由承包合同约定。承包经营土地的单位和个人，有保护和按照承包合同约定的用途合理利用土地的义务。"

（四）将第十九条改为第十八条，修改为："土地利用总体规划按照下列原则编制：

"（一）落实国土空间开发保护要求，严格土地用途管制；

"（二）严格保护永久基本农田，控制非农业建设占用农用地；

"（三）提高土地节约集约利用水平；

"（四）统筹安排城乡生产、生活、生态用地；

"（五）保护和改善生态环境，保障土地的可持续利用；

"（六）占用耕地与开发复垦耕地数量平衡、质量相当。

"国家建立国土空间规划体系。经依法批准的国土空间规划是各类开发、保护、建设活动的基本依据。已经编制国土空间规划的，不再编制土地利用总体规划和城乡规划。"

（五）将第二十九条改为第二十八条，第二款、第三款修改为："县级以上人民政府统计机构和自然资源主管部门依法进行土地统计调查，定期发布土地统计资料。土地所有者或者使用者应当提供有关资料，不得提供不真实、不完整的统计资料，不得拒报、迟报统计资料。

"自然资源主管部门和统计机构共同发布的土地面积统计资料是各级人民政府编制土地利用总体规划的依据。"

（六）将第三十三条改为第三十二条，修改为："省、自治区、直辖市人民政府应当严格执行土地利用总体规划和土地利用年度计划，采取措施，确保本行政区域内耕地总量不减少、质量不降低。耕地总量减少的，由国务院责令在规定期限内组织开垦与所减少耕地的数量与质量相当的耕地；耕地质量降低的，由国务院责令在规定期限内组织整治。新开垦和整治的耕地由国务院自然资源主管部门会同农业农村主管部门验收。

"个别省、直辖市确因土地后备资源匮乏，新增建设用地后，新开垦耕地的数量不足以补偿所占用耕地的数量的，必须报经国务院批准减免本行政区域内开垦耕地的数量，进行易地开垦。"

（七）将第三十四条改为第三十三条，修改为："国家实行永久基本农田保护制度。下列耕地应当根据土地利用总体规划划为永久基本农田，实行严格保护：

"（一）经国务院农业农村主管部门或者县级以上地方人民政府批准确定的粮、棉、油、糖等重要农产品生产基地内的耕地；

"（二）有良好的水利与水土保持设施的耕地，正在实施改造计划以及可以改造的中、低产田和已建成的高标准农田；

"（三）蔬菜生产基地；

"（四）农业科研、教学试验田；

"（五）国务院规定应当划为永久基本农田的其他耕地。

"各省、自治区、直辖市划定的永久基本农田一般应当占本行政区域内耕地的百分之八十以上，具体比例由国务院根据各省、自治区、直辖市耕地实际情况规定。"

（八）增加一条，作为第三十四条："永久基本农田划定以乡（镇）为单位进行，由县级人民政府自然资源主管部门会同同级农业农村主管部门组织实施。永久基本农田应当落实到地块，纳入国家永久基本农田数据库严格管理。

"乡（镇）人民政府应当将永久基本农田的位置、范围向社会公告，并设立保护标志。"

（九）增加一条，作为第三十五条："永久基本农田经依法划定后，任何单位和个人不得擅自占用或者改变其用途。国家能源、交通、水利、军事设施等重点建设项目选址确实难以避让永久基本农田，涉及农用地转用或者土地征收的，必须经国务院批准。

"禁止通过擅自调整县级土地利用总体规划、乡（镇）土地利用总体规划等方式规避永久基本农田农用地转用或者土地征收的审批。"

（十）将第三十七条改为第三十八条，删去第三款。

（十一）删去第四十三条。

（十二）将第四十四条第二款、第三款修改为："永久基本农田转为建设用地的，由国务院批准。省、自治区、直辖市人民政府批准的道路、管线工程和大型基础设施建设项目、国务院批准的建设项目占用土地，涉及农用地转为建设用地的，由国务院或者国务院授权的省、自治区、直辖市人民政府批准。

"在土地利用总体规划确定的城市和村庄、集镇建设用地规模范围内，为实施该规划而将农用地转为建设用地的，按土地利用年度计划分批次按照国务院规定由原批准土地利用总体规划的机关或者其授权的机关批准。在已批准的农用地转用范围内，具体建设项目用地可以由市、县人民政府批准。"

（十三）增加一条，作为第四十五条："为了公共利益的需要，有下列情形之一，确需征收农民集体所有的土地的，可以依法实施征收：

"（一）军事和外交需要用地的；

"（二）由政府组织实施的能源、交通、水利、通信、邮政等基础设施建设需要用地的；

"（三）由政府组织实施的科技、教育、文化、卫生、体育、生态环境和资源保护、防灾减灾、文物保护、社区综合服务设施建设、社会福利、市政公用、优抚安置、英烈保护等公共事业需要用地的；

"（四）由政府组织实施的扶贫搬迁、保障性安居工程建设需要用地的；

"（五）由政府在土地利用总体规划确定的城镇建设用地范围内组织实施成片开发建设需要用地的；

"（六）法律规定为公共利益需要可以征收农民集体所有的土地的其他情形。

"前款规定的建设活动，应当符合国民经济和社会发展规划、土地利用总体规划、城乡规划和专项规划；第（四）项、第（五）项规定的建设活动，还应当纳入国民经济和社会发展年度计划；第（五）项规定的成片开发并应当符合国务院自然资源主管部门规定的标准。"

（十四）将第四十五条改为第四十六条，删去第二款中的"并报国务院备案"。

（十五）将第四十六条、第四十八条合并，作为第四十七条，修改为："国家征收土地的，依照法定程序批准后，由县级以上地方人民政府予以公告并组织实施。

"县级以上地方人民政府拟申请征收土地的，应当开展拟征收土地现状调查和社会稳定风险评估，并将征收范围、土地现状、征收目的、补偿标准、安置方式和社会保障等在拟征收土地所在的乡（镇）和村、村民小组范围内进行公告，听取被征地的农村集体经济组织及其成员、村民委员会和其他利害关系人的意见。

"拟征收土地的所有权人、使用权人应当在公告规定期限内，持不动产权属证明材料办理补偿登记。县级以上地方人民政府应当组织有关部门测算并落实有关费用，保证足额到位，与拟征收土地的所有权人、使用权人就补偿、安置等签订协议；个别确实难以达成协议的，应当在申请征收土地时如实说明。

"相关前期工作完成后，县级以上地方人民政府方可申请征收土地。"

（十六）将第四十七条改为第四十八条，修改为："征收土地应当给予公平、合理的补偿，保障被征地农民原有生活水平不降低、长远生计有保障。

"征收土地应当依法及时足额支付土地补偿费、安置补助费以及农村村民住宅、地上附着物和青苗等的补偿费用，并安排被征地农民的社会保障费用。

"征收农用地的土地补偿费、安置补助费标准由省、自治区、直辖市通过制定公布区片综合地价确定。制定区片综合地价应当综合考虑土地原用途、土地资源条件、土地产值、土地区位、土地供求关系、人口以及经济社会发展水平等因素，并至少每五年调整或者重新公布一次。

"征收农用地以外的其他土地、地上附着物和青苗等的补偿标准，由省、自治区、直辖市制定。对其中的农村村民住宅，应当按照先补偿后搬迁、居住条件有改善的原则，尊重农村村民意愿，采取重新安排宅基地建房、提供安置房或者货币补偿等方式给予公平、合理的补偿，并对因征收造成的搬迁、临时安置等费用予以补偿，保障农村村民居住的权利和合法的住房财产权益。

"县级以上地方人民政府应当将被征地农民纳入相应的养老等社会保障

体系。被征地农民的社会保障费用主要用于符合条件的被征地农民的养老保险等社会保险缴费补贴。被征地农民社会保障费用的筹集、管理和使用办法，由省、自治区、直辖市制定。"

（十七）将第五十五条第二款修改为："自本法施行之日起，新增建设用地的土地有偿使用费，百分之三十上缴中央财政，百分之七十留给有关地方人民政府。具体使用管理办法由国务院财政部门会同有关部门制定，并报国务院批准。"

（十八）将第六十二条修改为："农村村民一户只能拥有一处宅基地，其宅基地的面积不得超过省、自治区、直辖市规定的标准。

"人均土地少、不能保障一户拥有一处宅基地的地区，县级人民政府在充分尊重农村村民意愿的基础上，可以采取措施，按照省、自治区、直辖市规定的标准保障农村村民实现户有所居。

"农村村民建住宅，应当符合乡（镇）土地利用总体规划，不得占用永久基本农田，并尽量使用原有的宅基地和村内空闲地。

"农村村民住宅用地，由乡（镇）人民政府审核批准；其中，涉及占用农用地的，依照本法第四十四条的规定办理审批手续。

"农村村民出卖、出租住宅后，再申请宅基地的，不予批准。

"国家允许进城落户的农村村民依法自愿有偿退出宅基地。

"国务院农业农村主管部门负责全国农村宅基地改革和管理有关工作。"

（十九）将第六十三条修改为："土地利用总体规划、城乡规划确定为工业、商业等经营性用途，并经依法登记的集体建设用地，土地所有权人可以通过出让、出租等方式交由单位或者个人使用，并应当签订书面合同，载明土地界址、面积、动工期限、使用期限、土地用途、规划条件和双方其他权利义务。

"前款规定的集体经营性建设用地出让、出租等，应当经本集体经济组织成员的村民会议三分之二以上成员或者三分之二以上村民代表的同意。

"通过出让等方式取得的集体经营性建设用地使用权可以转让、互换、出资、赠与或者抵押，但法律、法规另有规定或者土地所有权人、土地使用权人签订的书面合同另有约定的除外。"

（二十）增加一条，作为第六十四条："集体建设用地的使用者应当严格按照土地利用总体规划、城乡规划确定的用途使用土地。

"集体建设用地使用权的出让及其最高年限、出租、转让、互换、出资、赠与、抵押等参照同类用途的国有建设用地执行。具体办法由国务院制定。"

（二十一）将第六十五条改为第六十六条，增加一款，作为第三款："收回出让、出租、转让、互换、出资、赠与、抵押的集体经营性建设用地使用权，依照双方签订的书面合同办理，法律、法规另有规定的除外。"

（二十二）将第六十六条改为第六十七条，增加一款，作为第二款："县级以上人民政府农业农村主管部门对违反农村宅基地管理法律、法规的行为进行监督检查的，适用本法关于自然资源主管部门监督检查的规定。"

（二十三）将第七十条改为第七十一条，修改为："县级以上人民政府自然资源主管部门在监督检查工作中发现国家工作人员的违法行为，依法应当给予处分的，应当依法予以处理；自己无权处理的，应当依法移送监察机关处理。"

（二十四）将第七十四条改为第七十五条，并将其中的"土地行政主管部门"修改为"自然资源主管部门、农业农村主管部门等按照职责"。

（二十五）将第七十七条改为第七十八条，并将其中的"土地行政主管部门"修改为"农业农村主管部门"。

（二十六）将第八十一条改为第八十二条，修改为："非法将农民集体所有的土地的使用权通过出让、出租、转让、互换、出资、赠与、抵押等方式交由单位或者个人使用的，由县级以上人民政府自然资源主管部门责令限期改正，没收违法所得，并处罚款。"

（二十七）删去第八十二条。

（二十八）将第八十四条中的"土地行政主管部门"修改为"自然资源主管部门、农业农村主管部门"。

（二十九）将第八十五条中的"中外合资经营企业、中外合作经营企业、外资企业"修改为"外商投资企业"。

此外，将有关条款中的"土地行政主管部门"修改为"自然资源主管部门"，"基本农田"修改为"永久基本农田"，"行政处分"修改为"处分"。

本修正案自　年　月　日起施行。

《中华人民共和国土地管理法》根据本修正案作相应修改并对条文序号

作相应调整，重新公布。

二、中华人民共和国城市房地产管理法修正案（草案）

将第九条修改为："城市规划区内的集体所有的土地，经依法征收转为国有土地后，该幅国有土地的使用权方可有偿出让，但法律另有规定的除外。"

本修正案自　年　月　日起施行。

《中华人民共和国城市房地产管理法》根据本修正案作相应修改，重新公布。

全国人民代表大会宪法和法律委员会
关于《〈中华人民共和国土地管理法〉、
〈中华人民共和国城市房地产管理法〉
修正案（草案）》审议结果的报告

全国人民代表大会常务委员会：

常委会第十一次会议对土地管理法、城市房地产管理法修正案草案进行了再次审议。会后，法制工作委员会在中国人大网全文公布草案二次审议稿征求社会公众意见。宪法和法律委员会、法制工作委员会到北京、吉林、黑龙江调研，并就草案的有关问题与环境与资源保护委员会、司法部、自然资源部、农业农村部交换意见，共同研究。宪法和法律委员会于7月26日召开会议，根据常委会组成人员的审议意见和各方面意见，对草案进行了逐条审议。财政经济委员会、环境与资源保护委员会、农业与农村委员会、司法部、自然资源部、住房和城乡建设部、农业农村部的有关负责同志列席了会议。8月16日，宪法和法律委员会召开会议，再次进行审议。宪法和法律委员会认为，为落实党中央关于农村土地制度改革的决策部署，并与全国人大常委会的授权决定相衔接，在认真总结改革试点成果基础上对土地管理法、城市房地产管理法作出修改是必要的，草案经过两次审议修改，已经比较成熟。同时，提出以下主要修改意见。

一、关于土地管理法修正案草案二次审议稿

（一）草案二次审议稿第四条第二款对国土空间规划作了原则规定。有些常委委员、地方和社会公众建议用国土空间规划全面取代土地利用总体规划；有的建议暂不对国土空间规划作规定。宪法和法律委员会经研究，根据《中共中央　国务院关于建立国土空间规划体系并监督实施的若干意见》（中发〔2019〕18号）的精神，为了做好国土空间规划制度与目前实行的土地利用总体规划和城乡规划制度的衔接，建议将国土空间规划的内容单独作为一条，规定："国家建立国土空间规划体系。编制国土空间规划应当坚持生态优先、绿色发展，科学有序统筹安排生态、农业、城镇等功能空间，优化国土空间结构和布局，提升国土空间开发、保护质量和效率。""经依法批准的国土空间规划是各类开发、保护、建设活动的基本依据。已经编制国土空间规划的，不再编制土地利用总体规划和城乡规划。"（修改决定草案第五条）

（二）有些常委委员建议，完善易地开垦、轮作休耕等相关制度，进一步加强耕地保护。宪法和法律委员会经研究，建议作以下修改：一是在草案二次审议稿第六条中增加规定，个别省、直辖市经批准易地开垦的耕地应当与所减少的耕地"数量和质量相当"；二是在现行土地管理法第三十五条中增加"引导因地制宜轮作休耕"的规定。（修改决定草案第八条第二款、第十二条）

（三）草案二次审议稿第十三条第一款对为公共利益需要可以征地的情形作了规定。根据一些常委会组成人员和社会公众的意见，宪法和法律委员会建议将第五项中的"成片开发建设"限定为"经省级以上人民政府批准由县级以上地方人民政府组织实施的成片开发建设"。（修改决定草案第十六条第一款）

（四）有的常委委员、地方和社会公众建议进一步完善征地程序，增加对补偿方案组织听证等内容。宪法和法律委员会经研究，建议在草案二次审议稿第十五条中增加以下规定：一是，拟申请征地的地方人民政府应当将征地的有关事项公告"至少三十日"，听取被征地的农村集体经济组织及其成员等方面的意见；二是，多数被征地的农村集体经济组织成员认为征地补偿安置方案不符合法律、法规规定的，县级以上地方人民政府应当组织召开听

证会，并根据法律、法规的规定和听证会情况修改方案。（修改决定草案第十八条第二款、第三款）

（五）一些常委会组成人员和地方提出，为促进乡村产业发展、改善农村居住条件，应当合理规划乡村产业和宅基地用地，并充分利用闲置宅基地，建议充实完善这方面的内容。宪法和法律委员会经研究，建议作以下修改：一是，将草案二次审议稿第四条第一款第四项修改为：统筹安排城乡生产、生活、生态用地，满足乡村产业和基础设施用地合理需求，促进城乡融合发展；二是，在第十八条第三款中增加规定：编制乡（镇）土地利用总体规划、村庄规划应当统筹并合理安排宅基地用地，改善农村村民居住环境和条件；三是，在第十八条第六款中增加规定：鼓励农村集体经济组织及其成员盘活利用闲置宅基地和闲置住宅。（修改决定草案第四条，第二十二条第三款、第六款）

（六）现行土地管理法第二十四条中规定，各级人民政府应当加强土地利用计划管理，根据国民经济和社会发展计划、国家产业政策、土地利用总体规划以及建设用地和土地利用的实际状况编制土地利用年度计划。有的常委委员提出，集体经营性建设用地入市应当与国有建设用地统筹安排，并纳入土地利用年度计划管理，保障这项改革工作平稳有序进行。宪法和法律委员会经研究，建议在这一条中增加规定：土地利用年度计划应当对本法第六十三条规定的集体经营性建设用地作出合理安排。（修改决定草案第六条第二款）

此外，还对草案二次审议稿作了一些文字修改。

二、关于城市房地产管理法修正案草案二次审议稿

草案二次审议稿规定，城市规划区内的集体所有的土地，经依法征收转为国有土地后，该幅国有土地的使用权方可有偿出让，但法律另有规定的除外。这一规定主要是为了落实农村集体经营性建设用地入市改革部署，与此次土地管理法的相关修改相衔接。宪法和法律委员会经研究，对草案未作修改。

8月9日，法制工作委员会召开会议，邀请部分全国人大代表、专家学者、农民、试点地区以及基层管理部门、人民法院、立法联系点等方面的代表，就草案中主要制度规范的可行性、法律出台时机、法律实施的社会效果和可能出现的问题等进行评估。普遍认为，土地制度是国家的基础性制度，事关人民群众切身利益和国家长治久安。党的十八大以来，党中央作出决策部署，全国人大常委会三次作出授权决定，积极稳步推进农村土地制度改革试点工作。在总结试点经验、吸收改革成果的基础上，对土地管理法、城市房地产管理法及时作出修改十分必要、十分及时。草案坚守土地公有性质不改变、耕地红线不突破、农民利益不受损的底线，立足我国国情，充分考虑地区差异，较好平衡了改革与稳定、当前与长远的关系，符合实际和改革方向，针对性、可行性较强，必将对加强耕地保护，推动土地资源合理利用，维护农民合法权益，促进乡村振兴提供有力法制保障。草案经过常委会两次审议和广泛征求意见，已经比较成熟，建议尽快通过并落地实施。与会人员还对草案提出了一些具体修改意见，有的意见已经采纳。

宪法和法律委员会已按上述意见提出了全国人民代表大会常务委员会关于修改《中华人民共和国土地管理法》、《中华人民共和国城市房地产管理法》的决定（草案），建议提请本次常委会会议审议通过。

修改决定草案和以上报告是否妥当，请审议。

全国人民代表大会宪法和法律委员会

2019 年 8 月 22 日

全国人民代表大会宪法和法律委员会
关于《〈中华人民共和国土地管理法〉、〈中华人民共和国城市房地产管理法〉修正案（草案）》修改情况的汇报

全国人民代表大会常务委员会：

常委会第七次会议对土地管理法、城市房地产管理法修正案草案进行了初次审议。会后，法制工作委员会将草案印发各省（区、市）、三十三个试

点县（市、区）、基层立法联系点和中央有关部门以及议案领衔代表、部分高等院校、研究机构征求意见，并在中国人大网全文公布草案征求社会公众意见。宪法和法律委员会、环境与资源保护委员会、法制工作委员会联合召开座谈会，听取中央有关部门、全国人大代表、专家学者以及部分试点地区对草案的意见。宪法和法律委员会、法制工作委员会还到广东、福建、内蒙古、重庆、北京等地调研，听取意见；并就草案的有关问题与司法部、自然资源部、农业农村部交换意见，共同研究。宪法和法律委员会于 5 月 31 日召开会议，根据常委会组成人员的审议意见和各方面意见，对草案进行了逐条审议。环境与资源保护委员会、财政经济委员会、司法部、自然资源部的有关负责同志列席了会议。现就主要问题修改情况汇报如下。

一、土地管理法修正案草案第四条第二款规定，经依法批准的国土空间规划是各类开发建设活动的基本依据；已经编制国土空间规划的，不再编制土地利用总体规划和城市总体规划。一些常委会组成人员和地方、部门建议，根据党中央关于建立全国统一、责权清晰、科学高效的国土空间规划体系和实现"多规合一"的要求，完善国土空间规划的相关内容。宪法和法律委员会经研究，建议将这一款修改为：国家建立国土空间规划体系。经依法批准的国土空间规划是各类开发、保护、建设活动的基本依据。已经编制国土空间规划的，不再编制土地利用总体规划和城乡规划。（土地管理法修正案草案二次审议稿第四条）

二、土地管理法修正案草案第十四条对征地的情形作了规定。一些常委委员、人大代表和地方、部门、社会公众建议，与宪法、物权法等规定相一致，明确只有因公共利益需要才可以征地，有关建设活动应当符合规划，进一步限定征地范围。宪法和法律委员会经研究，建议对草案作以下修改：一是在第一款中明确规定"为了公共利益的需要"可以依法实施征地；二是在第二款中增加规定，确需征地的建设活动应当符合国民经济和社会发展规划、土地利用总体规划、城乡规划和专项规划，扶贫搬迁、保障性安居工程以及成片开发建设还应当纳入国民经济和社会发展年度计划。（土地管理法修正案草案二次审议稿第十三条）

三、土地管理法修正案草案第十七条规定，征地补偿标准按省（区、市）制定公布的区片综合地价确定；征收农村村民住宅、农用地以外的其他土地、地上附着物和青苗等的补偿标准由省（区、市）制定。一些常委委员和地方、部门、社会公众建议进一步完善征地补偿的规定，保障被征地农民的合法权益。宪法和法律委员会经研究，建议对草案作以下修改：一是在第三款中增加区片综合地价"至少每五年调整或者重新公布一次"的规定；二是在第四款中增加对因征收农村村民住宅造成的搬迁、临时安置等费用予以补偿的内容。（土地管理法修正案草案二次审议稿第十六条）

四、有的常委委员和地方、部门提出，耕地开垦费和新增建设用地的土地有偿使用费都应当用于耕地开发和保护，建议保留现行土地管理法的相关规定。宪法和法律委员会经研究，建议恢复现行土地管理法第三十一条中关于耕地开垦费专款用于开垦新的耕地的规定；同时在土地管理法修正案草案第十八条中增加规定，新增建设用地的土地有偿使用费"具体使用管理办法由国务院财政部门会同有关部门制定，并报国务院批准"。（土地管理法修正案草案二次审议稿第十七条）

五、土地管理法修正案草案第二十条、第二十一条对集体经营性建设用地入市的条件、程序以及入市办法的制定等作了规定。一些常委委员和地方、部门建议进一步完善集体经营性建设用地入市程序等规定，保障农村集体经济组织及其成员的合法权益，推进改革工作顺利进行。宪法和法律委员会经研究，建议对草案作以下修改：一是根据有关改革要求，在草案第二十条第一款中增加"城乡规划"作为确定集体经营性建设用地的依据；二是健全集体经营性建设用地入市的民主决策程序，在草案第二十条中增加一款，规定：集体经营性建设用地出让、出租等，应当经本集体经济组织成员的村民会议三分之二以上成员或者三分之二以上村民代表的同意；三是将集体建设用地使用权入市具体办法由"国务院自然资源主管部门制定"的规定，修改为由"国务院制定"。（土地管理法修正案草案二次审议稿第十九条、第二十条）

六、有的意见建议，根据新通过的外商投资法，对现行土地管理法第八十五条中的"中外合资经营企业、中外合作经营企业、外资企业"的表述作出修改。宪法和法律委员会经研究，建议将这一条中的"中外合资经营企业、中外合作经营企业、外资企业"修改为"外商投资企业"。（土地管理法修正案草案二次审议稿第二十九条）

此外，还对土地管理法修正案草案作了一些文字修改。

修正案草案二次审议稿已按上述意见作了修改，宪法和法律委员会建议提请本次常委会会议继续审议。

修正案草案二次审议稿和以上汇报是否妥当，请审议。

全国人民代表大会宪法和法律委员会

2019 年 6 月 13 日

相关参阅资料

十三届全国人大常委会第七次会议
审议土地管理法、城市房地产管理法
修正案草案的意见

十三届全国人大常委会第七次会议对土地管理法、城市房地产管理法修正案草案进行了初次审议，主要是对土地管理法修正案草案（以下简称草案）提出意见。现将主要意见简报如下：

一、总的意见

许多常委会组成人员认为，为贯彻落实党中央有关农村土地管理制度改革的决策部署，将农村土地制度改革成果上升为法律，对两部法律作出修改是必要的。草案对土地管理法中有关土地征收、集体经营性建设用地入市、宅基地制度等规定作了修改完善，强化了耕地保护等内容，总体可行。

有的委员和代表建议，从推进城乡融合发展、实施乡村振兴战略的角度来修改本法，在规范管理的前提下，给农村实现产业融合发展解决好用地问题。

有的委员提出，给农民更多土地财产权是扩大农民收入的重要方向，草案对此应进一步考虑。有的委员提出，应解决好土地、宅基地产权流转问题。有的委员提出，要完善农村一二三产业融合发展的用地管理，在土地利用规划中安排一定比例土地保障农业农村基础设施和公共服务设施用地，完善耕地指标和建设用地指标省域调节机制。有的委员提出，草案对建设用地口子开得比以前还大，目前城市建设用地整体上已超标，主要是结构性短缺，闲置和低效利用较多，此次修改要强调三个方面：一是考虑未来城市建设还需要多少地，开多大口子；二是加大对城市低效和闲置土地二次开发力度；三是认真研究乡村振兴背景下农村产业用地问题。

有的委员提出，草案体现改革探索经验、体现市场配置资源作用、体现法治建设全局的要求不够充分，存在部门立法痕迹。有的建议突出强调市场配置土地的作用，只要符合全国国土功能区规划，根据市场确定具体地块的用途。

有的委员提出，本法修改要慎之又慎，广泛征求意见。

二、关于土地征收

（一）关于征地范围

草案第十四条规定了确需征地的六种情形：（1）军事和外交需要用地；（2）由政府组织实施的能源、交通等基础设施建设需要用地；（3）由政府组织实施的科技、教育、文化、卫生、体育、生态环境和资源保护等公共事业需要用地；（4）由政府组织实施的保障性安居工程建设需要用地；（5）由政府在土地利用总体规划确定的城镇建设用地范围内组织实施成片开发建设需要用地；（6）法律规定可以征收土地的其他情形。

有的委员提出，宪法规定，国家为了公共利益的需要可以依照法律规定征地并给予补偿。本条没有"为了公共利益"征地的表述，主体也变成了政府，"政府组织实施"的概念值得讨论，主体资格太泛会造成以征地为名侵占集体土地。建议对征地问题进行认真研究，公共利益的概念不能开大口子，除了国家为了公共利益进行必要征收外，其他都应当市场化处理，要有交易规则，农民要有议价权。有的委员建议在本条增加概括性规定：为了保障国家安全，促进国民经济和社会事业发展，改善生态环境等公共利益的需要，可以实施征收。

有的委员提出，本条没有对公共利益作出界定，第一项至第四项都可以解释为公共利益，第五项没有限定于为了公共利益进行成片开发，可能会引起对这一规定合宪性的质疑，建议再作研究。有的委员提出，对新增建设用地应当从严控制，第五项中"成片开发"的表述体现的是以往粗放发展模式，应强调土地集约利用。有的委员建议将第五项修改为"为实施由国务院或省级人大批准的开发区建设需要的"。有的委员提出，第五项的规定在地方政府享有规划编制权的背景下，可能会提高地方政府扩大征地范围的风险，建议删去或再斟酌研究。有的提出，第五、六项都不是为了公共利益，建议删去。

有的委员提出，第二、三项规定由政府组织实施的项目才能征地，不利于民营经济平等保护，建议改为"列入国家和省级规划"的建设项目。有的委员建议将第三项中的"生态环境和资源保护"单独作为一项。有的代表提出，第三项规定的范围宽泛，也不够确定，建议再作研究。有的委员建议在第四项中增加"扶贫项目建设需要用地"。

有的委员建议删去第六项的兜底规定。有的委员建议第六项规定得再严一些。有的委员建议在第六项中增加"为公共利益需要"的表述。

（二）关于征地程序

1. 草案第十三条将国务院、省（区、市）人民政府批准的建设项目涉及农用地转为建设用地的审批权，由国务院改为国务院或国务院授权的省（区、市）人民政府。

有的常委会组成人员提出，要严格控制征收永久基本农田，建议做好本条与第十条关于永久基本农田审批规定的衔接。有的委员提出，下放审批权不能削弱监督，建议规定向国务院授权的部门备案。有的委员提出，草案第十三条、第十四条、第十五条关于农用地转为建设用地的路径、程序、审批权限等不清楚，建议再斟酌。

2. 草案第十六条规定，市、县人民政府拟申请征收土地，应当开展拟征收土地现状调查和社会稳定风险评估，并将征收范围、补偿标准等进行公告，听取被征地的农村集体经济组织及其成员等的意见，与土地所有权人、使用权人签订补偿安置协议后方可申请征收土地；依照法定程序批准后，由县级以上地方人民政府公告并组织实施。

有的委员提出，征地风险不一定仅仅是社会稳定风险，征地对集体所有权、粮食生产能力、老百姓利益等造成的风险也要评估。有的委员建议将"社会稳定风险评估"改为"环境和社会稳定风险评估"。有的代表建议增加征地前的合法性审查程序，防止敏感事件发生。

有的委员建议增加征地应当经农村集体经济组织一定比例成员同意的规定。有的委员建议对被征地的农村集体经济组织及其成员、村民委员会和其他利害关系人提出的意见赋予法律效力。有的委员建议设立公共利益审查、听证等机制，保障被征地人合法权益。

有的代表提出，"土地所有权人、使用权人"没有涵盖土地承包人和土地经营权人，特别是土地经营权人也应属于征地的补偿对象。

有的委员建议明确征地"依照法定程序批准"中"法定程序"的内容。有的建议增加规定：对已签订的征收土地补偿协议，应严格按照协议执行。

（三）关于征地补偿

1. 草案第十七条第一款规定，征收土地应当给予公平、合理的补偿，保障被征地农民原有生活水平不降低、长远生计有保障。有的委员建议将"不低于上年城乡居民人均收入"也作为补偿原则。有的委员建议将"不降低"的原则改为"生活水平有适当提高"。有的委员提出，"不降低"的原则应当涵盖征收村民住宅，同时，对政府部门和人员不依法给予补偿应当明确法律责任。有的委员提出，被征地农民原有生活是否降低，不仅是征地补偿问题，还涉及其他因素，建议删去"保障被征地农民原有生活水平不降低、长远生计有保障"的表述。

2. 草案第十七条第二款规定，征收土地应当依法及时足额支付土地补偿费、安置补助费以及农村村民住宅、地上附着物和青苗等补偿费用，安排被征地农民的社会保障费用。有的委员提出，地上附着物已包括农村村民住宅，建议删去"农村村民住宅"的表述。有的委员提出，征收村民住宅"居住条件有改善"的原则不好把握，建议删去。有的委员提出，现在农民已经有了养老、医疗保险，建议删去安排被征地农民社会保障费用的规定。

3. 草案第十七条第三款、第四款、第六款规定，土地补偿费和安置补助费标准，由省（区、市）制定公布区片综合地价确定；征收村民住宅、其他土地、地上附着物和青苗等的补偿标准，具体办法由省（区、市）制定。有的委员建议将区片综合地价补偿，改为"市场价格＋征收土地增值收益调节金"，以解决土地增值收益合理分配问题。有的委员提出，制定区片综合地价应当考虑的因素列举得太多，建议改为"应考虑土地原用途、土地征收后的综合增值收益、集体土地直接入市收益等因素"。有的委员提出，区片综合地价在实践中如何计算，哪些人会受到补偿，建议再研究一下，要确保本法通过后征地补偿比目前的补偿有所提高。有的委员建议明确相关标准由省人大还是省政府或政府部门确定。有的委员建议明确相关标准由省人大常委会确定。有的委员提出，征地补偿标准完全由各省确定，会造成不同省的补偿标准差异过大，不利于社会稳定。

三、关于集体经营性建设用地入市

1. 草案第二十条规定，土地利用总体规划确定为工业、商业等经营性用途，并经依法登记的集体建设用地，可以通过出让、出租等方式由单位或个人使用，签订书面合同，明确使用期限等。

有的委员建议明确集体建设用地的范围、入市的指标和要求、入市收入的分配方式、入市土地开发建设的要求等内容。有的委员提出，现在入市的是集体经营性建设用地，不包括房地产开发和非经营性建设用地，建议将本法中的"集体建设用地"改为"集体经营性建设用地"。有的委员建议对土地出让收益调节金作出明确规定，调节金应主要用于农村集体经济。有的委员提出，应当支持农民把集体经营性建设用地转化成股权，与城市资本融合发展农村产业。有的委员建议明确入市要通过"招拍挂"形式。有的委员建议将党的十九大报告中的"统一城乡建设用地市场"在本法中予以体现；同时，本条未明确集体建设用地入市是否须经政府批准，但草案第二十二条规定，村集体经政府批准可以收回土地使用权，建议做好二者之间的衔接。

有的委员提出，草案未允许集体经营性建设用地用于住宅建设，建议对小产权房的问题进行认真研究，谨慎处理。

2. 草案第二十一条规定，集体建设用地使用权的出让、出租等，其最高年限、登记等参照同类用途的国有建设用地执行，具体办法由国务院自然资源主管部门制定。有的委员建议，集体建设用地最高年限、登记等具体办法由国务院制定。有的委员建议将本条第二款与第二十条第二款关于集体建设用地使用权转让、出资等的规定合并。

四、关于宅基地管理制度

（一）关于一户一宅

草案第十九条第一款、第二款规定，农村村民一户只能拥有一处宅基地，面积不得超过省（区、市）规定的标准；人均土地少、不能保障一户一宅的地区，按照省（区、市）规定的标准保障村民实现户有所居的权利。有的委员建议坚持一户一宅，对一户多宅和超面积宅基地收取使用费；赋予宅基地使用权在一定范围内流转、有偿退出、继承及抵押权能，把握好宅基地流转范围，禁止城市居民利用宅基地建别墅和私人会所；完善农房产权制度，核发集体土地使用权证和房屋产权证，赋予房屋抵押权能。有的委员建议对一户多宅作出规定，区别对待，通过继承、合法买卖等获得的予以确权登记，对不合法的要明确处理措施。有的提出，应当取消一户一宅，允许农民有偿获得宅基地，赋予宅基地完整的用益物权。有的委员提出，草案关于一户一宅的规定比较模糊，建议进一步明确。

（二）关于宅基地审批

1. 草案第十九条第四款规定，农村村民住宅用地由乡（镇）人民政府审核批准。有的常委会组成人员建议改为由县级人民政府审核批准。有的建议增加"报县级人民政府备案"。有的委员建议将"农村村民"改为"农村集体经济组织成员家庭"。

2. 草案第十九条第五款规定，农村村民出卖、出租住宅后，再申请宅基地的，不予批准。有的委员建议改为"农村村民出售、出租住宅后，不得再申请宅基地"。有的委员建议增加规定：农村村民出卖、出租住宅，需经村集体经济组织同意；在同等条件下，本村集体经济组织内未分配宅基地的成员享有优先购买权。农村村民出卖住宅，仅能获得房屋和宅基地法定租赁权的相应对价，宅基地所有权的相应对价由农村集体经济组织取得。

3. 草案第十九条第七款规定，国务院农业农村主管部门负责全国农村宅基地改革和管理有关工作。有的委员提出，为防止多头管理，建议进一步厘清各部门职责。有的委员提出，由两个部门管理宅基地可能会引发冲突，建议删去本款规定，明确宅基地由自然资源主管部门管理。

（三）关于宅基地自愿有偿退出

草案第十九条第六款规定，国家鼓励进城落户的农村村民依法自愿有偿退出宅基地。有的委员提出，目前农村住房、宅基地闲置现象严重，应当鼓励农村住房和宅基地流转。有的委员提出，目前宅基地只允许在本村内有偿转让，如何利用宅基地有偿转让引进城市资源流入农村，需要通过试点取得成果后纳入相关法律。有的委员建议对宅基地"三权分置"试点经验进行总结后纳入本法中。有的委员建议完善宅基地退出机制，既包括合法的自愿有偿退出，也应包括强制收回违法占有的宅基地。有的委员提出，宅基地改革要更多体现宅基地的财产权益，通过多种方式，不能简单实行城乡建设用地指标增减挂钩。有的委员建议增加一句"建立宅基地自愿有偿退出机制"。

五、关于耕地保护

1. 有的常委会组成人员提出，本法要充分体现最严格的耕地保护制度，体现永久基本农田保护，体现耕地占补平衡原则。有的委员提出，要将耕地保护作为重点内容予以考虑。有的委员和同志提出，农民土地被划为永久基本农田后，用途和价值受到限制，这是为公共利益付出的，不能完全由农民承担，应该由全民共同承担，建议建立永久基本农田补偿制度。

2. 草案第九条规定，永久基本农田划定以乡镇为单位进行，由乡镇政府将其位置、范围向社会公告。有的常委会组成人员提出，乡镇政府工作力量不足，建议由县级政府负责基本农田划定工作。

3. 有的委员提出，草案第十八条删去现行法中关于建设用地有偿使用费"都专项用于耕地开发"的规定不妥，建议保留。有的委员建议土地使用费全部留给地方，解决地方债务困难。

4. 现行法第三十七条规定，禁止占用耕地建窑、建坟或者擅自在耕地上建房等；禁止占用永久基本农田发展林果业和挖塘养鱼。有的委员提出，实践中有的地方以建农业大棚的名义占用耕地搞住宅开发，本法应当对这一行为进行明确界定，并规定相应的监管措施。有的委员建议增加土地复垦的相关规定，实行土地复垦费用预存制度，同时，建议本法修改要为矿业用地入法留有余地。有的委员提出，实践中很多地方有大量土地种水果，既没有破坏耕地，也有助于脱贫，建议对本条规定再作研究。有的代表建议将禁止占用耕地建窑、建坟、建房的规定，改为"擅自在耕地上建设与农业生产无关的用房"。

5. 有的代表建议，将现行法第六十条有关村集体兴办企业占用农用地须办理农用地转用审批中的"兴办企业"改为"兴办与农业生产无关的企业"。

六、关于国土空间规划

草案第十八条第二款规定，经依法批准的国土空间规划是各类开发建设活动的基本依据；已经编制国土空间规划的，不再编制土地利用总体和城市总体规划。

有的常委会组成人员建议把土地利用总体规划、国土空间规划和城市总体规划三者关系再理清楚一些，并明确国土空间规划的定位是各类开发建设活动的基本依据。有的委员提出，全国土地利用总体规划2020年到期，建议对草案中有关土地利用总体规划的内容，按照"多规合一"的要求，与国土空间规划、生态红线等制度进行统筹研究。有的委员建议进一步强化有关国土空间规划的规定。

有的委员提出，目前国土空间规划的基础还比较薄弱，2017年才印发试点方案，在9个省开展试点，在法律里直接规定国土空间规划代替土地利用总体规划和城市总体规划是否合适，建议研究，可以先试点，成熟后再写入法律。有的委员提出，制定国土空间规划目前没有法律依据，取代城市总体规划不妥，建议删去这一规定，由国务院向全国人大常委会提请授权。

有的委员建议在本法中明确将主体功能区划作为编制土地利用总体规划的依据。有的委员提出，应将土地利用总体规划与环境保护规划、文物遗址保护规划衔接起来。

七、其他意见

1. 有的委员建议在现行法第一条立法目的中增加"保障土地权利人的合法权益"的表述。

2. 草案第三条对耕地、草地、林地的承包期及承包期届满后的延期作了规定。有的委员建议做好与农村土地承包法有关规定的衔接。有的委员建议将本条修改为：农村集体所有和国家所有依法由农民集体使用的耕地、林地、草地以及其他依法用于农业的用地，其承包经营规则依照农村土地承包法执行。有的委员提出，实践中，草地和林地具体承包期限由谁确定不明确；耕地、草地、林地以外土地的承包期限没有明确；草地、林地承包期满延长是承包期内延长还是承包期外延长有歧义；本集体经济组织以外的单位和个人对发包方的决策没有限制，建议对上述问题予以研究。有的委员建议在"土地承包经营的期限由承包合同约定"后，增加"但不得超过前款规定的承包期限"。

3. 草案第五条规定，县级以上人民政府统计机构和自然资源主管部门进行土地统计调查，定期发布土地统计资料。有的委员建议删去"调查"二字。有的委员建议将"定期发布"改为每年公布，至少要向本级人大报告。

4. 有的委员建议按照监察法的规定，将草案第二十四条中对工作人员违法行为"依法转送有关监察机关处理"，改为"涉嫌职务违法和职务犯罪的应当移送监察机关处理"。有的代表建议在草案第二十九条违法行为中增加"贪污、贿赂"的表述。

5. 有的委员提出，城市房地产管理法修正案草案仅修改第九条还不够，应对实践发展亟须的相关法律制度进行完善。

十三届全国人大常委会第十一次会议审议土地管理法、城市房地产管理法修正案草案二次审议稿的意见

十三届全国人大常委会第十一次会议对土地管理法、城市房地产管理法修正案草案二次审议稿进行了审议，主要是对土地管理法修正案草案（以下简称草案）提出意见。现将主要意见简报如下：

一、总的意见

有些常委会组成人员认为，草案吸收了常委会初次审议的意见和各方面意见，总结了农村土地征收、集体经营性建设用地入市、宅基地管理制度改革试点成果，体现了审慎稳妥推进农村土地制度改革的精神，修改得比较好，在维护农民土地财产权益、促进农村土地资源有效利用等方面将发挥重要作用。

有的常委会组成人员提出，土地管理法修改要做好与农村土地承包法的衔接，土地经营收益的分配要保护好农民利益，确保耕地红线不逾越。有的委员提出，土地问题涉及经济和社会改革、发展、稳定的全局，土地管理法修改需要对农村土地制度改革的重大问题作通盘考虑。有些常委会委员、专委会委员建议草案进一步总结吸收改革试点的成功经验，促进土地等生产要素在城乡间自由流动，促进城乡融合发展。有的提出，草案在更好发挥市场配置土地资源的作用方面还不够，建议按照近年来中央有关土地资源配置市场化改革的一系列重要文件精神对草案进行修改完善。

二、关于国土空间规划

草案第四条第一款对土地利用总体规划的编制原则作了规定，将落实国土空间开发保护要求作为编制原则；第二款规定，国家建立国土空间规划体系，经依法批准的国土空间规划是各类开发、保护、建设活动的基本依据，已经编制国土空间规划的，不再编制土地利用总体规划和城乡规划。

有的常委会组成人员提出，目前国土空间规划还在试点，现阶段不编制土地利用总体规划缺乏可操作性，建议草案暂不对国土空间规划作规定。有的委员提出，党中央明确要求到 2020 年市县以上各级国土空间总体规划要完成编制，草案是对国土空间规划只作衔接性规定，还是作全面规定，建议研究。有些常委会委员、专委会委员建议进一步处理好国土空间规划和土地利用总体规划在过渡期间的关系，对草案中的表述作修改完善。有的委员建议将草案中的"土地利用总体规划"改为"国土空间规划"。

有的委员建议将第二款中的"城乡规划"恢复为一审稿规定的"城市总体规划"；有的委员建议删去"城乡规划"。有的委员建议增加"不再编制林地保护利用规划"的内容。

有的委员建议删去土地利用总体规划编制原则中的"落实国土空间开发保护要求"。有的委员建议在土地利用总体规划的编制原则中增加农村产业用地的规定。有的委员提出，农村建设用地指标应满足农村各类产业发展用地需要。

三、关于耕地保护

1. 草案第七条、第八条、第九条规定，国家实行永久基本农田保护制度，重要农产品生产基地内的耕地、农业科研、教学试验田等应当划为永久基本农田；永久基本农田应落实到地块；占用永久基本农田须经国务院批准。有的委员建议明确永久基本农田的含义。有的委员建议删去"农业科研、教学试验田"应当划为永久基本农田的规定。有的建议建立永久基本农田补偿制度，对耕地被划为永久基本农田的农民进行补偿。有的代表提出，永久基本农田落实到地块，占用由国务院审批，管得太死，建议管住数量红线即可。

2. 草案第十条规定，禁止任何单位和个人闲置、荒芜耕地，已经办理审批手续的非农业建设占用耕地连续二年未使用的，经原批准机关批准无偿收回土地使用权。有的委员建议处理好这一规定与休耕轮作的关系；有的委员建议增加"列入国家农业休养生息规划的除外"的规定；有的委员建议增加对休耕予以保护的内容。有的建议增加土地经营权人弃耕抛荒，发包方有权终止土地经营权流转合同的规定。

有的委员建议明确对连续二年未使用的收回，是由农用地转用审批机关还是供地审批机关批准。有的委员建议将第二款中的"出让方式"，改为"出让等有偿使用方式"。有的委员建议对地方政府早征迟用、多征少用的行为作出规范，防止土地闲置。

3. 现行法第三十一条规定，国家保护耕地，非农业建设占用耕地，按照"占多少、垦多少"的原则开垦与所占用耕地的数量和质量相当的耕地。有的委员建议将"国家保护耕地"改为"国家实行严格的耕地保护制度"。有的代表建议将"占多少、垦多少"改为"占多少、补多少"。

有的委员提出，草案第六条规定，个别省、直辖市经批准可以易地开垦，建议对易地开垦的土地面积和质量作出规定。有的委员建议在草案第十七条中规定，新增建设用地的土地有偿使用费的具体使用管理办法由国务院制定。

4. 现行法第三十六条规定，禁止占用耕地建窑、建坟或者擅自在耕地上建房等；禁止占用永久基本农田发展林果业和挖塘养鱼。有的委员建议删去禁止"建坟"，增加禁止占用永久基本农田建设畜禽养殖设施的规定。有的委员提出，实践中该条规定难以有效执行。

四、关于土地征收

(一) 关于征地范围

草案第十三条对为了公共利益需要可以征地的情形作了规定。有的常委会组成人员建议将第二、三、四、五项中的"政府"明确为"县级以上人民政府"。有的委员建议在第二项中增加"矿产资源开发"。有的建议删去第四项中的"扶贫搬迁"。有的委员建议删去第六项中的"为公共利益需要"。有的建议增加军地土地置换的内容,并将第三项中的"英烈保护"改为"尊崇英烈"。

有些常委会委员、专委会委员提出,第五项中的"成片开发"并非都属于公共利益,有的可能是房地产开发等商业建设,建议对"成片开发"作进一步限定;有的建议明确"成片开发中因公共利益需要的用地"才可以征收。有的委员提出,"成片开发"的根本目的在于从事经营活动,而非满足公共利益需要,建议删去第五项。有的委员建议第五项在城市规划与土地利用总体规划的衔接、政府征收与企业开发的关系方面规定得再详细一些。

(二) 关于征地程序

草案第十五条规定,征收土地由县级以上地方人民政府予以公告并组织实施。县级以上地方人民政府拟申请征收土地,应当开展社会稳定风险评估,并将征收范围、补偿标准等进行公告,听取被征地的农村集体经济组织及其成员等的意见,签订补偿安置协议后方可申请征收土地。

有的委员建议增加公共利益认定程序及争议裁决机制的规定。有的委员建议增加征地前听证程序,以及征收决定和补偿司法审查制度,赋予法院对补偿合理性审查权限。

有的委员建议增加"县级以上地方人民政府作出土地征收决定"的规定。有的委员建议增加"公告期限不得少于30天"以及"听取意见后的修改结果应当及时公布或者反馈"的规定。

(三) 关于征地补偿

1. 草案第十六条第一款规定,征收土地应当给予公平、合理的补偿,保障被征地农民原有生活水平不降低、长远生计有保障。

有的委员提出,"保障被征地农民原有生活水平不降低、长远生计有保障"的表述比较原则,建议改为"将被征地农民纳入社会保障体系,保障其长远生计";有的建议改为"至少保障通过征地补偿,使被征地农民的生活水平有不同程度提高,使被征地农民与社会全体成员都从中受益"。

2. 草案第十六条第二款、第三款、第四款、第五款对征收的土地补偿费、安置补助费,征收农村村民住宅、其他土地、地上附着物和青苗等的补偿费以及被征地农民社会保障费用作了规定。

有的委员建议确立以市场价值补偿为原则的补偿标准。有的代表提出,每个省应当统一补偿标准,不同地区的补偿标准不应相差太大。有的委员建议明确征地补偿费到位的时间,防止拖欠。有的委员建议对征收集体建设用地的补偿作出专门规定。有的委员建议对征收村民住宅增加"采取提供安置房补偿的,应当颁发产权证书"的规定。

有的常委会组成人员提出,草案关于社会保障的规定易引起给被征地农民单搞一套社会保障制度的误解,应当在充分保障被征地农民经济补偿的同时依法要求其参加相关社会保险,确保社会保障体系的完整性。有的委员建议在脱贫搬迁、保障性安居工程、临时安置等方面对残障等困难群体给予照顾。

有的委员建议将现行法第四十九条第一款"农村集体经济组织应当将征收土地补偿费用的收支状况向本集体经济组织成员公布"中的"收支状况",改为"具体收支、分配数据,以及集体经济组织成员要求公布的其他情况"。

五、关于集体经营性建设用地入市

1. 草案第十九条对集体经营性建设用地入市的条件、程序等作了规定。

有的委员提出,集体经营性建设用地要在入市的范围、数量、价格等方面处理好与征地的关系,明确入市要"通过建设用地市场"。有的委员建议增加入市须经政府审批的规定,防止对建设用地市场造成较大冲击。有的委员建议增加政府监管、入市税费的规定。有的委员提出,按照党中央建立城乡统一的建设用地市场的要求,应减少对集体经营性建设用地入市的限制,真正实现与国有土地同权同价,建议将本条改为:"土地利用总体规划、城乡规划确定为工业、商业等经营性用途的集体建设用地可以出让、租赁、入股,与国有土地同等入市、同权同价。"

有的委员建议删去第一款中的"工业、商业等经营性用途"。有的委员建议将第一款中的"集体建设用地"改为"集体经营性建设用地",并增加政府要做好相应服务的内容。有的委员建议明确"集体经营性建设用地"与"集体建设用地"的关系。有的委员建议在第三款中增加集体经营性建设用地使用权可以"出租"。有的委员提出,合同当事人之间禁止财产流转的约定不应产生对抗第三人的效力,建议删去第三款中的"土地所有权人、土地使用权人签订的书面合同另有约定的除外"。

2. 草案第二十条对集体建设用地使用者应当按照规划用途使用土地,以及集体建设用地使用权出让等参照国有建设用地执行作了规定。

有的委员提出,农村集体经济组织及其成员使用本集体所有的经营性建设用地,与通过入市取得的集体经营性建设用地,在取得的方式、代价、权利等方面都有所差别,建议予以区分。有的建议将集体建设用地使用者应当严格按照土地利用总体规划、城乡规划"确定的用途使用土地",改为"根据当地产业结构、人口规模、经济发展水平以及市场供求状况等因素,具体确定土地的利用方式"。

六、关于宅基地管理制度

(一) 关于一户一宅

草案第十八条第一款、第二款规定,农村村民一户只能拥有一处宅基地,面积不得超过省(区、市)规定的标准;人均土地少、不能保障一户拥有一处宅基地的地区,按照省(区、市)规定的标准保障村民实现户有所居。

有的委员建议在一户一宅的基础上,对超面积宅基地实行有偿使用。有的委员提出,一户一宅的规定对农民限制较严,农村居民和城市居民在土地方面应该享有同等权利;有的建议删去一户一宅的规定,允许宅基地有偿使用。有的委员建议对如何界定农民身份作出规定。有的提出,不应强调一户一宅,应强调保障农民有住房。

(二) 关于宅基地审批

1. 草案第十八条第五款规定,农村村民出卖、出租住宅后再申请宅基地的,不予批准。有的常委会组成人员建议增加"赠与""有偿退出"宅基地后也不能再申请。有的委员建议允许退出宅基地的农民可以再次购买宅基地。有的委员建议增加规定:出卖、出租住宅须经村集体经组织同意,本集体经济组织内未分配宅基地的成员享有优先购买权。

2. 草案第十八条第七款规定，国务院农业农村主管部门负责全国农村宅基地改革和管理有关工作。有的提出，城乡住宅不宜分别由两个部门管理。有的委员建议明确农业农村主管部门与自然资源主管部门的权限范围。

（三）关于宅基地流转

有的常委会组成人员建议核发宅基地使用权证和房屋产权证，赋予宅基地使用权抵押权能。有些常委会委员建议进一步扩大宅基地流转的范围，促进城市资本向农村流动。有些常委会委员建议对宅基地的继承、流转、抵押、退出等作出规定。有的委员建议严格用途管制，实行自住保障功能与经营性功能分置管理。有的委员建议将草案第十八条第六款"国家允许进城落户的农村村民依法自愿有偿退出宅基地"中的"允许"恢复为"鼓励"；有的建议增加允许"转让或者流转宅基地"。

七、关于法律责任

有的常委会组成人员建议对现行法规定的限期拆除等增加逾期未拆除的处理措施，明确有关条款规定的罚款的幅度。

有的建议在现行法第七十七条、第八十三条中增加规定，没收的违法建筑物由县级以上人民政府处置；人民法院裁定准予执行的，由县级人民政府组织执行。

八、其他意见

1. 有的委员建议增加土地征用的内容，明确土地征用的决定机关、征用程序、补偿和使用后返还等内容。

2. 有些常委会委员、专委会委员建议在草案第二条中增加"国有农用地使用权"。

3. 有的委员建议草案第三条与农村土地承包法相衔接，规定家庭承包方式。有的委员提出，本条同时规定了本集体经济组织成员承包经营和非本集体经济组织成员承包经营，易引起混淆；有的委员提出，集体经济组织成员与非本集体经济组织成员的承包经营期限不同，建议研究；有的提出，非本集体经济组织成员承包经营土地也应当获得承包经营权。有的委员建议增加园地承包期的规定。

4. 有的委员建议增加土壤质量调查的内容。有的委员建议草案第五条删去"不得提供不真实、不完整的统计资料，不得拒报、迟报统计资料"中的"统计"二字，并明确土地资料申报费用由谁负担；有的委员建议按照统计法的表述进行简化。

5. 有的代表建议将现行法第六十条中的"乡镇企业"改为"中小微企业"。

6. 有的委员建议将草案第二十一条和现行法第五十八条中收回国有土地使用权和集体建设用地使用权给予"适当补偿"，改为给予"公平合理的补偿"；有的委员建议明确补偿的基本标准。有的建议删去第五十八条第二项"为实施城市规划进行旧城区改建，需要调整使用土地"可以收回国有土地使用权的规定。

7. 有的建议将现行法第二十条中县级土地利用总体规划划分土地利用区明确土地用途，乡（镇）土地利用总体规划确定每一块土地用途的规定，改为：市县、乡镇级人民政府编制土地分区规划，划分土地利用分区，实行负面清单管理，负面清单之外的空间由市场配置。

此外，有的委员建议对城市房地产管理法作以下修改：明确房地产开发、商品房的概念，修改房地产开发企业设立和房地产转让的相关规定，提高商品房预售门槛，增加房地产开发项目未经验收交付使用的法律责任。有的建议对房地产使用年限作出规定。有的建议对城市房地产管理法相关条文进行修改，增加集体经营性建设用地入市的内容。

地方和中央有关部门对土地管理法、城市房地产管理法修正案草案的意见

十三届全国人大常委会第七次会议对土地管理法、城市房地产管理法修正案草案进行了初次审议。会后，法制工作委员会将修正案草案印发各省

（自治区、直辖市）、较大的市、三十三个试点县（市、区）人大常委会、基层立法联系点和中央有关部门以及议案领衔代表、部分高等院校、研究机构、人民团体和社会组织征求意见。各方面主要对土地管理法修正案草案（以下简称草案）提出了意见。现将主要意见简报如下：

一、关于土地征收

（一）关于征地范围

草案第十四条规定，有下列情形之一，确需征收农民集体所有土地的，可以依法实施征收：（1）军事和外交需要用地；（2）由政府组织实施的能源、交通等基础设施用地；（3）由政府组织实施的科技、教育、文化、卫生、体育、生态环境和资源保护、社区综合服务设施建设等公共事业需要用地；（4）由政府组织实施的保障性安居工程建设需要用地；（5）由政府在土地利用总体规划确定的城镇建设用地范围内组织实施成片开发建设需要用地；（6）法律规定可以征收土地的其他情形。

有些地方建议在本条中增加概括性规定：为了保障国家安全、促进国民经济和社会发展等公共利益的需要，可以依法实施征收（北京、黑龙江、广东、山东、西安、成都市郫都区）。中央政策研究室、社科院提出，本条规定基本套用国有土地上房屋征收的规定，范围过于宽泛，建议按照中央要求，进一步缩小征收范围。中央政策研究室建议增加规定，由同级人大常委会就是否符合公共利益进行审查。

一些地方和单位提出，本条前四项可理解为公共利益，第五项没有限定于为了公共利益进行成片开发，范围宽泛，实施中有可能侵犯农村集体经济组织和农民的权益（北京、上海、浙江、广东、山东、新疆、宁夏，中央政策研究室、国务院发展研究中心、社科院、中国科协、全国律协）；有些地方和单位建议删去第五项（宁夏，社科院、中国科协、全国律协，中央财经大学）；有些地方和部门建议对第五项中的"成片开发"作出具体的界定（重庆、浙江、广东、河南、福建晋江，中央农办）；广东建议改为"为实施由国务院或省级人大批准的开发区建设需要的"；甘肃临洮和西南政法大学建议增加对成片开发建设须报经省级政府批准。有些地方和单位提出，第五项中的政府级别不明确（山东、广东、内蒙古、甘肃临洮，北京大学、西南政法大学）；浙江建议明确为"设区的市及以上人民政府"；江苏常州武进区建议明确为"县级以上地方人民政府"。黑龙江建议将"城镇"改为"城市"，将"成片开发建设"改为"城市规划开发建设"。

国家能源局建议将第二项中的"由政府组织实施的"改为"国家重点扶持的"能源、交通等基础设施用地。民政部建议在第三项"社区综合服务设施建设"前增加"城乡"二字；黑龙江建议删去"社区综合服务设施建设"。有的地方建议在第四项中增加"扶贫项目建设需要"（云南）、"搬迁安置工程"（黑龙江）、"乡村改造工程建设"（湖北）用地。

（二）关于征地程序

1. 草案第十六条第一款规定，市、县人民政府拟申请征收土地，应当开展社会稳定风险评估，并将征收范围、补偿标准等进行公告，听取被征地的农村集体经济组织及其成员、村民委员会和其他利害关系人的意见。

有的地方和单位提出，是否开展社会稳定风险评估要根据具体情况确定，不是法定必经程序，建议将"应当"改为"可以"开展社会稳定风险评估（黑龙江、四川、杭州、安徽金寨，中央党校）；建议对征收土地面积15公顷以上的（四川），或者涉及基本农田、房屋拆迁安置、存在矛盾纠纷的（海南文昌）才开展社会稳定风险评估。广东建议增加"生态风险评估"。

一些地方和单位提出，只是听取有关人员的意见，不能切实保障被征地农民的权益，建议改为召开听证会的形式，就土地征收是否符合公共利益以及征收的必要性、范围、程序、补偿等进行听证（广东、湖北、海口、福建晋江、湖南浏阳、甘肃临洮，中央政策研究室、中国科协、全国律协）。社科院提出，为防止听取意见流于形式，建议增加规定"市、县人民政府应当将听取意见的情况和处理结果及时公布"。昆明和民政部建议增加听取"村民小组"的意见。国家民委建议将本条和第十三条、第十七条中的"市、县人民政府"统一改为"设区的市、自治州和县级人民政府"。社科院建议增加规定"公告的期限不得少于30日"。

2. 草案第十六条第二款规定，拟征收土地的所有权人、使用权人应当持不动产权属证书办理补偿登记。市、县人民政府与拟征收土地的所有权人、使用权人签订补偿安置协议；个别难以达成协议的，应当在申请征收土地时如实说明。

广东和全国律协建议明确拟征收土地的使用权人为土地承包经营权人、宅基地使用权人。北京大学建议明确对使用权人的补偿是由政府直接补偿还是由所有权人在总体补偿中按比例给予使用权人。国家发改委提出，随着农村土地确权工作的深入推进，政府已掌握土地的所有权及使用权情况，没必要再要求土地所有权人、使用权人重复办理补偿登记，可由政府直接进行确认，建议删去土地的所有权人、使用权人持不动产权属证书办理补偿登记的规定。有的地方建议增加持"其他合法有效的权属证明材料"（浙江、长春，北京大学）、"土地经营权流转合同"（安徽）、"依据不动产登记簿的记载"（海南）也可办理补偿登记。有的地方和单位提出，"个别难以达成协议的"中的"个别"不明确，建议明确界定或者删去（四川、重庆、浙江义乌，社科院）；全国律协、中央财经大学建议对无法达成协议的应如何处理作出具体规定。

3. 草案第十六条第四款规定，国家征收土地的，依照法定程序批准后，由县级以上地方人民政府公告并组织实施。

南宁和社科院提出，"国家征收土地"中的"国家"具体指哪一级政府不明确。有些地方建议增加由"市、县人民政府作出征收土地决定"（湖南、广西、山东、陕西、杭州）。有些地方建议增加被征收人对征收决定或补偿安置有异议的，可以申请行政复议，也可以提起行政诉讼的规定（北京、湖南、广东、山东、广州、杭州、西安）。

4. 现行法第四十五条规定，征收基本农田、基本农田以外的耕地超过三十五公顷的、其他土地超过七十公顷的由国务院批准；征收上述以外的土地，由省（区、市）人民政府批准，并报国务院备案。草案将"基本农田"改为"永久基本农田"，删去了"并报国务院备案"。

湖北建议保留"并报国务院备案"的规定，有利于监督地方政府依法征收。河南、安徽、中央财经大学提出，为与农用地转用审批权限一致，建议除征收永久基本农田外，一律下放至省级人民政府批准。

（三）关于征地补偿

1. 草案第十七条第一款规定，征收土地应当给予公平、合理的补偿，保障被征地农民原有生活水平不降低、长远生计有保障。

中央农办和福建晋江提出，单纯依靠补偿和社保，无法做到"保障被征地农民原有生活水平不降低、长远生计有保障",建议增加对被征地农民给予就业、教育培训、医疗等多方面保障的内容。重庆提出,"保障被征地农民原有生活水平不降低、长远生计有保障"属于政策性语言,建议修改;北京大学建议将第一个"保障"改为"确保",与国务院有关文件的表述一致。

湖北襄阳提出,农村土地承包方式有家庭承包和其他方式的承包,农民家庭承包地被征收的,必须保障被征地农民原有生活水平不降低、长远生计有保障;其他承包地被征收的,土地补偿费、安置补助费应归农村集体经济组织所有;涉及流转土地经营权的,应按流转合同约定确定有关补偿费的归属。

2. 草案第十七条第三款、第四款和第六款规定,土地补偿费和安置补助费标准,由省(区、市)制定并公布区片综合地价确定;制定区片综合地价应当考虑土地原用途、土地资源条件、土地产值、安置人口、区位、供求关系以及经济社会发展水平等因素。

中央政策研究室建议明确制定区片综合地价应以区位、供求关系为重点,而不是土地原用途、土地资源条件、土地产值等因素;国务院发展研究中心建议改为"应考虑土地原用途、土地征收后的综合增值收益、集体土地直接入市收益等因素";国家发改委和全国律协建议以周边同期国有土地公开出让价格为标准;中国科协建议以市场交易价格确定补偿标准;云南建议在区片综合地价前增加"征地统一年产值"。四川建议明确制定区片综合地价以乡(镇)为单位。

3. 草案第十七条第四款规定,征收村民住宅的,应采取重新安排宅基地建房、提供安置房或者货币补偿等方式给予公平合理补偿,保障其居住权和住房财产权益。

中央财经大学提出,"重新安排宅基地建房"是由集体另行安排宅基地,还是使用国有土地建房不清楚,建议删去。海南建议在征收村民住宅的补偿中增加规定,采取货币补偿的,补偿标准不低于征收决定公布之日被征收住宅所在地市、县同类国有建设用地及商品住房的市场价格。社科院建议在征收农村村民住宅后加上"宅基地"。重庆提出,居住权有其特定的含义,用在此处不妥,建议删去;北京大学建议将"居住权"改为"基本住房权利"。

4. 草案第十七条第五款规定,市、县人民政府应当将被征地农民纳入相应的养老等社会保障体系。被征地农民的社会保障费用主要用于符合条件的被征地农民的养老保险等社会保险缴费补贴。

广东、珠海建议明确"纳入相应的养老等社会保障体系"的具体含义。人社部提出,"社会保险缴费补贴"只对法定劳动年龄段被征地农民作出了制度性安排,没有涵盖达到法定退休年龄的被征地农民,建议将"社会保险缴费补贴"改为"社会保险补贴"。河南、甘肃临洮建议增加设立被征地农民社会保障基金的规定。西北政法大学建议将"被征地农民"改为"被征地后需要依法安置的农业人口"。

二、关于集体经营性建设用地入市

1. 草案第二十条规定,土地利用总体规划确定为工业、商业等经营性用途,并经依法登记的集体建设用地,土地所有权人可以通过出让、出租等方式交由单位或个人使用,并签订书面合同。

有的地方、部门和单位提出,为防止集体经济组织负责人非法出让、出租集体建设用地,损害农民的利益,建议增加集体经营性建设用地入市应经村民会议或者村民代表会议同意的规定(湖南、湖北、福建晋江,国家发改委,中央财经大学)。山西、西安、中央财经大学建议明确集体建设用地出让、出租是否需要有关部门批准。内蒙古、合肥和有的全国人大代表提出,土地利用总体规划不能确定土地的具体用途,建议在土地利用总体规划后增加城镇总体规划。

全国律协建议将"商业"改为"商服",为开展集体经营性建设用地建设租赁住房试点留下空间;重庆建议明确"经营性"用途的范围;有的地方和单位建议增加"旅游和娱乐"(北京大学)、"办公、居住"(厦门)、"村庄整理节余"(中央政策研究室)的集体建设用地也可以入市。社科院建议删去"工业、商业等经营性用途",只要是集体建设用地都可入市。四川、湖北襄阳建议明确集体经营性建设用地不得用于商品房开发。海南建议增加规定,未确定规划条件的地块不得出让。

有的地方、部门和单位提出,以出租方式不能取得集体建设用地使用权,建议对本条第二款的有关表述再研究(广东,最高人民法院、社科院、中央党校、中国政法大学、上海法学会)。

2. 草案第二十一条第二款规定，集体建设用地使用权的出让、出租、转让等，其最高年限、登记等参照同类用途的国有建设用地执行，具体办法由国务院自然资源主管部门制定。

全国律协提出，集体建设用地使用权的转让、赠与、抵押等事关物权的归属，不宜由主管部门制定规则；农业农村部建议增加"会同农业农村主管部门"制定具体办法；上海法学会建议修改为：集体建设用地使用权出让的年限、登记等，参照同类用途的国有建设用地执行，对使用权的转让、赠与、抵押等，适用物权法的有关规定；江苏建议将"参照"执行改为"按照"执行。

3. 草案第二十二条规定，收回出让、出租、转让、互换、出资、赠与、抵押的集体建设用地使用权，依照双方签订的书面合同办理，法律、法规另有规定的除外。社科院提出，收回出让的集体建设用地使用权的，应参照征收制度予以处理；收回其他形式的集体建设用地使用权的，可以参照双方签订的书面合同办理。中国政法大学建议删去这一规定。

三、关于宅基地管理制度

（一）关于一户一宅

草案第十九条第一款、第二款规定，农村村民一户只能拥有一处宅基地，面积不得超过省（区、市）规定的标准；人均土地少、不能保障一户一宅的地区，县级政府可以采取措施，按照省（区、市）规定的标准保障村民实现户有所居的权利。

湖北襄阳和国务院发展研究中心建议将"农村村民"改为"农村集体经济组织成员"。有的地方和单位建议将一户只能"拥有"改为只能"申请"（江苏常州武进区，中央财经大学）或者"分配取得"（中央党校）一处宅基地。有的地方和单位建议对"户"的标准作出界定（北京、浙江、湖北襄阳，全国律协）；湖北襄阳建议由省（区、市）确定"户"的标准。湖北襄阳建议明确，不能保障一户一宅的，县级人民政府可以"采取集中建设多层住宅"等方式保障户有所居；上海法学会建议增加可以"采取货币补偿、住房或者购房补贴、廉租房安置等多元措施，保障村民实现其宅基地资格权"。中国政法大学建议将"户有所居"改为"保障农村村民的基本居住需求"。

国务院参事室提出，现实中因继承而形成的一户多宅的现象较多，建议对村民住宅及宅基地的继承问题作出规定。江苏建议增加农村村民拥有一处以上宅基地不予登记的规定。内蒙古建议打破一户一宅的限制，允许农民有偿获得第二块宅基地。湖北襄阳建议增加超标准占用宅基地应当缴纳有偿使用费的规定。

（二）关于宅基地审批

1. 草案第十九条第四款规定，农村村民住宅用地，由乡（镇）人民政府审核批准；涉及农用地的，依法办理农用地转用审批手续。有的地方建议增加报"县级农业农村主管部门"（吉林）或者"县级人民政府"（湖北）备案的规定。福建建议将宅基地涉及农用地转用的审批由省级政府下放至县级政府审批。

2. 草案第十九条第五款规定，农村村民出卖、出租住宅后，再申请宅基地的，不予批准。有的地方和部门建议增加赠与、置换、抵押等其他方式处分住宅后，再申请宅基地的，也不予批准（四川、山西、西安，最高人民检察院）。

3. 草案第十九条第七款规定，国务院农业农村主管部门负责全国农村宅基地改革和管理有关工作。有些地方和单位建议进一步明确自然资源主管部门与农业农村主管部门在宅基地管理方面的职责（广东、吉林、云南、四川、南宁、南京、珠海、大理、淮南，中央党校）。安徽、江西、全国律协建议增加地方农业农村主管部门负责农村宅基地改革和管理工作的规定。广东、湖北襄阳、全国律协建议在现行法第五条中对此作出规定；中央党校建议删去这一款。

4. 草案第二十三条规定，农业农村主管部门对违反农村宅基地管理规定的行为进行监督检查，适用本法关于自然资源主管部门的规定。有的地方和单位提出，上述规定指向不明，建议明确或者删去（广东、南京、昆明、大理、甘肃临洮，西南政法大学）。

（三）关于宅基地自愿有偿退出

草案第十九条第六款规定，国家鼓励进城落户的农村村民依法自愿有偿退出宅基地。有的地方和单位建议增加有偿退出宅基地的审批、退出后宅基地的用途等具体规定（广东、四川、宁夏、内蒙古、西安，国务院发展研究中心、中央党校）；江苏和全国律协建议授权国务院农业农村主管部门会同有关部门制定具体的鼓励措施；广州建议授权省（区、市）制定具体办法。湖北建议修改为，进城落户的农村村民可以依法自愿有偿退出宅基地；安徽金寨县建议删去"进城落户"；国家发改委建议将"进城落户"改为"在城市（镇）落户"。四川建议增加规定，鼓励散居的农村村民依法自愿有偿退出原有宅基地并到村庄规划建设区有偿取得法定面积内的新宅基地。江西建议增加鼓励"盘活利用闲置宅基地和农房"的规定。

中央农办、中国人民银行建议增加农民住房财产权抵押担保的规定。中国人民银行提出，根据目前有关规定，农民住房流转范围仅限于本集体经济组织内部，难以形成有效的市场价格，处置也很困难，不能充分体现农民住房财产权的价值；湖南浏阳和中国人民银行建议将宅基地使用权的流转范围扩大到县域农村范围内；四川和有的全国人大代表建议适度放开村民住宅的流转，允许有两处以上住宅的，可以将其转让给本集体经济组织以外的人员；全国律协建议增加农村宅基地不得向本村之外的人员赠与、转让的规定。中央党校建议增加宅基地"三权分置"的有关规定。

四、关于耕地保护

1. 中央政策研究室和北京大学建议建立永久基本农田保护补偿机制，对承担保护任务的农村集体经济组织和农户给予补偿。广东建议将永久基本农田定义为：国家依照法律规定而确定永久性作为农用地的土地；永久基本农田非经法律程序和国务院批准不可作其他用途。

2. 湖北襄阳和国家发改委提出，草案第六条删去了现行法中耕地开垦费"专款用于开垦新的耕地"的规定不妥，建议保留。河南建议增加规定，对经依法批准占用永久基本农田的，缴费标准按照当地耕地开垦费最高标准的二倍执行。湖南浏阳建议增加耕地开垦费由国家统筹的规定。

3. 草案第八条规定，国家对永久基本农田实行严格保护。各省（区、市）划定的永久基本农田一般应当占本行政区域内耕地的百分之八十以上，具体比例由国务院另行规定。水利部提出，有的地方将河湖管理范围内的土地划为耕地和基本农田，严重影响河道行洪、威胁防洪安全，建议增加规定：永久基本农田划定应当避开河道管理范围；基本农田和其他耕地已经占用河道管理范围的，由地方人民政府负责有计划地退出；永久基本农田的划定应当根据水资源承载能力，科学划定。农业农村部建议明确将"已建成的高标准农田"划定为永久基本农田；四川建议明确坡度25度以上的耕地不能划为永久基本农田；有的全国人大代表建议明确受污染的耕地不得划为永久基本农田。新疆建议删去永久基本农田一般应占本行政区域内耕地的百分之八十以上中的"一般"二字，与从严保护原则相违背；广东建议明确不足百分之八十的应如何处理的程序性规定。北京建议增加规定，永久基本农田划定后由自然资源主管部门、农业农村主管部门共同组织验收。

4. 草案第九条规定，永久基本农田划定以乡（镇）为单位进行，由县级人民政府自然资源主管部门会同同级农业农村主管部门组织实施。乡镇政府应将其位置、范围向社会公告。水利部门建议在组织实施的部门中增加"水行政主管部门"。云南建议改为由"县级人民政府"或者乡镇政府向社会公告；广东建议改为由"县级人民政府自然资源主管部门会同同级农业主管部门"向社会公告。

5. 草案第十条规定，永久基本农田依法划定后，任何单位和个人不得擅自占用或者改变其用途；国家能源、交通等重点建设项目占用永久基本农田的，由国务院批准；禁止通过擅自调整土地利用总体规划的方式规避永久基本农田农用地转用或土地征收的审批。上海、重庆、安徽建议增加省（区、市）能源、交通等重点建设项目占用永久基本农田的，由国务院批准。上海建议明确通过合法程序调整土地利用总体规划是否就可以改变已划定的永久基本农田。合肥建议增加不得改变永久基本农田"位置"。最高人民检察院、社科院、北京大学建议增加违反本条规定的法律责任。

6. 现行法第三十七条规定，非农业建设必须节约使用土地，可以利用荒地的，不得占用耕地；禁止占用耕地建窑、建坟或者擅自在耕地上建房等；禁止占用永久基本农田发展林果业和挖塘养鱼。农业农村部建议将"荒地"改为"整治农村闲置宅基地、村庄空闲地、废弃地及荒地"。成都市郫都区建议增加禁止占用耕地"挖湖"。河南、海南建议删去禁止占用永久基本农田发展林果业和挖塘养鱼的规定；中央政策研究室建议删去"发展林果业"；四川建议将"挖塘养鱼"改为"从事破坏耕作层的水产业"。湖南浏阳建议在不破坏耕作层的前提下，应允许占用一定的永久基本农田发展农业产业调整项目。湖北襄阳、浙江义乌建议增加违反本条规定的法律责任。

五、关于土地利用总体规划和国土空间规划

1. 草案第四条第一款对土地利用总体规划编制的原则作了规定。军委法制局建议在第四项统筹安排城乡生产、生活、生态用地中增加"军事"用地；有的全国人大代表建议增加"产业"用地；农业农村部门建议增加"非农产业"用地；北京大学建议改为"统筹安排各类、各区域用地"。

2. 草案第四条第二款规定，经依法批准的国土空间规划是各类开发建设活动的基本依据，已经编制国土空间规划的，不再编制土地利用总体规划和城市总体规划。深圳、汕头、北京大学建议进一步厘清土地利用总体规划、城乡总体规划和国土空间规划三者的关系。有些地方建议增加编制国土空间规划的基本原则、审批程序、规划期限及法律效力等具体规定（广东、广州、西安、南宁、海口、深圳、湖北襄阳）。国家发改委建议将"经依法批准的国土空间规划是各类开发建设活动的基本依据"，修改为"经依法批准的国土空间规划是空间开发保护的基础和平台"。全国律协提出，不宜在本法中规定国土空间规划取代土地利用总体规划和城市总体规划。有些地方和部门建议在本法有关土地利用总体规划的表述中一律加上"国土空间规划"（湖北、广西、安徽、合肥、福建晋江、湖北襄阳、海南文昌，国家发改委）；四川、汕头建议将本法中"土地利用总体规划"统一改为"国土空间规划"。广东建议将"国土空间规划"改为"空间规划"，与中央有关文件表述一致。

六、其他意见

1. 草案第二条规定，土地所有权和使用权的登记，依照有关不动产登记的法律、行政法规执行。北京大学、中国政法大学建议将"使用权"改为"法律规定需要登记的其他权利"。农业农村部和中央财经大学建议保留登记后确认相关权利的规定，同时增加确认"国有农用地使用权"。上海、江苏建议将"行政法规"改为"法规"。

2. 草案第三条第一款对耕地、草地、林地的承包期及承包期届满后的延期作了规定；第二款规定，国有土地可以由单位或者个人承包经营，从事种

植业等生产。有些地方和单位建议与新修订的农村土地承包法的规定相衔接（北京、安徽、西安、浙江德清县，中央农办、中央政策研究室，全国律协、中国政法大学）。有些地方和单位提出，农村土地承包法对农用地承包期限已有明确规定，没必要重复，建议删去（重庆、新疆、齐齐哈尔、湖北襄阳，国务院参事室、中央党校）。广东和中央财经大学建议增加"渔业养殖水域滩涂"的承包期。农业农村部建议将第二款修改为：国有农用地可以由单位或者个人使用，国有农用地使用权人可以从事种植业等生产，发展乡村产业。

3. 社科院、北京大学建议将草案中的"土地使用权"统一改为"建设用地使用权"，与物权法相衔接。

4. 四川建议在现行法第四条第二款土地分为农用地、建设用地和未利用地的规定中增加"生态用地"；北京、海南、农业农村部建议在第三款农用地的范围中增加"畜禽养殖用地""园地"。

5. 广东建议完善现行法第六十五条对农村集体经济组织收回土地使用权的程序性规定。

此外，城市房地产管理法修正案草案规定，城市规划区内的集体所有的土地，经依法征收转为国有土地后，该幅国有土地的使用权方可有偿出让，但法律另有规定的除外。江苏建议修改为，城市规划区内的集体经营性建设用地的使用权，可以依照法律规定有偿转让。四川建议在"有偿出让"后增加"划拨、出租"。

宪法法律委、环资委、法工委座谈会对土地管理法、城市房地产管理法修正案草案的意见

4月29日，宪法法律委、环资委、法工委联合召开座谈会，听取中央有关部门、人大代表、"三块地"改革试点地区及专家学者对土地管理法、城

市房地产管理法修正案草案的意见。与会人员主要对土地管理法修正案草案（以下简称草案）提出了意见，现将主要意见简报如下：

一、关于土地征收

1. 草案第十四条第一款规定了可以依法对农民集体所有土地实施征收的情形。其中第三项为：由政府组织实施的科技、教育、文化、卫生、体育、生态环境和资源保护、防灾减灾、文物保护、社区综合服务设施建设、社会福利、市政公用、优抚安置、英烈褒扬等公共事业需要用地的。第五项为：由政府在土地利用总体规划确定的城镇建设用地范围内组织实施成片开发建设需要用地的。第二款规定，前款第五项规定的成片开发应当符合国务院自然资源主管部门规定的标准。

有的教授建议，一是增加为了"公共利益"的需要才能征收集体土地的表述，以和宪法、物权法相衔接；二是增加"公共利益"的认定程序和争议裁决机制，明确救济途径；三是缩小"公共利益"的范围，对非公共利益用地逐步推行以"协议购买"代替征地。民政部建议将第一款第三项中的"社区综合服务设施建设"修改为"城乡社区综合服务设施建设"。有的教授提出，目前第一款第五项中"成片开发"的表述不能区分公益性和非公益性，建议根据不同用途分别规定。中央农办建议紧扣公共利益属性对"成片开发"进行具体规定。江苏省常州市武进区提出，"成片开发"的标准宜由国务院规定，建议将第二款中的"国务院自然资源主管部门"改为"国务院"。最高人民检察院建议将本条中所有的"政府"修改为"县级以上人民政府"。

2. 草案第十六条规定，市、县人民政府拟申请征收土地的，应当进行公告，听取被征地的农村集体经济组织及其成员、村民委员会和其他利害关系人的意见；拟征收土地的所有权人、使用权人应当在公告规定期限内，持不动产权属证书办理补偿登记。市、县人民政府应当组织有关部门与拟征收土地的所有权人、使用权人就补偿安置等签订协议。

民政部建议增加听取"村民小组"意见。国家发改委提出，政府通过土地确权可以确认土地所有权人、使用权人的情况，不必再要求其重复办理补偿登记。武进区建议增加"补偿时点以协议签订之日计算"。

3. 草案第十七条规定，征收土地应当给予公平、合理的补偿，保障被征地农民原有生活水平不降低、长远生计有保障；征收农用地的土地补偿费、安置补助费标准由省、自治区、直辖市制定公布区片综合地价确定；征收农村村民住宅的，应当采取重新安排宅基地建房、提供安置房或者货币补偿等方式给予公平合理补偿；被征地农民的社会保障费用主要用于符合条件的被征地农民的养老保险等社会保险缴费补贴；征收农用地以外的其他土地的补偿标准等由省、自治区、直辖市制定。

中央农办建议根据 2014 年中央一号文件，增加规定"可以因地制宜采取留地安置补偿等多种方式，确保被征地农民长期收益"。有的教授建议，可以采取让被征地农民参与被征地项目经营的方式，明确其长远收益权和发展权。发改委建议，补偿安置标准参考同区位地块公开出让的平均价格。武进区建议将"提供安置房"改为"提供农民住宅小区住房"。人社部提出，只有处于劳动年龄的才需要"缴纳"社会保险，处于退休年龄的应该是"享受"，建议删除"社会保险缴费补贴"中的"缴费"二字。有的教授认为征用集体建设用地的补偿标准不宜授权给地方规定，并建议增加征收农民宅基地使用权的补偿的内容。

二、关于集体经营性建设用地入市

1. 草案第二十条规定，县级土地利用总体规划、乡（镇）土地利用总体规划确定为工业、商业等经营性用途，并经依法登记的集体建设用地，土地所有权人可以通过出让、出租等方式交由单位或者个人使用，并应当签订书面合同，明确用地供应、动工期限、使用期限、规划用途和双方其他权利义务；按照前款规定取得的集体建设用地使用权可以转让、互换、出资、赠与或者抵押。

农业农村部建议，将"工业、商业等经营性用途，并经依法登记的集体建设用地"改为"工业、商业等乡村非农产业发展，并经依法登记的集体经营性建设用地"。发改委建议，增加集体经济组织内部的相关决策程序，并明确相应的法律责任。武进区建议将"依法登记"改为"依法完成所有权登记"，并删除"用地供应、动工期限"。有的教授建议删除"出租"的方式，增加"拨用"的方式。最高人民法院认为，集体建设用地"出租"登记后可以作为一种准物权。

2. 草案第二十一条第二款规定，集体建设用地使用权的出让、出租、转让、互换、出资、赠与、抵押，其最高年限、登记等参照同类用途的国有建设用地执行。具体办法由国务院自然资源主管部门制定。

有的教授、住建部建议将"国务院自然资源主管部门"改为"国务院"。农业农村部建议将"国务院自然资源主管部门"改为"国务院自然资源主管部门会同农业农村主管部门"，武进区建议改为"省、自治区、直辖市"。有的教授建议研究集体建设用地入市收益分配问题。有的教授建议明确集体建设用地的价格形成机制。有的教授建议规定集体经营性建设用地入市税费的收取和政府的监管责任。

三、关于宅基地管理

1. 草案第十九条规定了宅基地的管理制度。有的教授、浙江省湖州市德清县政府建议将有关宅基地"三权分置"、有偿使用、继承的内容在法律中明确规定，同时在严格限制的前提下适当扩大宅基地和农民住宅的经营性用途。有的教授建议明确宅基地作为集体建设用地，享有与经营性建设用地一样的出让、转让、抵押等权利。中国人民银行建议增加一款："农村房屋占用范围内的宅基地使用权可随房屋所有权一并向金融机构抵押融资。"农业农村部建议增加规定："土地利用年度计划中应明确合理比例的宅基地用地，专项用于农村村民建设住宅。"

2. 草案第十九条第五款规定，农村村民出卖、出租住宅后，再申请宅基地的，不予批准。有的教授、人民银行建议明确宅基地使用权的流转范围可以扩大到本县域的农村村民。最高法认为，农村村民可以出卖、出租住宅的表述与物权法的规定不一致，建议衔接。最高检建议增加"赠与"住宅的情形。

3. 草案第十九条第六款规定，国家鼓励进城落户的农村村民依法自愿有偿退出宅基地。有的教授建议修改为："国家鼓励宅基地使用权人在不影响其居住保障的前提下依法自愿有偿退出宅基地。退出的宅基地由土地所有权人回购，回购价格由退出成员与土地所有权人平等自愿协商确定。国家可以对农民集体回购经费予以支持。"同时明确回购后的用途。有的教授认为，宅基地使用权作为物权也可以转让给其他集体经济组织。

四、关于耕地保护

1. 现行法第三十一条规定了耕地开垦费的缴纳。草案第六条规定，删去第三十一条中的"专款用于开垦新的耕地"；现行法第五十五条规定了新增建设用地的土地使用费的分配。草案第十八条规定，删去第五十五条第二款中的"都专项用于耕地开发"。

中央农办、发改委建议恢复现行法第三十一条耕地开垦费"专款用于开垦新的耕地"的规定，中央农办建议同时恢复现行法第五十五条新增建设用地的土地使用费"都专项用于耕地开发"的规定，并提高土地出让收入用于农业农村的比例。

2. 草案第八条规定了永久基本农田的划定范围。农业农村部建议将"已建成的高标准农田"纳入基本农田范围。水利部建议将"水资源状况"作为考虑的因素之一，并避让河道管理范围。国家林草局建议规定，25度以上的坡耕地、严重沙化的耕地、重要水源地15度到25度的坡耕地，以及严重污染的耕地不得划入永久基本农田的范围。有的全国人大代表建议增加一款："确实受严重污染又不能恢复的耕地，不得划为永久基本农田，已经划入的要进行调整。"

3. 草案第十条第一款规定，永久基本农田经依法划定以后，任何单位和个人不得擅自占用或者改变其用途。有的全国人大代表建议增加一款，"农业生产经营者可以按照国家有关规定占用少量的永久基本农田作为农业配套设施用地"。

4. 现行法第三十六条第一款规定，非农业建设必须节约使用土地，可以利用荒地的，不得占用耕地。农业农村部建议将"可以利用荒地的"修改为"可以利用整治农村闲置宅基地、村庄空闲地、废弃地及荒地的"。

五、其他意见

1. 草案第二条规定，土地所有权和使用权的登记，依照有关不动产登记的法律、行政法规执行。农业农村部建议增加"确认土地承包经营权、建设用地使用权、宅基地使用权、国有农用地使用权等用益物权"。

2. 草案第三条规定了农村土地承包经营制度。中央农办建议与新修改的农村土地承包法相衔接。农业农村部、国家林草局建议将第二款改为"国有农用地可以依法由单位或者个人使用，取得国有农用地使用权，从事种植业、林业、畜牧业、渔业生产"。农业农村部建议在"渔业生产"后增加"发展乡村产业"。

3. 草案第四条规定，土地利用总体规划按照下列原则编制：（一）落实国土空间开发保护要求，严格土地用途管制……（四）统筹安排城乡生产、生活、生态用地；经依法批准的国土空间规划是各类开发建设活动的基本依据。

发改委建议，将"落实国土空间开发保护要求"改为"细化落实国家发展规划提出的国土空间开发保护要求"。有的全国人大代表建议，将"统筹安排城乡生产、生活、生态用地"改为"统筹安排城乡生产、生活、生态、产业用地"，农业农村部建议改为"统筹安排城乡生产、生活、生态、非农产业用地"。发改委建议将"经依法批准的国土空间规划是各类开发建设活动的基本依据"改为"经依法批准的国土空间规划是空间开发保护的基础和平台"。住建部认为，"国土空间规划"和"开发建设"不是对应关系，建议将"国土空间规划"改为"国土空间规划的利用"。中央农办建议规划要强化乡村基础设施建设和产业发展用地的保障。

4. 草案第十条第二款规定，禁止通过擅自调整县级土地利用总体规划、乡（镇）土地利用总体规划的方式规避永久基本农田农用地转用或者土地征收的审批。最高检、武进区建议增加相应的法律责任。

5. 农业农村部建议在现行法第五十九条前增加一条："县级以上人民政府应当统筹乡村土地规划与村庄建设规划，完善农村新增用地保障机制，盘活农村存量建设用地，保障乡村振兴用地需求。""县级以上人民政府应当在年度新增建设用地计划指标中划出一定比例用于乡村产业发展，县域内土地占补平衡指标应当优先用于乡村产业发展。"

6. 现行法第七十三条、第七十四条、第七十五条、第七十六条、第七十七条等规定了行政机关对土地违法行为的责令限期拆除、限期改正或者治理等措施。最高检建议补充逾期未拆除、未改正、未治理的后续措施。德清县建议建立自然资源综合执法体系，强化执法队伍和手段。武进区建议，对违法占地的，经法院认定以后，可以由县级以上人民政府指定的行政机关强制执行，费用由当事人承担，对难以拆除房屋的，可以采取以罚代拆的方式处理。

7. 现行法第七十四条规定，占用或者破坏耕地的，由县级以上人民政府自然资源主管部门、农业农村主管部门等按照职责责令限期改正或者治理，可以并处罚款。农业农村部建议删除农业农村主管部门的处罚职责。

8. 现行法第七十七条规定，非法占用土地建住宅的，由县级以上人民政府农业农村主管部门责令退还非法占用的土地，限期拆除新建房屋。农业农村部建议增加"自然资源主管部门"为执法主体。

土地管理法、城市房地产管理法修正案草案向社会公众征求意见的情况

2019 年 1 月 4 日至 2 月 3 日，土地管理法、城市房地产管理法修正案草案，向社会公开征求意见。期间共有 498 位公众提出了 579 条意见，还收到群众来信 15 封。主要是对土地管理法修正案草案（以下简称草案）提出意见。现将主要意见简报如下：

一、关于土地征收

（一）关于征地范围

草案第十四条规定了征地的六种情形，其中第五项规定由政府在土地利用总体规划确定的城镇建设用地范围内组织实施成片开发建设需要用地，可以征收土地。

有的意见提出，为落实中央有关"缩小征地范围"的要求，建议在本条第一款中明确"为了公共利益的需要"才可以征地。有的建议对不符合公共利益的征地行为如何处理作出规定。有些意见提出，改革后，城镇规划区内的集体建设用地可以直接入市，进行相应的建设，可进一步缩小征地范围。有些意见提出，第五项未对"成片开发"作出明确界定，可能出现地方政府

滥用征地权力的情形，建议删去；有的建议明确"成片开发"的标准；有的建议明确第五项中的"政府"是哪级政府；有的建议明确国务院、省级政府确定的成片开发建设才能征地；有的建议明确成片开发必须符合公共利益才能征地。

（二）关于征地程序

草案第十六条规定，市、县人民政府拟申请征收土地，应当将征收范围、补偿标准等在拟征收土地所在的乡（镇）和村、村民小组范围内进行公告，土地所有权人、使用权人持不动产权属证书办理补偿登记。有的意见提出，征地事项还应当在政府网站公告；有的建议增加对补偿情况进行公示的规定。有的意见提出，除了不动产权属证书，其他权属证明也应作为办理补偿登记的依据。

草案第十六条规定，市、县人民政府与土地所有权人、使用权人签订补偿安置协议后方可申请征收土地，个别确实难以达成协议的，应当在申请时如实说明；依照法定程序批准后，由县级以上地方人民政府公告并组织实施。有的意见建议删去征地审批前先签订安置补偿协议的规定。有的提出，"个别确实难以达成协议的，应当在申请征收土地时如实说明"的规定比较模糊，建议明确达成协议超过一定比例才可以报批。有的意见建议在县级以上人民政府"公告并组织实施"前，增加"作出征收决定"。

（三）关于征地补偿

1. 草案第十七条第一款规定，征收土地应当给予公平、合理的补偿，保障被征地农民原有生活水平不降低、长远生计有保障。有的意见提出，"原有生活水平不降低"的表述太笼统，建议细化。有的建议对征地补偿款在集体与个人之间的分配比例作出原则性规定；有的建议明确市、县人民政府为补偿主体。

2. 草案第十七条第三款规定，土地补偿费和安置补助费标准，由省（区、市）制定公布区片综合地价确定，区片综合地价应当根据社会、经济发展水平适时调整。有些意见提出，区片综合地价由政府制定，农民没有议价权利，难以享受土地增值收益，建议征地补偿标准按照市场价格或者第三方评估的土地价值进行补偿。有的建议对区片综合地价的计算方法作出原则规定。有的建议明确区片综合地价调整的具体期限。有的建议区别土地所有权和用益物权设立不同的补偿标准。

3. 草案第十七条第四款规定，征收农村村民住宅，采取重新安排宅基地建房、提供安置房或者货币补偿等方式给予公平合理补偿，具体办法由省（区、市）制定。有些意见提出，村民住宅不能简单作为地上附着物进行补偿，应当按照市场价格进行补偿；有的建议明确补偿的房屋面积不能小于原有房屋；有的建议明确相关补偿标准和具体规定由省级人民政府制定。

4. 草案第十七条第六款规定，征收农用地以外的其他土地、地上附着物和青苗等的补偿标准，由省（区、市）制定。有的意见提出，允许集体经营性建设用地入市后集体建设用地就有市场价格了，征收集体建设用地应当按照市场价格补偿。

二、关于集体经营性建设用地入市

草案第二十条规定，县级、乡（镇）土地利用总体规划确定为工业、商业等经营性用途，并经依法登记的集体建设用地，可以通过出让、出租等方式由单位或个人使用，签订书面合同，明确使用期限等。

有的意见提出，物权法列举了工业、商业、旅游、娱乐和商品住宅等经营性用地类别，草案仅列举了"工业、商业等经营性用途"的集体建设用地可以入市，建议进一步明确"经营性用途"的含义，除了工业和商业用途，是否还包括旅游、娱乐和商品住宅等其他经营性用途。有的意见提出，集体建设用地是否可以入市不宜由县级、乡（镇）土地利用总体规划决定，以免地方政府随意调整规划推动集体建设用地入市，破坏耕地。有的意见建议进一步细化集体经营性建设用地入市制度；有些意见建议明确集体经营性建设用地入市须通过"招拍挂"形式，防止集体资产流失；有的建议明确入市须经村民大会讨论通过。有的意见建议增加集体经营性建设用地可以"入股"的规定。

现行土地管理法第六十条、第六十一条对乡镇公共设施等建设使用集体土地作了规定。有的意见提出，除了乡镇企业、乡镇公共设施、公益事业等建设以外，其他建设也应当可以使用集体土地，建议删去使用主体和用途的限制。

三、关于宅基地制度

（一）关于一户一宅

草案第十九条第一款、第二款规定，农村村民一户只能拥有一处宅基地；人均土地少、不能保障一户一宅的地区，县级人民政府在充分尊重农村村民意愿的基础上，按照省（区、市）规定的标准保障村民实现户有所居的权利。

有的意见建议明确是否允许宅基地流转以及流转的范围；有些意见建议删去一户一宅的规定，允许宅基地自由流转；有的建议规定一户只能申请一处宅基地，但应当允许通过合法买卖取得多处宅基地；有的建议明确：城镇居民不得在农村购买宅基地，宅基地只能在本集体经济组织成员内部流转。

有的意见建议将"农村村民"改为"农村集体经济组织成员"或者"农村农户"；有的建议明确"农村村民"的概念。有的意见建议明确"县级人民政府充分尊重农村村民意愿"的具体操作程序。

（二）关于宅基地管理

1. 草案第十九条第三款、第四款规定，农村村民建住宅应当符合乡（镇）土地利用总体规划，由乡（镇）人民政府审核批准。有的意见提出，目前一些地方的乡镇规划并未对农村宅基地进行规划，给宅基地审批造成障碍，建议对这一规定再作研究。有的意见提出，宅基地审批权下放到乡镇政府不利于土地资源保护，建议恢复现行法的规定，由乡镇政府审核，县级政府审批。有的建议增加申请宅基地不符合本条规定条件不予批准的规定。

2. 草案第十九条第七款规定，国务院农业农村主管部门负责全国农村宅基地改革和管理有关工作。有的意见建议对农村宅基地改革作出系统规定，删去"国务院农业农村主管部门负责全国农村宅基地改革和管理有关工作"的表述；有的建议宅基地由自然资源主管部门管理；有的建议由自然资源主管部门与农业农村主管部门共同管理；有的建议明确自然资源主管部门、农业农村主管部门各自的职责范围。

（三）关于宅基地自愿有偿退出

草案第十九条第六款规定，国家鼓励进城落户的农村村民依法自愿有偿退出宅基地。有的意见提出，目前农村宅基地闲置荒废严重，建议草案进一步细化盘活利用宅基地的规定，鼓励社会资本流入农村。有的意见提出，目前宅基地流转仅限于本集体经济组织内部，宅基地有偿退出比较困难，建议删去鼓励进城落户的农村村民自愿有偿退出宅基地的规定。

四、关于国土空间规划

草案第四条规定，经依法批准的国土空间规划是各类开发建设活动的基本依据；已经编制国土空间规划的，不再编制土地利用总体规划和城市总体规划。

有的意见提出，这一规定与城乡规划法的规定冲突，建议删去。有的建议明确国土空间规划与城市总体规划、控制性详细规划及土地利用总体规划、土地利用各专项规划之间的关系；有的建议明确编制国土空间规划后是否还编制镇总体规划和乡规划。有的意见提出，城市总体规划比较精细，与国土空间规划和土地利用规划不在同一个层面，建议将本条中的"城市总体规划"改为"城镇体系规划"。有的建议明确国土空间规划的编制、审批、实施和监督管理由国务院具体规定。

五、关于耕地保护

1. 草案第九条规定，永久基本农田划定以乡镇为单位进行，由乡镇政府将其位置、范围向社会公告。有的建议将永久基本农田的公告主体由乡镇政府改为县级政府。有的建议增加对永久基本农田进行补助的规定。

2. 草案第十条规定，禁止通过擅自调整县级土地利用总体规划、乡（镇）土地利用总体规划的方式规避永久基本农田农用地转用或者土地征收的审批。有的建议在"县级土地利用总体规划"前增加"国土空间规划"。

3. 现行土地管理法第三十七条规定，禁止占用耕地建窑、建坟或者擅自在耕地上建房等，禁止占用基本农田发展林果业和挖塘养鱼。有的意见提出，实践中存在占用基本农田种树、搞畜禽养殖等行为，建议增加禁止性规定，并明确法律责任。

六、关于法律责任

1. 有的意见建议进一步细化法律责任，明确处罚标准、幅度。有的建议加大对政府土地管理违法行为的处罚力度，遏制违法强拆，保护农民利益。有的建议将现行法第七十一条中的"国家工作人员"改为"公职人员"。

2. 草案第二十五条规定，对违法建房、挖砂等行为，由县级以上人民政府自然资源主管部门、农业农村主管部门等按照职责进行处理。有的建议明确划分这两个部门的职责，以免互相推诿。

3. 现行土地管理法第七十六条对非法占用土地的法律责任作了规定，违反土地利用总体规划的，限期拆除违法建筑物，符合土地利用总体规划的，没收新建建筑物和其他设施，可以并处罚款。有的意见提出，住宅是农民重大财产，对符合土地利用总体规划的，建议规定罚款即可，不宜规定没收建筑物的处罚。有的建议改为：对符合土地利用总体规划，尚可补办用地手续的，限期改正，无法补办用地手续的，限期拆除。有的建议对擅自占用未利用地和建设用地的法律责任作出规定。

4. 现行土地管理法第八十三条规定，建设单位或者个人对责令限期拆除决定期满不起诉又不自行拆除的，由作出处罚决定的机关依法申请人民法院强制执行。有些意见建议赋予县级人民政府对农村土地上违法建筑的强制拆除权。

七、其他意见

1. 有的建议对农村集体经济组织的成员资格认定作出原则规定。

2. 有的意见提出，草案第二十条、第二十一条中的"土地使用权"不是物权法中的具体物权，建议改为"土地承包经营权、土地经营权、建设用地使用权、宅基地使用权、地役权、特殊用益物权"。

3. 有些建议将现行土地管理法第五十八条、第六十五条中的收回国有土地使用权、集体土地使用权给予"适当补偿"，改为给予"合理补偿"。

4. 现行土地管理法第五十七条对临时使用土地作了规定。有的意见提出，实践中临时使用土地不仅限于建设项目施工、地质勘查，建议适当放宽临时使用土地的类型，并规定临时使用土地期满应将土地恢复至使用前状态并返还给所有权人。

土地管理法、城市房地产管理法修正案草案
二次审议稿向社会公众征求意见的情况

2019 年 7 月 4 日至 8 月 3 日，土地管理法、城市房地产管理法修正案草案二次审议稿向社会公开征求意见。期间共有 2579 位公众提出了 3068 条意见，还收到群众来信 18 封。主要是对土地管理法修正案草案（以下简称草案）提出意见。现将主要意见简报如下：

一、关于国土空间规划

草案二次审议稿第四条规定，国家建立国土空间规划体系；经依法批准的国土空间规划是各类开发、保护、建设活动的基本依据；已经编制国土空间规划的，不再编制土地利用总体规划和城乡规划。

有些意见提出，根据党中央的要求，到 2020 年以后就没有土地利用总体规划了，建议将本法中的土地利用总体规划统一改为国土空间规划。有的意见建议增加国土空间规划编制、修改、审批等内容。有的意见建议明确国土空间规划的编制、审批、实施和监督管理由国务院制定具体规定。有的意见建议，进一步明确土地利用总体规划、城乡规划逐步统一为国土空间规划的过渡期间如何适用法律。

二、关于土地征收

（一）关于征地范围

草案二次审议稿第十三条规定，为了公共利益的需要可以征收土地，并规定了征地的六种情形，其中第五项规定由政府在土地利用总体规划确定的城镇建设用地范围内组织实施成片开发建设需要用地可以征收土地。

有的意见建议对公共利益的范围作出进一步限制，防止地方政府征地随

意性。有些意见建议增加公共利益认定机制，被征地人对公共利益有争议的，政府应当组织听证。有些意见提出，第五项规定的成片开发可能是用于商场、住宅等商业建设，不一定是为了公共利益，建议对成片开发作出进一步限定。有些意见提出，这一规定可能造成地方政府随意征地，与缩小征地范围的改革初衷相违背，建议删去。有的意见建议将第五项中的"城镇"改为"城市"。有的意见建议将符合规划的居住、商业或工业用地纳入征地范围。有些意见建议删去第六项关于公共利益的兜底规定。

（二）关于征地程序

草案二次审议稿第十五条规定，县级以上地方人民政府应当将征收范围、补偿标准等在拟征收土地所在的乡（镇）和村、村民小组范围内进行公告，签订补偿安置协议，个别难以达成协议的，在申请征收时如实说明。

有的意见提出，仅采用公告的形式难以保障被征地人的知情权，建议当面告知，并对征地补偿进行听证。有的意见提出，公告时应当告知被征地人享有的复议、诉讼等权利以及表达意见的途径。有些意见建议增加听取被征地人意见后对征地补偿方案进行相应调整的规定。有的意见建议明确"个别确实难以达成协议"中"个别"的具体标准。有的建议规定征收的具体程序由国务院制定。

（三）关于征地补偿

草案二次审议稿第十六条规定，征收土地应当保障被征地农民原有生活水平不降低、长远生计有保障；土地补偿费和安置补助费标准，由省（区、市）通过制定区片综合地价确定，至少每五年调整或重新公布一次；征收农村村民住宅，其他土地、地上附着物和青苗等的补偿标准由省（区、市）制定。

有的意见提出，"原有生活水平不降低"的表述太笼统，不可操作，建议进一步明确。有的意见建议明确征地补偿应当保障妇女的合法权益。

有些意见提出，区片综合地价的补偿标准仍然较低，难以反映土地的市场价值，建议改为按照市场价值补偿。有些意见提出，现行法对补偿标准作了明确具体的规定，草案规定的区片综合地价太笼统，完全由政府制定，农民没有参与定价的权利，无法保障合法权益。有的建议将制定区片综合地价参考因素中的"土地供求关系"改为"土地供求市场的价格"。有些意见建议将区片综合地价调整时间改为至少三年，有的建议改为至少两年。

有些意见建议征收农村住宅应当按照市场价值进行补偿。有的意见建议法律对征收农村住宅的补偿标准作出原则规定,不宜完全由地方制定;有的建议规定征收农村住宅的具体办法由国务院制定。有些意见提出,允许集体经营性建设用地入市后集体建设用地就有市场价格了,征收集体建设用地应当按照市场价格进行补偿。有的意见建议明确征地补偿费分配给农民的比例。有的意见建议将被征地农民的社保纳入政府统筹管理,不应与征地相关联。

三、关于宅基地制度

(一) 关于一户一宅

草案二次审议稿第十八条第一款、第二款规定,农村村民一户只能拥有一处宅基地;人均土地少、不能保障一户一宅的地区,按照省(区、市)规定的标准保障村民户有所居。

有些意见提出,为促进城乡要素自由流通,建议删去一户一宅的规定,允许宅基地在城乡之间自由转让。有些意见建议取消农民买卖宅基地的地域限制,允许农民在异地购买宅基地。有些意见建议明确一户一宅中"户"的含义。有的意见建议明确一户多宅的法律责任。有些意见建议增加宅基地"三权分置"的相关内容。

有的意见建议将"村民"改为"农村集体经济组织成员";有的建议改为"农村居民"。有的意见提出,"人均土地少"的表述过于笼统,建议进一步明确。

(二) 关于宅基地管理

草案二次审议稿第十八条第三款、第四款、第五款、第七款规定,宅基地由乡(镇)人民政府审核批准,村民建住宅应当符合土地利用总体规划,出卖、出租住宅后再申请宅基地不予批准;国务院农业农村主管部门负责全国农村宅基地改革和管理有关工作。

有的意见建议恢复现行法的规定,仍由县级政府审批宅基地。有的意见提出,村民建住宅除了应当符合土地利用总体规划外,还应当符合村庄规划。有的意见建议增加有偿退出宅基地后再申请宅基地不予批准的规定。有的意见提出,为促进宅基地节约集约利用,建议规定超过规定面积的宅基地应当缴纳使用费。

有些意见建议明确农业农村主管部门和自然资源主管部门在宅基地管理中的职责分工；有些意见建议宅基地由自然资源主管部门管理。

四、关于集体经营性建设用地入市

草案二次审议稿第十九条对集体经营性建设用地入市作了规定，入市需经本集体经济组织成员的村民会议三分之二以上成员或者三分之二以上村民代表的同意。

有些意见建议进一步扩大集体经营性建设用地入市后的用途，强化市场在城乡土地资源配置中的作用。有的建议明确禁止入市土地用于商品房建设。有的意见提出，采取出让的方式入市可能引起炒地、屯地等行为，建议明确只能通过出租的方式入市。

有的意见提出，目前农村集体经济组织的民主决策程序还不够健全，建议明确入市需经"招拍挂"程序，以保障成员合法权益。有的建议删去"三分之二以上村民代表"的表述；有的建议删去"村民会议"的表述。

有的意见建议明确入市收益的分配办法；有的意见建议明确政府收取的入市增值收益调节金的比例。有的意见提出，入市如果完全由村集体经济组织决定，可能造成侵占耕地的现象，建议明确入市须经县级人民政府或者自然资源主管部门批准。

五、关于耕地保护

1. 草案二次审议稿第八条规定，永久基本农田划定以乡镇为单位进行，由乡镇政府将其位置、范围向社会公告。有些意见建议建立永久基本农田保护补偿制度，对因保护永久基本农田受到的损失给予相应补偿。有的意见建议永久基本农田划定以县为单位进行。有的意见建议将永久基本农田的公告主体由乡镇政府改为县级政府。

2. 现行土地管理法第三十六条规定，禁止占用耕地建窑、建坟或者擅自在耕地上建房等，禁止占用基本农田发展林果业和挖塘养鱼。有的意见建议增加占用基本农田发展林果业和挖塘养鱼的法律责任。有的意见提出，实践中禁止占用基本农田发展林果业的规定难以执行，建议删去。

3. 草案二次审议稿第十条对非农业建设闲置、荒芜耕地的处理措施作了规定。有的意见提出，这一规定与目前国家正在开展的轮作休耕相冲突，建议增加开展轮作休耕的规定。有的意见提出，本条仅对非农业建设闲置、荒芜耕地作了规定，建议增加对土地承包和流转过程中闲置、荒芜耕地的处理措施的规定。

六、其他意见

1. 许多意见建议在草案二次审议稿第二条中增加国有农用地使用权可以依法登记的规定。

2. 有些意见建议草案二次审议稿第三条关于承包经营的规定做好与农村土地承包法的衔接。有的意见建议对非本集体经济组织以外的单位或者个人承包经营的年限和程序作出规定，保护集体经济组织成员的合法权益。有的建议对集体经济组织成员资格的认定作出规定。

3. 有的意见提出，草案二次审议稿第五条两款的统计机构和自然资源主管部门的表述顺序不一致，建议将第二款中的统计机构移至自然资源主管部门前面。

4. 有的意见建议保留草案二次审议稿第十四条中省级政府批准征地"并报国务院备案"的规定。

5. 有些意见建议草案二次审议稿进一步细化法律责任，明确罚款的数额、幅度等。有的意见建议进一步加大对农村违法建设、破坏耕地等行为的处罚力度。有的意见建议赋予行政机关对农村违法建筑强制拆除的权力。

6. 有的意见建议删去现行土地管理法第二十四条关于土地利用年度计划管理的规定，发挥市场配置土地资源的决定性作用。

土地管理法、城市房地产管理法
修正案草案通过前评估情况

2019 年 8 月 9 日上午，经济法室召开土地管理法、城市房地产管理法修正案草案通过前评估会，邀请部分全国人大代表、专家学者、农民、试点地区以及基层管理部门、人民法院、立法联系点等方面的代表，就草案中主要制度规范的可行性、法律出台时机、法律实施的社会效果和可能出现的问题等进行评估。现将评估情况简报如下：

一、主要制度规范的可行性

与会同志提出，草案坚守土地公有性质不改变、耕地红线不突破、农民利益不受损的底线，深入贯彻落实党中央农村土地制度改革的精神，主要制度立足我国国情，充分考虑地区差异，较好平衡了改革与稳定、当前与长远的关系，符合改革方向，也符合实际。

有的全国人大代表提出，草案在修改过程中重视代表提出的意见，自己提出的意见基本都被采纳，体现了科学立法、民主立法精神。草案既加强了耕地保护，也推动农村集体土地合理利用，较好地处理了保护耕地与合理利用土地的关系。

有的全国人大代表提出，草案立足我国国情和经济社会发展阶段，切实贯彻落实党中央决策部署，符合我国农村发展的实际情况。

有的基层管理部门的代表提出，经过四年多的试点，"三块地"改革试点已经比较充分，草案较好地吸收了试点地区的做法，比较接地气。

有的教授、基层管理部门的代表提出，我国区域差异大，宅基地情况复杂，中央还未出台宅基地"三权分置"改革方案，各方面对此还有不同认识，目前在本法中作出统一规范的条件还不成熟，需要进一步试点后再在法律中予以明确，草案对此保持审慎稳妥的精神是妥当的，为将来的改革留出了空间。同时，草案对宅基地有偿退出、闲置宅基地利用作出规定，分寸拿捏得比较好。

二、关于出台时机

与会同志认为，草案内容已经基本成熟，各地特别是基层很期盼，此时出台正当其时，建议草案尽快表决通过。

有的基层管理部门的代表、立法联系点的代表提出，党的十八届三中全会提出农村土地制度改革措施已近五年，基层迫切希望这些改革措施尽快落地实施，建议草案尽早通过、尽早实施。

有的基层管理部门的代表提出，全国人大常委会的试点授权决定将于今年年底到期，如果届时草案不能表决通过，三十三个试点地区已有的改革措施将面临法律障碍，因此，建议草案尽快出台，有些内容可以在配套规定中予以细化，草案不必面面俱到。

有的教授提出，农村土地制度改革事关人民群众切身利益和国家长治久安，不能指望毕其功于一役，应当小步快走，成熟一项，改革一项，草案的规定对破除城乡二元结构意义重大，建议八月出台，为新中国七十周年献礼。

有的基层管理部门的代表提出，目前南海区集体经营性建设用地入市的数量已超过同期国有建设用地入市数量，但集体经营性建设用地的利用水平还比较低，市场对集体经营性建设用地还有所顾虑，担心政策不稳定，因此，迫切希望草案能够尽快通过，稳定市场预期，确保集体经营性建设用地与国有建设用地同权同价。

三、实施的社会效果

与会同志认为，草案完善了土地征收制度，保障被征地农民合法权益；建立了集体经营性建设用地入市制度，推进集体经营性建设用地与国有土地同等入市、同权同价；完善了宅基地管理制度，鼓励盘活利用闲置宅基地；同时还完善了耕地保护和国土空间规划相关制度，将对加强耕地保护，推动土地资源合理利用，维护农民合法权益，促进乡村振兴提供有力法制保障。

有的全国人大代表提出，草案有四大亮点：一是在土地利用总体规划的编制原则中增加了满足乡村产业发展用地合理需求的内容，保障了乡村振兴亟须的用地需求；二是对宅基地退出、闲置宅基地利用等作了规定，有利于提高农村土地利用效益；三是在征地程序、补偿标准等方面加强了对被征地农民利益的保障，有利于社会稳定；四是规定集体经营性建设用地可以入市，有利于吸引社会资本投入农村。

有的基层管理部门的代表提出，长垣县经过四年多试点，取得明显成效，有效化解了社会矛盾，盘活了农村土地资源，促进了经济社会发展。目前我国正处于脱贫攻坚期，同时面临经济下行压力，草案关于集体经营性建设用地入市、闲置宅基地利用等规定，有利于激活农村土地资源，对我国经济社会发展将起到重要推动作用。

有的基层管理部门的代表提出，草案关于土地利用总体规划的规定中增加了统筹安排生产、生活、生态用地的内容，是贯彻绿色发展理念的具体体现，有利于推动农村实现高质量发展。

有的教授提出，草案关于征地范围的规定符合我国实际，对因成片开发建设征地作了严格限制，较好平衡了保障经济发展与促进社会公平的关系。对集体经营性建设用地入市，既予以保障也予以相应规范，对促进城乡融合发展具有破冰意义。

四、可能出现的问题

有些同志提出，草案规定由国务院农业农村主管部门负责宅基地改革和管理工作。目前在宅基地管理中，自然资源主管部门和农业农村主管部门还存在职能交叉，草案通过后，相关配套规定需要对两个部门的职责分工作出明确规定，以防止执法过程中出现推诿扯皮的情况。

有的基层管理部门的代表提出，本法通过后，物权法、合同法等与集体经营性建设用地入市的相关规定应当尽快修改完善，与本法的规定形成合力，确保本法的规定得到有效实施。

有的人民法院的代表提出，住房城乡建设部门的规划职责划归自然资源部门后，自然资源部门具有城乡规划法规定的对违法建筑的强制拆除权，但土地管理法未规定对违法建筑的强制拆除权，应通过司法解释等方式明确法律的适用。

有的立法联系点的代表提出，将宅基地审批权下放到乡镇符合当前实际，在实施中应完善监督机制，防止出现随意审批宅基地的情况。

五、具体修改意见

1. 有的教授建议草案第二条增加国有农用地使用权可以依法登记的内容。

2. 有些意见建议草案进一步做好国土空间规划与土地利用总体规划、城乡规划之间的衔接。

3. 有的全国人大代表建议草案第二十条增加土地有偿使用费一定比例用于乡村振兴的规定。

4. 有的基层管理部门的代表提出，现行法第三十六条规定，禁止占用永久基本农田发展林果业，实践中种植果树的收益比种粮食的收益大，而且不破坏土壤耕作层，建议允许占用永久基本农田发展林果业。

5. 有的立法联系点的代表、基层管理部门的代表提出，草案规定先签协议后报征地申请，可能会出现农民签订协议后不履行的情况，建议完善相关表述。

6. 有的教授建议对历史上合法的一户多宅留出余地。

我国农村土地管理法律制度的变迁

土地制度是国家的基础性制度，事关经济社会发展和国家长治久安。土地制度的形成取决于特定的时代背景，土地制度的发展和完善也离不开特定的历史条件。新中国成立以来我国农村土地管理法律制度尤其是对"三块地"（土地征收、集体建设用地、宅基地）的管理也有所变化。

一、新中国成立初期，保护农民的土地所有权，实现耕者有其田

1949 年《中国人民政治协商会议共同纲领》第 3 条规定，有步骤地将封建半封建的土地所有制改变为农民的土地所有制，保护农民已得土地的所有权，实现耕者有其田。1950 年《中华人民共和国土地改革法》第 30 条规定，土地改革完成后，由人民政府发给土地所有证，并承认一切土地所有者自由经营、买卖及出租其土地的权利。1954 年宪法第 8 条规定，国家依照法律保护农民的土地所有权和其他生产资料所有权。1956 年 6 月 30 日一届全国人大三次会议通过的《高级农业生产合作社示范章程》虽然规定农民在入社时必须将私有的土地转化为合作社集体所有，但同时规定社员可以自由退社，

并带走入社时的土地和其他生产资料。

（一）关于土地征收。1953 年 12 月 5 日，政务院发布《国家建设征用土地办法》，正式建立了土地征收制度；1954 年宪法第 13 条规定，国家为了公共利益的需要，可以依照法律规定的条件，对城乡土地和其他生产资料实行征购、征用或者收归国有；1958 年 1 月 6 日，国务院对《国家建设征用土地办法》作了修订，并经全国人大常委会批准。

1. 在征收范围上，《国家建设征用土地办法》第 2 条规定，国家兴建厂矿、铁路、交通、水利、国防等工程，进行文化教育卫生建设、市政建设和其他建设，需要征用土地的时候，都按照本办法的规定办理。第 20 条规定，公私合营企业、信用合作社、供销合作社、手工业生产合作社用地以及群众自办的公益事业用地，可以向当地县级以上人民委员会提出申请，获得批准后，援用本办法的规定办理。第 14 条同时规定，已经征用的土地，所有权属于国家。

2. 在征收程序上，该办法第 4 条、第 5 条规定，征用土地，须由用地单位提交征用土地申请书，并附对被征用土地者的补偿、安置计划等材料，向省级人民委员会申请核拨；建设工程用地在 300 亩以下和迁移居民在 30 户以下的，可以向县级人民委员会申请核拨。土地经核拨以后，用地单位应该协同当地人民委员会向群众进行解释，宣布补偿安置办法，使群众在当前切身利益得到适当照顾的情况下，自觉地服从国家利益和人民长远利益，然后才能正式确定土地的征用，进行施工；征用大量土地，迁移大量居民甚至迁移整个村庄的，应该先在当地群众中切实做好准备工作，然后把有关问题，提交当地人民代表大会讨论解决。

3. 在补偿安置上，该办法第 7 条规定，征用土地的补偿费由用地单位支付，一般土地以最近 2 年至 4 年的核定产量的总值为标准；因征用土地必须拆除房屋的情况，在保证原来的住户有房屋居住的原则下给房屋所有人相当的房屋或者按照公平合理的原则发给补偿费；对被征用土地的水井、树木和农作物等，按照公平合理的原则发给补偿费。第 13 条规定，对因土地被征用而需要安置的农民，当地人民委员会尽量就地在农业上予以安置；确实无法在农业上安置的，当地县级以上人民委员会劳动、民政等部门应该会同用地单位设法就地在其他方面予以安置；对就地在农业上和在其他方面都无法安置的，可以组织移民，移民经费由用地单位负责支付。

（二）关于农村建设用地和宅基地管理。此阶段相关规定较少，土地改革法第 17 条、第 21 条规定，没收和征收之堰、塘等水利设施，可分配者应随田分配。其不宜于分配者，得由当地人民政府根据原有习惯予以民主管理。祠堂、庙宇、寺院、教堂及其他公共建筑和地主的房屋，均不得破坏。《高级农业生产合作社示范章程》第 16 条规定，社员原有的坟地和房屋地基不必入社，社员新修房屋需用的地基和无坟地社员需用的坟地，由合作社统筹解决。

二、人民公社时期，农村土地采用集体所有制，生产队范围内的土地，都归生产队所有，一般实行三级所有、队为基础

1958 年 8 月 29 日，中共中央《关于在农村建立人民公社问题的决议》出台，该决议提出，"人民公社建立以后，不要忙于改集体所有制为全民所有制，在目前还是采用集体所有制为好"。1961 年 3 月，中共中央通过《农村人民公社工作条例（草案）》，该条例第 17 条规定，"在生产大队范围内，除了生产队所有的和社员所有的生产资料以外，一切土地、耕畜、农具等生产资料，都属于生产大队所有"。1962 年 9 月 27 日，中共中央通过《农村人民公社工作条例（修正草案）》，进一步提出"生产队范围内的土地，都归生产队所有。生产队所有的土地，包括社员的自留地、自留山、宅基地等，一律不准出租和买卖""生产队所有的土地，不经过县级以上人民委员会的审查和批准，任何单位和个人都不得占用"。1975 年宪法第 7 条规定，"现阶段农村人民公社的集体所有制经济，一般实行三级所有、队为基础""在保证人民公社集体经济的发展和占绝对优势的条件下，人民公社社员可以经营少量的自留地和家庭副业"。

（一）关于土地征收。本阶段土地征收制度在法律上没有变化。

（二）关于农村建设用地和宅基地管理。1961 年《农村人民公社工作条例（草案）》第 11 条、第 12 条规定，公社经上级批准和有关生产大队同意，兴办水利建设和其他农业基础设施；公社可以有步骤地举办社办企业；该条例第 17 条规定，鼓励和帮助社员修建住宅。1962 年《农村人民公社工作条例（修正草案）》第 11 条规定，兴建基础设施占用的土地和地上附着物，必须给予合理补偿；该条例第 45 条规定，社员的房屋，永远归社员所有，社员有买卖或者租赁房屋的权利，任何单位和个人均不得强迫社员搬家，占用、征用农民房屋必须给予租金或者补偿；社员新建房屋的地点，要由生产队统一规划，尽可能不占耕地。

三、改革开放后，在坚持农村土地集体所有基础上，实行家庭联产承包，允许土地使用权依法转让

1982 年宪法第 10 条规定："城市的土地属于国家所有。""农村和城市郊区的土地，除由法律规定属于国家所有的以外，属于集体所有；宅基地和自留地、自留山，也属于集体所有。"至此，宪法对土地所有权问题作出了明确规定。1986 年土地管理法沿用了宪法的表述。中共中央《关于 1984 年农村工作的通知》提出承包期"一般在 15 年以上"，承包地"可以经集体同意，由社员自找对象协商转包"。1993 年 11 月，中共中央、国务院发布《关于当前农业和农村经济发展的若干政策措施》，提出"在原定的耕地承包期到期之后，再延长三十年不变"；提倡在承包期内"增人不增地、减人不减地"；"允许土地的使用权依法有偿转让"；"实行适度的规模经营"。1988 年宪法修正案规定，土地的使用权可以依照法律的规定转让。同年，土地管理法作了局部修改，允许土地使用权依法转让，具体办法授权国务院规定。1993 年，宪法修正案对"家庭联产承包"予以确认。

（一）关于土地征收。1982 年 5 月 4 日，经全国人大常委会批准，国务院公布《国家建设征用土地条例》，1986 年土地管理法进一步对土地征收制度作了规定，并相应废止了《国家建设征用土地条例》。

1. 在征收范围上，《国家建设征用土地条例》明确"国家进行经济、文化、国防建设以及兴办社会公共事业，需要征用集体所有的土地时，必须按照本条例办理。禁止任何单位直接向农村社队购地、租地或变相购地、租地。农村社队不得以土地入股的形式参与任何企业、事业的经营"。1986 年土地管理法第 21 条原则规定，"国家进行经济、文化、国防建设以及兴办社会公共事业，需要征收集体所有的土地的或者使用国有土地的，按照本章规定办理"。

2. 在征收程序上，《国家建设征用土地条例》规定，用地单位应当经市

县人民政府同意后进行选址，并与被征地单位商定土地面积和补偿安置方案，签订初步协议，报有关人民政府批准，其中，征收耕地1千亩、其他土地1万亩以上的，由国务院批准。1986年土地管理法原则规定，建设单位应当持设计任务书等有关批准文件向土地部门申请用地，经县级以上人民政府批准后，由土地部门划拨土地。1991年土地管理法实施条例则基本沿用了《国家建设征用土地条例》规定的征地程序。

3. 在补偿安置上，《国家建设征用土地条例》规定，征收耕地的，补偿标准为耕地年产值的3—6倍，安置补助标准每一农业人口为耕地每亩年产值的2—3倍，最高不超过10倍，土地补偿费和安置补助费总和不得超过被征土地年产值的20倍；征收其他土地的安置补偿标准由省级政府规定。补偿安置费用原则上由被征地单位统筹使用，因征收造成的剩余劳动力原则上通过农业生产安置，如实行招工安置的，则核减安置补助费。1986年土地管理法沿用了《国家建设征用土地条例》的规定。

（二）关于集体建设用地管理。1986年土地管理法规定，城镇集体企业、全民所有制企业和农业集体经济组织共同投资举办联营企业，需要使用集体土地的，可以实行征收，也可以将土地使用权作为联营条件；乡镇企业用地需要符合乡镇（村）建设规划，并经县级以上地方人民政府批准；乡镇（村）公共设施、公益事业建设用地需经县级人民政府批准；地方人民政府可以制定乡镇（村）建设用地控制指标，报上一级人民政府批准执行。

（三）关于宅基地管理。1986年土地管理法规定，农村居民建设住宅，应当符合乡镇（村）建设规划，用地不得超过规定标准，并经乡级人民政府批准后使用原有宅基地和空闲地，使用耕地的，须经县级人民政府批准；城镇居民建住宅使用集体土地的，须经县级人民政府批准，并参照征收支付补偿费和安置补助费。1991年土地管理法实施条例进一步明确，农村居民申请宅基地、城镇居民申请集体土地建造住宅，均应先经村民（代表）会议讨论通过。同时，1982年国务院发布《村镇建房用地管理条例》（1986年土地管理法出台后失效），该条例在宅基地管理方面的规定与土地管理法基本相同，并对买卖房屋导致的宅基地使用权转移规定了申请、审查、批准等手续，明确出卖、出租房屋后不得再申请宅基地。

此外，1986年土地管理法还首次在法律层面上建立了土地登记发证、土地权属争议处理、土地调查统计、土地利用总体规划、土地复垦、临时用地管理等制度；1991年土地管理法实施条例则首次明确，耕地改为非耕地的，须经县级以上人民政府批准。

四、1998年土地管理法全面修订，重点完善了土地征收、集体建设用地管理、宅基地管理以及耕地保护和建设用地管理制度

（一）关于土地征收。与1986年土地管理法相比，最大的变化是政府在土地征收中的角色发生重大变化，从土地征收的批准者直接走向征收的第一线。

1. 在征收范围上，1998年土地管理法第43条规定，任何单位和个人进行建设，需要使用土地的，必须依法申请使用国有土地，包括国家所有的土地和国家征收的原属于农民集体所有的土地。但是，兴办乡镇企业、农民建造住宅、建设乡村公共设施、公益事业，经批准可以使用集体土地。

2. 在征收程序上，1998年土地管理法第45条、第46条、第48条规定，征收基本农田、基本农田外其他耕地超过35公顷、耕地以外的土地超过70公顷的，由国务院批准，征收其他土地由省、自治区、直辖市人民政府批准；经批准征收的，由县级以上地方人民政府公告并组织实施；确定补偿安置方案后，有关地方人民政府应当公告，并听取被征地的集体经济组织和农民的意见。1998年土地管理法实施条例也规定，需要征收土地的，由建设单位提出用地申请，土地部门拟订农用地转用、补充耕地、征收土地、供地等方案，逐级上报批准后，由市、县政府组织实施。

3. 在补偿安置标准上，1998年土地管理法第47条规定，征收土地按照原用途补偿，耕地的土地补偿费为被征收前三年平均年产值的6—10倍，安置补助费标准按每一农业人口平均耕地计算，为该耕地每亩年产值的4—6倍，最高不超过15倍，土地补偿费和安置补助费总和不得超过被征土地年产值的30倍。特殊情况下，国务院可以进一步提高标准。1998年土地管理法实施条例也规定，征收公告发布后，被征地权利人应当到土地部门办理补偿登记，市、县土地部门拟订补偿安置方案后，应当听取被征收人意见，报本级人民政府批准后组织实施。对补偿标准有争议的，由地方人民政府协调，协调不成的，报批准征收的人民政府裁决。

（二）关于集体建设用地管理。1998 年土地管理法规定，乡镇企业、乡村公共设施、公益事业建设，应当按照村庄集镇规划，合理布局，建设用地应当符合乡镇土地利用总体规划和土地利用年度计划，并办理农用地转用等手续；农村集体经济组织使用建设用地兴办企业或者与其他单位、个人以土地使用权入股、联营等形式共同举办企业，或者建设公共设施、公益事业的，还应当经县级以上地方人民政府批准。该法第 63 条进一步规定，农民集体所有的土地使用权不得出让、转让或者出租用于非农业建设，但企业因破产、兼并等使土地使用权依法转移的除外。

（三）关于宅基地管理。1998 年土地管理法规定，农村村民一户只能拥有一处宅基地，其宅基地的面积不得超过省、自治区、直辖市规定的标准；农村村民建住宅，应当符合乡（镇）土地利用总体规划，并尽量使用原有的宅基地和村内空闲地；农村村民住宅用地，经乡（镇）人民政府审核，由县级人民政府批准；其中涉及占用农用地的，依法办理农用地转用审批手续；农村村民出卖、出租住房后，再申请宅基地的，不予批准。

此外，1998 年土地管理法还在法律层面首次建立了土地用途管制、农用地转用审批、建设用地总量控制、土地利用年度计划、耕地占补平衡、基本农田保护等制度。2004 年土地管理法作过局部文字修正，主要法律制度没有变化，沿用至今。

五、党的十八届三中全会提出了改革完善农村土地制度的部署，全国人大常委会授权国务院在试点地区内探索完善农村土地征收、集体经营性建设用地入市和宅基地管理的法律制度

党的十八届三中全会通过的《中共中央关于全面深化改革若干重大问题的决定》提出，"建立城乡统一的建设用地市场。在符合规划和用途管制前提下，允许农村集体经营性建设用地出让、租赁、入股，实行与国有土地同等入市、同权同价。缩小征地范围，规范征地程序，完善对被征地农民合理、规范、多元保障机制"；"改革完善农村宅基地制度"。为落实党的十八届三中全会决定关于农村土地征收、集体经营性建设用地入市和宅基地制度改革的要求，2015 年 2 月，全国人大常委会通过了《关于授权国务院在北京市大兴区等三十三个试点县（市、区）行政区域暂时调整实施有关法律规定的决定》，在试点地区暂停实施土地管理法、城市房地产管理法关于农村土地征收、集体经营性建设用地入市、宅基地管理制度的有关规定，并明确要求，暂时调整实施有关法律规定，必须坚守土地公有制性质不改变、耕地红线不突破、农民利益不受损的底线。2017 年 11 月，全国人大常委会作出决定，将试点期限延长一年至 2018 年 12 月 31 日。根据授权决定，原国土资源部在总结试点经验的基础上提出了土地管理法修正案草案，主要内容有：一是完善土地征收制度，明确征地范围，规范征地程序，完善征地补偿机制；二是对集体经营性建设用地入市作了原则规定；三是将使用存量宅基地的审批机关由县级下放到乡（镇）。土地管理法的修改已列入 2018 年全国人大常委会立法工作计划。

农村土地征收、集体经营性建设用地入市、宅基地制度改革试点情况

自 2015 年 2 月全国人大常委会作出授权决定，在北京市大兴区等 33 个县（市、区）开展农村土地征收、集体经营性建设用地入市、宅基地制度改革试点以来，截至 2018 年 11 月底，试点县（市、区）按新办法实施征地 1521 宗、19 万亩；集体经营性建设用地已入市地块 11183 宗，面积 10.6 万亩，总价款约 290 亿元，办理集体经营性建设用地抵押贷款 330 宗、79 亿元；腾退出零星、闲置的宅基地约 18 万户、11.8 万亩，办理农房抵押贷款 7.4 万宗、161 亿元。现将自然资源部提供的试点情况摘编简报如下：

一、农村土地征收制度改革试点情况

试点地区按照"程序规范、补偿合理、保障多元"的要求，在缩小征地范围、规范征收程序、完善多元保障机制、建立土地增值收益分配机制等方面进行了积极探索。

一是探索缩小征地范围。大部分试点地区采用概括与列举相结合的方式

制定了《土地征收目录》，参照《国有土地上房屋征收与补偿条例》概括出可征地类型，再依据《划拨用地目录》列举出具体用地类型。从试点实践看，土地利用总体规划确定的城镇建设用地范围外，非公益性项目不再实行征收。一些试点地区探索将原来需要通过征地方式保障建设用地供给的项目退出征收范围，转为采取集体经营性建设用地入市的方式供地，例如江苏武进明确一般工业项目用地原则上不办理征收。浙江德清、义乌改革试点后土地征收规模分别缩减13.8%、11.3%。河南长垣改革试点期间全县21%的经营性项目用地通过入市来解决。广西北流、广东南海提出"可入市、尽入市""能不征、就不征"，探索将汽车站、教育用地等一些具有公益性的项目退出征收范围，通过集体经营性建设用地入市来保障项目用地。北京大兴对在土地利用总体规划确定的城市建设用地范围外、具有公益性质的农村集体建设用地，如垃圾填埋场等，结合群众意愿和项目实施需要确定征收或入市。

二是规范土地征收程序。试点地区从依法公平维护和保障被征地农民合法权益出发，在征前、征中、征后等环节建立了风险评估、民主协商、补偿安置、纠纷调处、后续监管等程序。探索建立土地征收民主协商前置程序，经协商得到绝大多数农民同意的项目方可启动征地程序。对未达成一致的，四川泸县等地提出报请上级机关裁决。山东禹城探索"一评估、二协商、三公告、四协议"的征地工作流程，从制度层面充分地保障了农民的知情权、参与权和决定权，涉地信访数量大幅下降。浙江义乌结合征地补偿领域基层政务公开标准化规范化试点，采用"互联网＋"模式，实时公开19项征地补偿事项。河北为保障定州市试点工作顺利推进，专门开辟审核报批绿色通道，土地转征随报随批，减少报批材料12项，减少批前环节2项。内蒙古和林格尔探索土地征收、转用报批与补偿兑现工作同步进行，避免了审批期间因土地补偿标准变化而产生矛盾，征收审批时限缩短了一半。

三是完善对被征地农民合理、规范、多元保障机制。试点地区按照改革要求，在完善土地征收补偿标准、保障农民房屋财产权、探索多元保障机制方面做了有益探索。33个试点地区探索区片综合地价或综合年产值制度，征地补偿安置标准比法定补偿标准普遍提高约30%—50%。北京大兴、广东南海出台征地补偿费最低保护标准，在此基础上由建设单位与被征地农村集体经济组织协商征地补偿，尽可能增加农民收入。河北定州在足额支付土地补偿费和安置补助费的基础上，按每年 800 斤小麦 +1000 斤玉米的标准对被征地农民进行补贴。天津蓟州在青苗补偿基础上，按土地承包经营权到期剩余年限，按 1000 元/亩/年标准给予延包损失补偿。山西泽州探索将征地补偿费用作为资本金，按高于同期银行贷款利率 3—5 个百分点借贷给企业，村民每年获得固定收益。探索将被征收农民房屋从地上附着物中剥离出来单独补偿，既保障了农民的居住权，又保障了农民的财产权。安徽金寨探索将被征地农民房屋与国有土地上房屋征收同等标准补偿、同步骤安置。一些试点地区探索留地、留物业、留现金等方式，让被征地农民更多分享土地增值收益。河南长垣从每个区片平均增值收益中提取 10% 以现金形式返还给村集体。海南文昌将征地安置留用地比例由原来不超过 8% 提高至 10%。福建晋江总结出和谐征迁工作法，把最好地段用于安置。河北定州、河南长垣、湖北宜城、云南大理等地坚持城乡居民养老保险和城镇职工养老保险两扇门全部打开，让被征地农民自愿选择。上海松江、浙江德清、浙江义乌、重庆大足、四川郫都和泸县将被征地农民全部纳入城镇职工养老保险。浙江德清还将历年来因土地征收纳入被征地农民保障的群众统一并轨到职工养老保险。浙江义乌将被征地农民基本生活保障待遇每年提高 10%。云南大理将因参保门槛、政策时点原因，完全失地但未纳入社保的 4.23 万人全部纳入基本养老保险保障范围。

二、集体经营性建设用地入市改革试点情况

试点地区按照"同权同价、流转顺畅、收益共享"的目标要求，建立了比较完整的制度体系，推进集体经营性建设用地与国有土地同等入市、同权同价。

一是赋予集体经营性建设用地使用权同等权能。允许集体经营性建设用地使用权出让、租赁、作价出资或入股，以及转让、出租或抵押。绝大多数地区实现了集体经营性建设用地抵押权能，抵押贷款余额逐步增加。北京大兴、江苏武进、广东南海、甘肃陇西集体经营性建设用地抵押贷款分别达到了 51.7 亿元、14.5 亿元、5 亿元、2.7 亿元。浙江德清实现了集体经营性建设用地使用权抵押贷款在县内金融机构的全覆盖。广东南海通过多层次风险防控体系，提高金融机构为农村集体经营性建设用地融资的积极性。江苏武

进专门出台《关于全面深化农村集体经营性建设用地入市改革的实施意见》，规范处理 8741 宗集体经营性建设用地遗留问题。安徽金寨统筹结合农村金融改革试点，设立集体经营性建设用地抵押贷款担保专项基金，提高集体经营性建设用地使用权抵押贷款的覆盖面、抵押率和可获得性、可持续性。广东南海、浙江德清、四川郫都、上海松江、贵州湄潭、甘肃陇西 6 个试点地区结合完善建设用地使用权转让、出租、抵押二级市场试点，探索完善集体建设用地二级市场。入市土地用途以工矿仓储为主，占 93.91%；其次为商服用地，占 4.94%。广西北流、山西泽州、河南长垣实践了集体建设用地入市建设商品住宅，其中广西北流入市地块 69 宗、3950 亩，广东南海结合利用集体建设用地建设租赁住房试点，为探索集体建设用地建设商品住宅政策积累了样本。贵州湄潭针对长期定居农村并成为农村产业工人的外来农村居民，通过集体经营性建设用地入市保障其居住用地。

二是因地制宜确定入市主体。试点地区将乡镇、村、村民小组的集体所有权代表或其委托代理人作为入市主体。多数试点地区集体经济组织缺位，将村委会或村民小组作为入市主体。贵州湄潭、湖北宜城、四川泸县等加快推进农村集体产权制度改革，入市主体由试点初期的村委会或村民小组转变为股份合作社等集体经济组织。浙江德清明确了三类入市主体，原属于乡镇的土地，由乡镇资产经营公司等全资下属公司或其代理人实施入市；属于村集体所有的土地，由村股份经济合作社实施入市，村民小组可委托村股份经济合作社等代理人实施入市。四川郫都将农村集体资产管理公司作为入市主体。北京大兴、上海松江、江苏武进将镇级联营公司、镇级农村集体经济联合社或村级经济合作社作为入市主体。广东南海建立经联社和经济社为组织形式的村（居）集体经济组织作为农村集体经营性建设用地入市主体，并在工商注册。安徽金寨探索入市主体的"委托—代理"机制，各行政村注册成立经营实体"创福发展有限公司"，有效分离入市实施主体和入市主体。

三是合理确定入市范围、途径和方式。大多数试点地区以存量集体建设用地入市，山东禹城、广西北流、河南长垣、浙江义乌等部分试点地区也探索了增量集体经营性建设用地入市。入市途径以就地入市为主，其次为异地调整入市，广西北流、四川郫都、重庆大足等少数试点地区探索了城中村整治入市。入市方式以租赁和出让为主，少数试点地区探索了作价出资入股。山西泽州以作价入股方式入市时，引入优先股概念，探索保底分红、固定分红等方式，确保群众利益不受损。贵州湄潭将宅基地实际用于经营性用途的部分，分割登记为集体经营性建设用地入市。四川泸县农户探索以合法宅基地使用权与股份经济合作社等第三方合作建房，将农民住房分摊占地面积确权为宅基地使用权，将出资方房屋分摊占地面积确权为一定年限的集体建设用地使用权。广东南海探索对连片低效的集体土地划定片区综合整治范围，重新划分宗地并确定产权归属，预留公共设施用地，推动集体土地连片整合开发。浙江义乌还探索了国有建设用地与集体建设用地置换入市。

四是建立健全市场交易规则和服务监管制度。试点地区参照国有建设用地交易制度，建立了集体经营性建设用地入市管理办法、交易规则、地价体系和服务监管制度，搭建了农村产权交易平台。广东南海以全区统一的农村集体建设用地信息管理系统、农村财务监管系统和区、镇两级农村集体建设用地交易系统为基础，建立健全市场交易规则和监管制度。浙江德清实行交易平台、地价体系、交易规则、登记管理、服务监管"五统一"的入市规则。四川郫都等地参考国有建设用地相关制度，建立集体经营性建设用地入市后规划许可制度，集体建设用地规划许可证由区规建局核发。山东禹城参照国有建设用地批后监管办法，建立了项目开竣工申报、国土、规划等部门联合放线联合验收等监管体系。广东南海、浙江义乌、吉林九台、福建晋江、重庆大足、湖南浏阳等30个试点地区建立了城乡统一的基准地价制度。

五是探索入市土地增值收益调节制度。根据财政部、原国土资源部印发的《农村集体经营性建设用地入市土地增值收益调节金征收使用管理办法》，试点地区按照入市土地地区位、用途、交易方式等，制定了土地增值收益调节金征收基数、比例和征收方式。据不完全统计，目前33个试点地区调节金占出让总价款的比例约为10%。辽宁海城、吉林九台、黑龙江安达、重庆大足、甘肃陇西等16个试点地区以土地增值收益为基数计征土地增值收益调节金。山西泽州出让环节以成交价款为征收基数，转让环节以增值收益为征收基数。浙江德清采用入市"盯住"征地的办法，合理测算二者间的平衡点，平衡点内按固定比例征收，平衡点外按四级超率累进比例征收。浙江义乌以宅基地退出收益标准来平衡入市固定收益，超出部分按三级累进计征增值收益调节金。试点地区在坚持村民自治的原则下，多样化探索了入市收益集体内部分配办法。一般由村集体留一部分用于村内公益事业支出，剩余部分直接以现金形式分配给个人或折合成股份用于集体经济发展。四川郫都、山西泽州分别按照2∶8、3∶7的比例在集体与集体经济组织成员间分享入市收益。江苏武进入市净收益列入村集体公积公益金管理，可以折股量化到本集体经济组织成员，但不直接分配。浙江德清采用"镇集体入市，以实物形式分配；村集体入市，以追加量化成员股权形式分配；村民小组入市，以现金分配"的差别化分配模式。河南长垣入市收益分配给农民个人的部分，不超过入市地块所在区域的征地补偿标准，剩余部分留归集体，用于公共事业支出。

三、宅基地制度改革试点情况

试点地区按照"依法公平取得、节约集约使用、自愿有偿退出"的目标要求，围绕保障农户住有所居、建立宅基地有偿使用和退出机制、下放宅基地审批权限、完善宅基地管理制度等进行了积极探索。

一是完善宅基地权益保障和取得方式。试点地区因地制宜探索"户有所居"的多种实现方式：传统农区实行"一户一宅"；在人均耕地少，二三产业比较发达的地区，在农民自愿的基础上，实行相对集中统建、多户联建等方式落实"一户一宅"；在土地利用总体规划确定的城镇建设用地规模范围内，通过建设新型农村社区、农民公寓和新型住宅小区保障农民"一户一房"。陕西高陵城市规划区外的传统农区，实行"一户一宅"；城市规划区内，鼓励进城落户农民、务工人员有偿退出宅基地，自主选择进入政府建成的7个社区居住。福建晋江因地制宜按城中村、城郊村、郊外村分类采取"一户一宅"和"一户一居"并存的住房保障方式，实现农民住有所居、住有宜居。新疆伊宁将6740亩新增建设用地指标调整至城市规划控制范围外的27个村，解决了当前和今后一段时期农民宅基地、农村发展用地需求。青海湟源探索"县域统筹"的宅基地配置方式，依据搬迁距离远近和跨越行政区划的不同，采取"就地配置""就近配置""异地配置""上楼配置"保障农牧民户有所居。湖南浏阳允许四个街道辖区和两个园区规划建设范围外的宅基地，面向全市符合宅基地申请条件的农村集体经济组织成员流转，并鼓励通过公开竞价的方式落户。

　　二是建立农村集体经济组织主导的宅基地有偿使用制度。试点地区结合本地实际和农民意愿，针对因历史原因形成的超标准占用、一户多宅以及非本集体成员通过继承房屋或其他方式占用宅基地的，探索收取有偿使用费。一些试点地区探索通过成本价取得、择位竞价等方式分配宅基地。浙江义乌分类处置违法行为，对轻微违法超占部分收取有偿使用费后，在不动产权证上用虚线标注不确权，试点以来义乌通过宅基地超占有偿、有偿选位、有偿调剂等方式，共收取有偿使用费55.7亿元。湖北宜城依据宅基地使用对象的身份及宅基地利用现状，采取"政府定价、村定标准、动态调节"的方法，对超占部分按照时段、面积、区域等标准收取有偿使用费。云南大理对利用宅基地上住房从事客栈餐饮等经营活动的由集体按使用面积收取土地收益金。四川泸县符合宅基地申请条件的农户可以在本组本村无偿取得、跨镇跨村有偿取得宅基地。安徽金寨对符合条件自愿申请到规划村庄建房的实行无偿分配、成本价取得。河南长垣符合宅基地申请条件的农户可以在本村组无偿取得、跨镇跨村有偿取得宅基地。试点地区积极统筹农民住房财产权抵押试点，探索宅基地使用权抵押贷款。浙江义乌、湖南浏阳、福建晋江抵押贷款余额分别达到了95.4亿元、47.6亿元、20.3亿元。浙江德清、山东禹城、辽宁海城等非农房抵押贷款试点地区也结合本地实际开展了探索，其中德清累计农房抵押贷款1473户，金额3.5亿元。

　　三是探索建立农户宅基地自愿有偿退出机制。大部分试点地区主要通过宅基地复垦，以节余指标、地票、集地券等方式有偿交易，鼓励农民自愿退出宅基地。安徽金寨、四川泸县、湖北宜城、浙江义乌分别退出宅基地4.7万亩、1.8万亩、0.7万亩、0.4万亩。山东禹城对退出的农村宅基地按照"宜工则工，宜商则商，宜农则农"的原则进行综合整治，补充集体经营性建设用地入市需求。四川泸县把547亩宅基地退出节余指标，经过规划布局、指标覆盖、补偿安置、行政审批调整为集体经营性建设用地，用于集体建设或入市出让。重庆大足结合地票改革将退出复垦宅基地用于集中区入市项目，实现复垦指标取之于农用之于农。天津蓟州利用集中归并农民宅基地节约形成的建设用地指标以调整入市方式入市。江西余江、安徽金寨对自愿退出宅基地或放弃建房进城购房的农户实行购房补贴。福建晋江探索宅基地"借地退出"，村民自愿无偿将废弃的宅基地借给村集体用于建设村庄配套设施，村民保留宅基地取得资格。浙江德清探索统筹城乡的住房保障体系，允许自愿退出宅基地的农户申请城镇经济适用房、廉租住房等。宁夏平罗探索建立农村老年人"以地养老"模式，允许农村老人自愿将宅基地、房屋、承包经营权退回集体，置换养老服务。四川泸县引导贫困户等特殊困难群体以宅基地使用权置换安康公寓房屋居住权，入住安康公寓的农户随时可以选择退出安康公寓重新取得宅基地，已有 2087 名贫困人口入住安康公寓。

四是完善宅基地审批和监管制度。试点地区按照利民便民的原则，简化宅基地审批流程，优化审批程序，将增量宅基地审批权下放至县级政府、存量宅基地审批权下放至乡级政府。浙江德清、义乌将宅基地审批环节全部纳入便民服务体系，实现"最多跑一次"服务，强化批后监管。江西余江、安徽金寨建立了村民事务理事会制度，充分发挥村民事务理事会在宅基地申请、流转、退出、收益分配等事务管理中的作用，保障宅基地管理各项制度得到严格执行。四川泸县增强镇级权能，向镇级政府下放宅基地执法权；加强网上监管，建成宅基地"批、供、用、管"一体化县级管理信息平台。福建晋江开发了宅基地审批管理系统，可自动核对规划、用地红线、判断是否"一户多宅"，结合"互联网＋"，实现申请更便利，审批更智能。云南大理组建专管员队伍，形成农村个人建房全过程监管服务体系。湖北宜城实行坚持"无规划不审批、无设计不建房"，创新宅基地执法监管机制，建立镇、村、组三级巡查报告机制。

五是探索宅基地"三权分置"具体实现形式。浙江义乌率先开展了宅基地"三权分置"探索。2018 年以来，试点地区加快了实践步伐。浙江义乌坚持农村集体经济组织在集体成员资格确认、村庄规划、宅基地处置和收益分配等方面的主导作用，对完成村庄改造的，允许跨村转让一定年期的宅基地使用权，并由村集体收取所有权收益。云南大理规范宅基地及地上房屋租赁用于乡村旅游发展，年期一般为 20 年以内，到期房地归还宅基地使用权人，村集体对流转的宅基地收取土地增值收益调节金。四川郫都将资格权界定为具有成员身份属性的宅基地使用权，宅基地及农房转让时，资格权人向所有权人缴纳相当于基准地价 1% 的有偿使用收益金，受让人向政府交纳总价款的 1% 作为相当于契税的调节金。河南长垣通过"按人确认、按户行使"的方式行使资格权，资格权可以退出和保留，禁止转让。湖南浏阳放活宅基地使用权，探索城乡居民合作建房，农民提供宅基地或多户农民将节省的宅基地指标集中起来，城市居民或工商资本投资建设，建成后共同开发经营旅游民宿等项目。

四、试点取得的主要成效和存在的不足

（一）取得的主要成效

一是推动了城乡统一的建设用地市场建设。赋予集体建设用地与国有建设用地同等权能，将集体经营性建设用地纳入国有建设用地市场进行公开交易，充分发挥了市场在土地资源配置中的决定性作用，实现了城乡土地平等入市、公平竞争。集体经营性建设用地入市培植了市场信心，激发了农村土地资源活力，社会和市场对于入市集体土地的接受程度逐步提高。浙江德清入市的全国首宗农村集体经营性建设用地，成功入选"伟大的变革"改革开放四十周年大型展览。江苏武进以出让方式取得集体经营性建设用地资产成功上市，首次在最高层级资本市场上得到认可。

二是增强了农村产业发展用地保障能力。通过农村土地制度改革三项试点，将存量集体建设用地盘活后优先在农村配置，促进了农村产业兴旺。浙江德清、河南长垣、山东禹城、山西泽州、辽宁海城等地通过集体建设用地调整入市建设乡（镇）工业园区，为促进乡村产业集聚、转型发展提供了有效平台。福建晋江通过"指标置换、资产置换、货币补偿、借地退出"4种方式腾退宅基地6345亩，为农村产业发展提供了较为充足的用地空间。

三是增加了农民土地财产收入。土地征收制度改革通过合理分配土地增值收益、完善多元保障机制，被征地农民所得补偿和分享的增值收益明显增加，实现了"生活水平有提高，长远生计有保障"。集体经营性建设用地入市进一步显化了集体土地价值，试点地区共获得入市收益259.6亿元。浙江德清已入市集体经营性建设用地186宗、1401亩，农村集体经济组织和农民获得净收益2.81亿元，惠及农民群众近18余万人，覆盖面达65%。浙江义乌在改革中农民直接获利71.3亿元，使76个村摘掉了经济薄弱村的帽子。河南长垣通过改革使农村集体经济收入实现了零的突破，达到3.1亿元，使基层更有能力办些实事、好事。宅基地制度改革通过解决历史遗留问题，保障了农民土地权益，形成了多样的农民住房保障形式，有效满足了农民的多

元化居住需求。农房抵押、有偿退出、流转等制度设计，增加了农民财产性收入。

四是提升了农村土地利用和治理水平。通过集体土地权属调查、登记发证，完善村庄规划，夯实了农村土地管理基础。违法用地大幅减少，耕地得到更好保护，农村土地节约集约利用水平明显提升。试点地区多项改革措施协同发力，在确保试点任务有序推进的同时，也健全了集体经济组织，增强了基层组织的凝聚力，调动了农民参与集体资产管理和乡村公共事务管理的积极性。很多试点地区建立了村民事务理事会，通过集体讨论、集体决策、集体执行，激发农民自主管理农村土地的主动性和责任心。河南长垣建立了"基层党组织＋村民自治组织＋集体经济组织"三位一体的基层治理体系，使农民松散的自治关系逐渐变为严谨的法治关系和规范的市场关系，群众工作更为顺畅，2018 年全县因宅基地纠纷造成的上访事件比 2014 年下降 43%，新增违法用地比 2014 年下降 72.3%。

五是促进了乡村振兴、脱贫攻坚和经济社会发展。试点地区通过统筹推进三项改革试点、相关改革与经济社会发展，改革成效在政策叠加中不断放大，为乡村振兴增添了动力。河南长垣充分发挥三项改革试点对农村综合改革的引领作用，在 2017 年经济社会发展评价中位居全省县级第 1 名。江西余江以宅基地制度改革为主线，系统推进农业发展现代化、基础设施标准化、公共服务均等化、村庄面貌靓丽化、转移人口市民化、农村治理规范化的"一改促六化"美丽乡村建设，全县经济社会也得到了平稳快速发展，2017年生产总值增长 8.7%，贫困发生率由 3.42% 下降至 1.24%。安徽金寨将宅基地改革与易地扶贫搬迁、危房改造、美丽乡村建设等政策紧密结合，有力支持和促进了脱贫攻坚和城乡统筹发展。河北定州统筹推进农村土地制度改革三项试点取得明显成效，作为国务院第五次大督查发现的典型经验被国务院办公厅通报表扬。

（二）存在的问题和不足

从面上看，33 个试点地区的三项改革任务因起步时间、基础不同，改革实践的广度和深度存在一定差距，一些地方基础性工作还存在一定短板。从点上看，三项改革试点样本分布不够均衡，土地征收制度改革内生动力不足推进缓慢。从内容上看，一些重点难点问题尚未彻底解决，集体经营性建设用地整治入市难点多案例少，平衡国家集体个人三者之间收益的有效办法还不够，宅基地使用权在非集体经济组织成员外流转、抵押还存在一定困难。从成效上看，农村土地制度改革三项试点之间、三项试点与相关配套改革以及三项试点与经济社会发展大局的统筹融合还不够充分，改革成效有待进一步充分显现。从状态上看，改革的动力和能力有待提升，一些地方改革的积极性主动性不高，内生动力不足；一些地方虽然进行了大量实践探索，但距离"想明白、说明白、干明白"的要求还有一定差距。从成果上看，系统总结和提升推广还有较大空间，改革的制度性成果有待深化总结完善。同时，党中央对探索农村宅基地"三权分置"改革、实施"多规合一"等提出了新的要求，也需要在实践中积极探察，形成可复制、可推广的制度经验。

"两权"抵押试点中宅基地使用权抵押及处置的有关情况

2015 年全国人大常委会作出决定，授权国务院在部分地区开展承包土地经营权、宅基地使用权抵押试点（简称"两权"抵押试点）。在试点中，对于承包土地经营权，在抵押人不能偿还贷款时，抵押权人在保障耕地集体所有权和农户承包权的前提下，将土地经营权出租用于偿还贷款；对于宅基地使用权的处置则存在一定困难。现将试点中宅基地使用权抵押及处置的有关情况介绍如下：

一、相关法律和文件中关于宅基地使用权流转的规定

土地管理法未对宅基地使用权的流转作出明确规定，第六十二条规定，农村村民一户只能拥有一处宅基地，其面积不得超过省、自治区、直辖市规定的标准；农村村民出卖、出租住房后，再申请宅基地的，不予批准。这一条规定中的"一户一宅"主要是对新申请宅基地而言，对因房产继承等合法原因形成的多处住宅及宅基地原则上不作处理，并未明确禁止农村房屋及其

所占宅基地使用权的流转。1999 年、2004 年和 2007 年国务院出台的《关于严格执行有关农村集体建设用地法律和政策的通知》等文件中规定，农村住宅用地只能分配给本村村民，城镇居民不得到农村购买宅基地、农民住宅或"小产权房"；有关部门不得为违法建造和购买的住宅发放土地使用证和房产证。

根据全国人大常委会的授权决定，为推进"两权"抵押试点，2016 年 3 月，人民银行、银监会、财政部等部门制定了《农民住房财产权抵押贷款试点暂行办法》，规定：因借款人不履行到期债务，或者按借贷双方约定的情形需要依法行使抵押权的，贷款人应当结合试点地区实际情况，配合试点地区政府在保障农民基本居住权的前提下，通过贷款重组、按序清偿、房产变卖或拍卖等多种方式处置抵押物，抵押物处置收益应由贷款人优先受偿。变卖或拍卖抵押的农民住房，受让人范围原则上应限制在相关法律法规和国务院规定的范围内。

2018 年中央一号文件提出，探索宅基地所有权、资格权、使用权"三权分置"，落实宅基地集体所有权，保障宅基地农户资格权和农民房屋财产权，适度放活宅基地和农民房屋使用权，不得违规违法买卖宅基地，严格实行土地用途管制，严格禁止下乡利用农村宅基地建设别墅大院和私人会馆。

二、试点地区宅基地使用权抵押处置的做法

在保障宅基地集体所有权和农户基本住房权利的前提下，宅基地使用权主要有两种处置方式：一是将宅基地使用权拍卖。大部分试点地区规定，抵押人不能偿还贷款时，抵押权人可以将宅基地使用权拍卖，宅基地所在的村集体经济组织或其成员可以购买该宅基地使用权，村集体经济组织购买宅基地使用权后，可以用于再分配，也可以复垦为耕地。部分试点地区还规定，一定范围内的农村居民也可以购买抵押的宅基地使用权。如，重庆市江津区规定，本区内的农村居民可以购买依法处置的抵押的宅基地；农业企业、农民专业合作社、家庭农场可以与集体经济组织合作购买，获得抵押物的占用、使用和收益权利，也可以将宅基地复垦为耕地，获得建设用地指标收益。二是抵押权人可以将通过宅基地复垦、农房租赁等方式取得的收入用于偿还贷款。如，浙江义乌规定，抵押权人可以将宅基地复垦为耕地，获得建设用地

指标交易收入用于偿还贷款。也可以参加城乡新社区集聚建设，在保证留有一套人均建筑面积最少不低于30平方米的高层公寓自住房屋的前提下，将抵押物置换权益交易所得用于偿还贷款。

尽管如此，试点中，宅基地使用权抵押还存在处置难的现象：一是流拍现象严重。农户往往受传统观念和人情世故影响，不愿意购买被处置的农民住宅，流拍现象较多。二是判决结果执行难。部分村集体经济组织出于对成员和集体财产的保护，人为设置障碍或者反悔同意抵押的承诺，导致金融机构清算成本增加。同时，民事诉讼法规定，人民法院在拍卖、变卖被执行人财产时应当保留被执行人及其所扶养家属的生活必需品，司法机关对宅基地往往无法强制执行。

一些国家和地区关于土地征收中"公共利益"的规定

公民财产受法律保护是现代国家宪法的基本原则，因此各国宪法、法律都规定，国家征收公民土地，应当以公共利益为前提。但是，由于公共利益具有高度抽象性，判断是否符合公共利益，受到一国政治、经济、文化、宗教、自然环境等诸多因素及其变化的影响，多数国家和地区均未在法律中对公共利益作出定义，主要采取以下方法对土地征收中的公共利益作出限定：一是将非因公共利益不得征收公民土地确立为宪法和法律的基本原则；二是在法律中对属于或不属于公共利益的事项作出明确列举；三是由司法机关在个案中具体判断；四是通过立法设定严格的征收程序。简介如下：

一、将非因公共利益不得征收公民土地确立为宪法和法律的基本原则

美国联邦宪法第五修正案规定，未经正当法律程序，不得剥夺任何人的生命、自由和财产；未经公平补偿，不得为"公共使用"（public use）征收私有财产。据此，"公共使用"是美国土地征收的前提条件。

法国宪法序章（即《人权宣言》）第 17 条规定，私人财产神圣不可侵犯，除非为合法认定的"公共需要"所显然必需，且在公平且预先赔偿的条件下，任何人的财产不得受到剥夺。在此基础上，《民法典》第 545 条规定，任何人不得被强制出让所有权；但因"公用"，且受公平且预先赔偿时不在此限。《公用征收法典》规定，公用征收只在达到"公用"目的必要时才能采取，只有经过公用目的宣告的土地征收项目才能够合法进行。据此，"公共需要""公用"是法国土地征收的前提条件。

德国《基本法》第 14 条规定，财产之征收，必须为"公共福利"始得为之。据此，"公共福利"是德国启动征收的前提条件。

日本宪法第 29 条中规定，"私有财产在正当补偿之下，可将其收为公用"。在此基础上，《土地基本法》第 2 条中规定，"鉴于土地与公共利害关系之间所具有的特点，规定土地优先用于公共福利"。据此，"公用""公共福利"是日本土地征收的前提条件。

二、对属于或不属于公共利益的事项作出明确列举

（一）正面列举

德国、日本、韩国和我国台湾地区等对生活中较为常见、社会上形成共识、理论上争议不大的属于公共利益的征地情形作出了明确列举，以便于在实践中执行。

德国在各专门法中规定征收的前提条件，这些前提条件可以视为公共利益的具体表现。例如，《国防用地法》规定，征收应出于国防等目的；《一般铁路法》《航空交通法》《客运法》《联邦水路法》《远程公路法》规定，征收应出于公共交通目的；《电气、天然气供应法》规定，征收应出于电气、天然气供应目的；《关税行政法》规定，征收应出于建设与关税有关的设施的目的。

日本《土地收用法》列举了 35 种可以作为公益事业而收用土地的情形（绝大部分转引自相关专门法律规定），主要包括以下几类：一是交通、水利、通信等基础设施，如《道路法》规定的道路，《河川法》规定的河川治理、水利设施，《电气通信事业法》规定的电气通信设施等。二是教育、医疗、社会福利、市政、防灾减灾、环境保护等公共事业所需的设施，如《学

校教育法》规定的学校，《医疗法》规定的公共医疗机关或检疫所，《残疾人保护事业法》规定的残疾人保护事业所需设施，《燃气事业法》规定的燃气设施，《沙防法》规定的沙防设施，《自然环境保护法》规定的自然环境保护区等。三是有公共经济价值的设施，如《批发市场法》规定的中央和地方批发市场，《渔港渔场维护法》规定的渔港设施。四是国家或地方公共团体设置的官厅、工场、研究所、试验所等设施，以及公园、绿地、广场、运动场、市场等公用设施。五是政府组织提供的福利住房。如《城市规划法》规定的由国家、地方公共团体、独立行政法人城市再生机构或地方住宅供给公社，向需要自住住宅的人租赁或出售的城市住宅。六是上述事业的配套设施。

韩国《土地收用法》规定，只有出于下列公共目的，才能实施征地行动：一是关于国防、军事的事务；二是依法修建符合公共利益的铁路、机场、停车场，供电供气、给排水、输储油，防风、防火、防水，学校、图书馆、博物馆等公用设施；三是国家或地方自治团体建设的办公楼、研究所、公园、市场等公用设施；四是政府授权单位进行的以出租或出售为目的的福利住宅或宅基地建设；五是上述设施的配套设施；六是其他法律规定的事项。

我国台湾地区"土地法""土地征收条例"对土地征收中的公共利益范围作出了界定，主要包括两类：一类是"兴办公益事业"，包括国防设备，交通事业，公用事业，水利事业，公共卫生事业，政府机关、地方自治团体机关及其他公共建筑，教育、学术及慈善事业，国营事业，社会福利事业，其他由政府兴办以公共利益为目的之事业等十项，采用"一般性征收"；另一类是实施"国家"经济政策，采用"政策性征收"。

（二）反面列举

德国将不得作为征收理由的事项在法律中预先排除。主要包括：一是无目的限制的征收；二是纯粹为了增加国库财产的征收；三是为了社会财富再分配和促进经济发展的征收；四是出于权力持有者个人利益的征收。

三、由司法机关在个案中具体判断

（一）美国

美国联邦法律未对"公共使用"作出列举，实践中主要由法院在个案中判断土地征收是否符合宪法所称的"公共使用"。美国法院系统对"公共使用"的界定经历了由窄到宽的发展过程。

19世纪，法院对"公共使用"多作狭义解释，即要求被征收的财产为公众直接使用或有权直接使用，主要包括两种情况：一是政府机关行使职能使用，如用于政府大楼、市政厅、议会大厦、消防站、法院、邮政局等；二是公众有权利使用或进入，如用于公路、水电站、学校、医院、公墓和图书馆等（其所有权可以属于私人）。

19世纪末开始，美国法院对"公共使用"作出越来越宽泛的解释。在1896年的"布拉德利案"中，联邦最高法院首次提出，只要为合法的"公共目的"而征收土地，即符合"公共使用"要求，不违反宪法。20世纪30年代以来，"公共目的"标准在关于衰败地区重建（旧城改造）或者城市振兴计划的判决中不断扩张：在1936年"穆勒案"中，为帮助贫民区改善卫生状况、减少犯罪，征收土地兴建政府管理的住宅给低收入户居住，虽然属于"私人使用"，但符合"公共目的"；在1950年"伯尔曼案"中，立法者出于物质、金钱、精神、美感等诸多价值的综合考虑，征收衰败地区的土地，部分交给公共部门建设公共设施，部分出租或出售给私人公司、个人，也符合"公共目的"；在1981年"波兰镇案"中，为帮助衰败地区振兴经济、创造就业、增加税收，从而间接提升大众卫生、安全与福利，符合"公共目的"；在2005年"凯洛案"中，衰败地区纯粹以商业开发为目的征收土地，也符合"公共目的"。"凯洛案"判决引起美国社会普遍争论，许多人认为，这一判决实质上放弃了司法作为保护公民财产权的最后屏障作用，将助长大公司侵害个人和小企业利益，是对宪法第五修正案的错误解释。对此，时任总统布什通过签发行政命令、许多州通过立法限制政府征收权的行使。

（二）法国

虽然法国《公用征收法典》对一些属于公用目的的事项作了列举（如为国防、交通、能源及供水等进行的征收），但是实践中仍需要依靠行政法院审查土地征收是否符合公共利益。

1971年以前，法官通常只核查土地征收项目是否符合某种法定公共利益，而不关注项目具体内容（如地块选择问题）。由于公共利益和私人利益之间界限日益模糊、不同公共利益之间发生冲突，法国最高法院在1971年的"新东城案"和1972年的"圣玛丽私立医院"案中，确立了损益对比分析方法作为权衡标准，即通过比较项目的优点与缺点，综合考察项目的投入与回报，对征地的公共利益与私人利益、其他公共利益进行损益对比，认为：一项工程只有在对私人财产的损害、工程造价和可能存在的社会不利因素或对其他公共利益造成的损害不超过其带来的利益时，才能被宣告为具有公用目的。

通过损益对比分析方法衡量公共利益，相对具体、可操作。但是，这种方法要求法官像经济学家一样列举相关因素、作出量化分析，对法官要求很高，给予法官的自由裁量权很大。

四、在法律中设定严格的征收程序

多数国家都在法律中设定了严格的程序规定，以防止政府在土地征收过程中以公共利益为名滥用权力：一是须经立法机关或者特定行政机关批准；二是须充分通知、公告，保证被征收人（包括利害关系人）充分参与；三是须经听证程序，征收机关须证明征收符合公共利益；四是协商优先；五是充分的司法或者行政救济。

英国《1981年土地征收法》《2004年规划和强制征收法》规定的土地征收程序如下：（1）提出申请并提交材料。征收机构应当向确认机构（类似我国的审批机构，一般是中央政府主管部门的部长，特殊情况下是国会）申请强制购买令，确定具体征地目的和范围。需提交的材料包括强制购买令涉及的征地范围演示地图、支持申请的一般证书、征地范围内登记建筑物的证明、征地理由陈述等。（2）公开和通知。"公开"指征收机构须在征收地块所在地的一份或两份报纸上进行连续两周的公开，并依法对各种事项作出说明。"通知"则是针对"有资格人员"（即利害关系人）发出的通知，与公开的内容基本相同。（3）"有资格人员"向确认机构提出异议。常见异议理由有：征地非必要（是否为实现公共利益所必须、是否有其他替代方案），征收项目资金不足、缺乏财政保障，该强制购买令不符合法定目的等。（4）确认机构召开听证会。听证会由部长指派的调查员负责，异议者和征收机构参加。部长不同意调查员的听证结论，或者异议者不服听证结论提出申请的，应当重新召开听证会。（5）强制购买的确认与公布。确认方式包括全部确认和有修改的部分确认。（6）征地的执行。获得强制购买令确认的征收机构可以采取协议、向土地原权利人发出通知、一般转让宣告等方式获得所征收土地的权利，并须承担权利转让的全部费用。

澳大利亚土地征收程序主要包括：（1）征收意向通知。征收机关应当向土地所有人发出通知，告知征收意向。（2）协商前置。征收机关应当与土地所有人就土地价格、补偿方式和其他事项进行自愿协商，鼓励双方自愿订立土地买卖合同。（3）异议和裁决。土地所有人在接到征收意向通知后，或者在协商不成时均可以提出异议。异议方式包括向土地裁判所申请救济（专业快捷，收费低廉）、向法院起诉（救济质量更高，相对耗时耗钱）、向调查专员或者议会申诉（通过舆论和政治压力实现，有效性不如前两种）。在向土地裁判所和法院申请救济过程中，土地征收程序中止；只有审查结束且裁决结果对行政机关有利，才能继续推进土地征收程序。（4）变更登记。变更登记应当在产权登记机构进行。变更登记之后，被征收土地由征收机关所有，土地原所有人变为补偿请求权人。（5）土地价值评估。征收机关和土地所有人都可以聘请专业人士对土地价值进行评估；双方达不成一致的，土地所有人仍可以提出异议，申请救济。（6）选择补偿方式。被征收人可以选择一块不差于被征收土地的地产作为对价或者重新安置，也可以选择金钱补偿。（7）占有土地。按惯例，在支付补偿、原土地所有人搬离后，征收机关才能实际占有土地。

韩国《土地收用法》《有关公共用地取得及损失补偿的特例法》规定的土地征收程序如下：（1）认定和通知、公告。用地人所兴办的公益事业首先须经韩国建设部认定。建设部认定后，应立即通知用地人、土地所有权人、相关人及道知事，并且在官报上发布详细公告。（2）协议前置和申请裁决。用地人自公告之日起1年内，应当与土地所有权人或相关人协议取得土地；如无法达成协议，用地人可向有管辖权的土地收用委员会申请裁决；如不申请裁决，则期满翌日起丧失其事业认定的效力。（3）裁决、异议和诉讼。土地收用委员会接受申请后，应当立即公告，并公布文件影印本供一般人阅览两周；公告期满后，应当立即进行调查审议（须通知用地人、土地所有权人，以及相关人），作出裁决。对地方土地收用委员会的裁决不服的，可以向中央土地收用委员会申请异议；对中央土地收用委员会的裁决不符的，可以提起行政诉讼。（4）用地人取得征收土地的权利，收用行为完成。

美国联邦层面没有就土地征收程序进行专门立法，但统一法律委员会

《征收示范法》规定的土地征收程序得到各州的普遍接受：（1）立法机关授权。政府部门采取的每一项具体征地行为，必须事先得到立法机关的授权。（2）召开听证会。政府部门应当召开听证会，就土地征收的必要性和合理性作出说明。（3）谈判优先。政府部门应当尝试与被征收方进行谈判，通过自愿交易获得后者的土地；被征收方有权提出异议。（4）要约和反要约。政府部门对拟征收土地进行评估，向被征收方送交评估报告，并就赔偿金提出要约，被征收方也可以提出反要约。（5）司法审查。如果无法与被征收方自愿达成交易，政府部门应当申请法院作出裁决。法院既审查征收是否必要、合理（由政府部门证明），又审查补偿是否公平。如双方对补偿无法达成一致，可以分别聘请独立资产评估师提出评估报告，再次进行和解协商；协商不成的，由陪审团裁定赔偿额。

一些国家和地区关于土地征收补偿的规定

为做好土地管理法修改工作，我们梳理了一些国家和地区关于土地征收补偿的规定，简报如下：

一、关于补偿原则

德国、法国、美国、日本、澳大利亚、我国港澳台等国家和地区，在法律中规定了土地征收的公平补偿原则。例如，美国宪法修正案规定，未给予公平补偿，私有财产不得被征收为公共用途。日本宪法规定，个人所有的不动产可以为了公共用途而被取得，同时获得公平补偿。香港基本法规定，征地补偿标准为当时的实际价值。我国台湾地区的"土地征收条例"规定，征收补偿按照征收当期的市价补偿。关于公平补偿的认定，德国法院在司法实践中，认定公平补偿是使被征收人能够有能力恢复到征收前的财产状况。日本的公平补偿主要体现为完全补偿，即要求对损失进行全部补偿，补偿金额一般为足够被征收者在附近取得与被征收土地同等代替的所需金额，确保被征收者的财产在征收前后相等。美国在司法实践中认定的公平补偿范围更为宽泛，不仅补偿被征收土地现有的价值，还需要补偿土地可预期、可预见的未来价值。

二、关于补偿范围和标准

征地补偿范围往往比较宽泛，包括征地造成的直接损失和相关间接损失，主要包括被征收土地的价值损失、地上附着物的价值损失、因征地而产生的附带损失等。

（一）被征收土地的补偿

一些国家和地区按市场价值确定土地的补偿标准。关于市场价值的确定，英国、德国、印度、我国香港规定，以土地在征收当日的市场价格为标准。韩国规定，以征地裁决作出当日的邻近类似土地交易价格作参考确定。日本规定，确定征收时邻近同种类的土地交易价格所确定的相当价格，乘以确定征收至实际征收之间的物价指数变动。我国台湾地区规定，为征收决定公告时的土地价格；城市规划区内的公共设施用地，按照相邻非公共设施用地的平均公告土地价格进行补偿。

（二）地上附着物的补偿

英国、德国和我国香港等规定，地上建筑物的补偿以市场价格补偿。日本规定，地上附着物的补偿标准参考附近同类物品的交易价格。我国台湾地区规定，地上建筑物的补偿标准，按征收时该建筑物的重建价格评估确定；农作物收获在一年以内的，按农作物产值评估确定，超过一年的，按农作物种植和培育费用，并参酌现值评估确定。建筑物和农作物的补偿基准由有关主管部门确定。

（三）其他损失的补偿

1. 搬迁费的补偿。许多国家和地区对征地造成房屋及其他地上附着物的搬迁费用给予补偿作了规定。英国和我国香港规定，对建筑物的迁移费应当予以补偿。我国台湾地区规定，被征地人员的搬迁，生产经营设备、养殖设施等，以及其他地上建筑物的搬迁费用应当予以补偿，补偿基准由有关主管部门确定。新加坡、印度规定，当事人因征收而被迫迁居别处或者到其他地方经营所造成的损失应当予以补偿。韩国、日本规定，地上附着物的搬迁费用应当予以补偿，如果搬迁有显著困难，搬迁后无法按原来的使用目的继续使用，或者搬迁费超过该附着物价值时，可以同时要求征收该地上附着物。

2. 经营损失的补偿。一些国家和地区规定了因征地造成当事人经营损失给予补偿的规定。英国和我国香港规定，对征地给当事人造成的经营损失应当给予补偿。德国规定，土地所有权人因征地导致就业受到的损失，应当给予补偿。日本规定，征地造成的间接损失应当给予补偿，包括误耕费、营业损失、职工解雇补偿费等补偿。法国规定，因征地导致的职工解雇补偿费、安置费等费用，应当给予适当补偿。我国台湾地区规定，因征收导致相关经营活动停止或者营业规模缩小而造成的损失应当给予补偿，补偿基准由有关主管部门确定。韩国、新加坡规定，征收过程中的测量、调查，以及其他征收行为导致的经营活动损失，应当予以补偿。

3. 租赁损失的补偿。日本、韩国、德国规定，因征收导致房屋所有者租赁收入减少应当予以补偿。

4. 剩余和相邻土地价值减损的补偿。因征收土地所有权人的部分土地导致同一地块的剩余土地价值减损给予的补偿。新加坡规定，因将土地从利益人的其他土地中分离而使该利益人遭受的损失，应当予以补偿。英国规定，剩余土地损害补偿按市场的贬值价格补偿。日本规定，补偿标准为因征收减少的价值，以及残余地新建、改建、修缮等所需的费用，如果征收导致残余地难以继续用于以前的使用目的，土地所有权人可以提出征收全部土地的请求。德国、印度和我国香港等也都对剩余土地的损害补偿作了规定。

5. 其他损失的补偿。英国、澳大利亚、日本规定，对当事人因征地支出的律师代理费、调查评估费等必要费用，应当给予补偿。新加坡规定，因征收导致的权属变更而产生的相关税费，如，变更土地所有权证书所缴纳的印花税，应当给予补偿。

三、关于补偿对象

除了对土地所有权人进行补偿外，许多国家和地区也对受征地影响的其他相关人员予以补偿。

1. 对承租人等使用权人的补偿。因征地导致承租者增加的相关费用给予的补偿。英国规定，征地导致承租人被迫放弃租赁的应当给予补偿，按契约未到期的价值以及因征收而引起的损失进行补偿。德国规定，承租人重新寻找住处的费用和搬迁的费用也需要予以补偿。加拿大规定，土地所有权人或者承租人因征收而增加的开支应当予以补偿，根据租赁期限和剩余年限、续租的预期以及承租人对土地的投入等因素确定对承租人的补偿标准。

2. 对相邻土地所有权人的补偿。因征地导致相邻土地的价值受损而对相邻土地所有权人给予的补偿。我国台湾地区规定，征地导致相邻土地的使用价值降低的，相邻土地的所有权人有权要求给予适当补偿，补偿标准以不超过征收导致地价贬值的部分为准。英国规定，征地及征地后的建设造成周围土地受损或价值贬值，应当予以补偿，补偿金额为土地减少的价值，补偿估价日期为损害发生之日。

3. 对附近居民生活影响的补偿。因征地对附近其他人员的生活造成影响而给予的补偿。日本规定，对公共事业开发后造成的噪音、废气、水质污染等损失应当给予适当补偿。英国规定，征地后建成的公共设施对周边居民造成的有害影响如噪音、光照等，应当予以补偿，侵权日期为公共设施初次使用的日期，补偿估价的日期为申请补偿之日。

四、关于补偿方式

补偿的方式主要有以下几种：

1. 现金补偿。许多国家的土地征收补偿方式通常以现金补偿为原则。日本、韩国等国家还规定了补偿金的先行支付原则。韩国规定，除因天灾等需要紧急征收土地等情形，土地征收者应当事先将补偿金支付给土地所有权人，否则有关部门应当撤销土地征收裁决。日本还规定了分别支付原则，即对每个权利人分别支付与其损失相符的补偿金。

2. 土地和房屋置换。一些国家和地区也规定了实物补偿方式，但需要符合一定的条件。德国规定，在有法律明确规定并且被征收人提出申请时，也可以采取调换土地的方式进行补偿。日本规定，在土地被征收人提出要求时，可以用其他耕地和住宅进行补偿。法国规定，征收家庭耕作的土地时，应当为家庭成员提供同样条件的土地。所用住宅被征收的，应当在同一市镇或相邻市镇的同类型房屋进行重新安置。我国香港规定，对于符合条件的住宅租户，可以获得政府提供的安置住房。韩国规定，在政府征地过程中，可采用土地置换的方式进行补偿，置换同等价值的土地或住宅，置换的土地和住宅的总价值应等于被征土地和住宅的总价值。

3. 代工补偿。日本规定了代为施工、代为搬迁和代为重建的补偿方式，土地被征收人可以要求土地使用者代为对残余土地进行改建或修缮，以部分代替对残余地的补偿；地上附着物的所有者可以要求土地使用者代为搬迁地上附着物，以代替迁移费补偿；如果土地被征收人或相关利益人被迫迁移到的土地是非住宅用地，可以要求土地使用者重新建设住宅，以部分代替现金补偿。

4. 有价债券补偿。韩国规定，国家机关或公共团体征收土地时，在现金补偿超过一定标准并且被征土地的所有权人提出要求时，可以采用土地债券的方式进行补偿，土地债券可以通过转让或担保等方式在市场上自由流通，债权的偿还期限为5年。我国台湾地区也采取了这一方式，可以向被征收者发给土地债券，即由土地银行依法所发行的土地债券。

征地区片综合地价的有关情况

1987年土地管理法实施以来，我国征收农村土地一直按照土地年产值标准，即被征土地前三年平均年产值的一定倍数予以补偿。自2004年开始，按照国务院的要求，各地方开始探索在部分地区实行区片综合地价的补偿标准。现将有关情况简报如下：

一、区片综合地价的含义及制定

（一）区片综合地价的含义

区片综合地价，是指依据地类、产值、土地区位、农用地等级、人均耕地数量、土地供求关系、当地经济发展水平和城镇居民最低生活保障水平等因素，将集体土地划分为不同区片，并采用农地价格因素修正、征地案例比较和年产值倍数等方法测算形成的各区片综合补偿标准。区片综合地价包含土地补偿费和安置补助费,不含地上附着物、青苗的补偿费和被征地农民的社会保障费用。

由于土地年产值标准严格依据土地原用途确定,补偿标准偏低,难以根据经济社会发展情况进行调整提高。2004 年 10 月国务院印发的《关于深化改革严格土地管理的决定》提出,土地补偿费和安置补助费的总和达到法定上限,尚不足以使被征地农民保持原有生活水平的,省(区、市)人民政府要制订并公布各市县征地的统一年产值标准或区片综合地价,征地补偿做到同地同价。为此,原国土资源部印发了《关于开展制订征地统一年产值标准和征地区片综合地价工作的通知》等文件,对制定区片综合地价的原则、程序、方法和实施要求等作了规定,指导地方开展区片综合地价的制定工作。自 2009 年以来,除北京、西藏以外,各省(区、市)陆续制定公布了区片综合地价。

(二)制定程序

制定区片综合地价主要包括以下几个步骤:确定测算范围,划定区片,测算区片综合地价,对区片综合地价的初步测算结果进行验证和调整,测算结果听证和修改,确定区片综合地价,整理与编制成果。

制定区片综合地价遵循以下原则:一是维护被征地农民合法权益原则,即区片综合地价要确保被征地农民原有生活水平不降低,并体现长远生计和未来发展需要;二是同地同价原则,即在同一区片内,不同地块的征地补偿标准相同,不因征地目的及土地用途不同而有差异;三是协调平衡原则,即区片综合地价不得低于当地原征地补偿标准,省级行政区域内各市县的区片综合地价应当相互衔接;四是公开听证原则,制定区片总合地价要依法组织听证,广泛听取有关部门、农村集体经济组织、农民及社会各方面的意见和建议。

(三)区片的划定

区片划定的重点在土地利用总体规划确定的城镇建设用地规模范围内,各地可以根据征地需要和实际情况扩展到城市郊区或更大范围。原则上,离城市中心区较近的区片面积应当较小,离城市中心区较远的区片面积可以适当放大。一般情况下,在一定范围内集体土地类别、产值、土地区位、农用地等级、人均耕地数量、土地供求关系、当地经济发展水平和城镇居民最低生活保障水平等条件基本一致的，可以划定为一个区片。区片具有以下特点：一是土地质量基本相似，农用地等级相同，耕地产出基本一致或者差异不大；二是区位条件相一致，社会经济发展水平、交通条件、地理位置等基本相似，从事非农开发利用的潜力基本相当；三是土地利用结构、人均土地面积、人均耕地面积等基本相近，人地关系基本一致；四是原则上按照行政界线划分，一般不打破村级行政界线，需打破行政界线的，可依线状地物及地类分界线确定。目前，一个县级行政区域内，区片综合地价的等级一般不超过4—6个。

（四）区片综合地价的测算

区片综合地价的测算方法包括农地价格因素修正、征地案例比较和年产值倍数等，也可以根据本地区实际情况采用其他合适的方法进行测算，原则上应在两种或者三种方法测算结果的基础上综合平衡确定。

1. 农地价格因素修正测算法。以农地价格为基础，同时考虑影响征地补偿的有关因素，包括土地区位、人均耕地数量、土地供求关系、当地经济发展水平和城镇居民最低生活保障水平等因素进行修正。测算时，已经根据《农用地估价规程》完成农用地基准地价测算的地区，参照农用地基准地价确定区片的农地价格；没有完成农用地基准地价测算的地区，在农地年产值的基础上采用收益还原法评估区片的农地价格。

2. 征地案例比较测算法。根据本区片和其他可比区片征地案例的实际补偿标准进行对比，并进行修正。测算时应当注意以下事项：一是征地案例要选择近三年之内发生的征地项目；二是征地案例的可比内涵要与区片综合地价的设定内涵一致；三是对征地案例的比较修正应考虑区域因素、个别因素和时间因素等。

3. 年产值倍数测算法。以传统的耕地年产值倍数法为基础进行测算，并按照保障被征地农民原有生活水平不降低的原则，综合考虑区位、经济发展水平等因素确定。测算时应当注意以下事项：一是区片土地年产值依据统一年产值标准或者通过调查前三年产值确定；二是土地补偿倍数和安置补助倍数，应根据土地管理法有关规定，并考虑当地经济发展水平和基本生活保障水平确定。

区片综合地价初步测算结果需要与现行征地补偿标准和被征地农民现有

生活水平进行比较和验证，低于现行征地补偿标准和农民现有生活水平的，需要进行调整。区片综合地价测算后，各市县需要向省自然资源主管部门报送测算结果报告和技术报告，由省自然资源主管部门组织有关部门和专家进行评审，并汇总后报省政府批准公布执行。

二、各地方区片综合地价的实践

1. 区片综合地价的制定主体及范围。大多数地方的区片综合地价由县级政府制定，省政府批准公布。福建、湖南、浙江等地，由省政府规定区片综合地价最低标准，具体标准由县级政府确定并公布实施。有的省如黑龙江，区片综合地价由市、县政府制定，报省政府审核同意后，由市政府公布实施。一些省（区、市）实行区片综合地价的区域较小，例如，安徽只在合肥、淮南、淮北、马鞍山的部分市辖区实行区片综合地价，湖北只在武汉市的部分市辖区实行区片综合地价。也有的省如福建，已全面实行区片综合地价，不再实行统一年产值标准。

2. 区片综合地价的调整。一些省（区、市）规定了区片综合地价调整的时间要求，如黑龙江、陕西、河南等省规定，区片综合地价原则上2—3年调整一次；有的省如河北，只对区片综合地价的调整作了笼统规定，没有明确具体的调整时间。大多数省（区、市）规定区片综合地价的调整需要省政府批准，有的省（区、市）如内蒙古，规定区片综合地价由县级政府进行调整，报省政府备案即可。

3. 征收其他土地的区片综合地价。区片综合地价主要基于耕地制定。一些地方规定，征收其他农用地、建设用地、未利用地的区片综合地价参考耕地的区片综合地价，通过调整系数确定。例如，山东、辽宁规定，其他地类以耕地区片综合地价为基础按以下系数调整：建设用地1.0，未利用地0.8；河北、湖南规定，征收未利用地按耕地区片综合地价的60%执行。

4. 区片综合地价的地方差异。因地区之间经济社会发展程度不同，各地制定的区片综合地价差异较大。我们选取了一些典型地方的区片综合地价作了比较。一是省域内不同区域的区片综合地价相差较大。例如，陕西公布的区片综合地价在每亩3.3万元至25万元之间，不同地方相差近8倍；甘肃公布的区片综合地价在每亩2.2万元至32万元之间，相差16倍。二是同一市县的区片综合地价相差较大。例如，青岛市不同区县的区片综合地价最高达每亩24万元，最低只有每亩5万元，相差近5倍；甘肃白银市的区片综合地价最高为每亩19万元，最低为每亩6.5万元，相差近3倍。三是同一地区实行区片综合地价与实行统一年产值标准的区域相差较大。例如，武汉市洪山区的区片综合地价在11万元至35万元之间，相邻的江夏区的统一年产值标准在3.6万元至4.8万元之间，差别比较明显。